仓储与配送管理

主　编　朱文涛　杨琳华
副主编　徐金河　朱溪亭
参　编　崔晓春

北京理工大学出版社
BEIJING INSTITUTE OF TECHNOLOGY PRESS

图书在版编目（CIP）数据

仓储与配送管理/朱文涛，杨琳华主编．—北京：北京理工大学出版社，2020.7

ISBN 978-7-5682-8690-9

Ⅰ．①仓… Ⅱ．①朱… ②杨… Ⅲ．①仓库管理-高等学校-教材②物流管理-物资配送-高等学校-教材Ⅳ．①F253②F252.14

中国版本图书馆 CIP 数据核字（2020）第 121181 号

出版发行 / 北京理工大学出版社有限责任公司
社　　址 / 北京市海淀区中关村南大街 5 号
邮　　编 / 100081
电　　话 / （010）68914775（总编室）
（010）82562903（教材售后服务热线）
（010）68948351（其他图书服务热线）
网　　址 / http：//www.bitpress.com.cn
经　　销 / 全国各地新华书店
印　　刷 / 三河市天利华印刷装订有限公司
开　　本 / 787 毫米×1092 毫米　1/16
印　　张 / 15
字　　数 / 338 千字
版　　次 / 2020 年 7 月第 1 版　2020 年 7 月第 1 次印刷
定　　价 / 75.00 元

责任编辑 / 李　薇
责任校对 / 刘亚男
责任印制 / 施胜娟

前　言

本书遵循教育部职业教育改革的原则，以物流人才市场需求为导向，紧扣专业课程教学标准，进一步深化对传统教学模式和教学方法的改革。本书作者根据多年的教学经验，采用项目化教学理念从仓储职业岗位所需技能出发，设计和组织全书内容。

本书体系结构有别于传统的仓储与配送管理教材，以某个典型的仓储配送企业为案例背景，围绕着仓储配送岗位职业能力，以工作过程为主线，以角色模拟为驱动组织学习内容。全书分为7个项目，即行业企业认知、仓储合同管理、入库作业管理、在库作业管理、出库作业管理、仓储管理信息技术和仓储成本管理与绩效评估。

本书在编写过程中力求突出以下几个方面的特点：

（1）结构新颖，每个项目对应仓储岗位的实际工作任务。每个任务都包含项目目标、案例导入、任务实施等内容，任务设计有机地将案例教学法、项目教学法、情景教学法和信息化手段融合在一起。

（2）强调实践性和操作性。本书在编写时重点突出对实际操作能力的培养，详细地阐述了仓储配送各个岗位的操作流程及所涉及的业务单据，既有工具的准备又有完成质量的检查标准，并附有相应的实训内容。

（3）以先进的教学理念贯穿始终。本书突出对学生综合能力的培养，以学生为主体，通过角色扮演、项目实训及小组讨论等教学模式，充分发挥学生自主学习的能动性。不仅调动了学生学习的积极性，而且真正体现了“教、学、做”一体化的教学指导思想。

本书可作为高等院校物流、运输、营销专业的教学用书，也可作为仓库、港口、配送中心和企事业单位的仓储从业人员的培训教程及自学用书。本书配套网络课程平台（http：//mooc1. chaoxing. com/course/200189415. html）以供学生课前学习、课后巩固。

本书由朱文涛、杨琳华担任主编，徐金河、朱溪亭担任副主编。原史泰博配送中心仓储部经理崔晓春在业务程序、项目设计和任务选定方面提供了具体的建议，在教材定稿期间，对教材提出了修改意见，使教材内容更贴近实际业务，在此向他表示忠心的感谢。

由于编者水平所限，书中如有不足之处敬请使用本书的师生与读者批评指正，以便修订时改进。如读者在使用本书的过程中有其他意见或建议，恳请向编者踊跃提出宝贵意见。

本教材为江苏高校“青蓝工程”资助项目（苏教师【2020】10号）

编者

目　录

项目五　出库作业管理

项目六　仓储管理信息技术

项目七　仓储成本管理与绩效评估

项目一

行业企业认知

【能力目标】

1. 具有设计调查问卷进行仓储业调研的能力。
2. 具有依据作业流程进行仓储企业平面布局的能力。
3. 具有仓储企业组织结构和岗位设置设计能力。
4. 具有依据仓储企业岗位招聘要求完成笔试、面试的能力。

【知识目标】

1. 掌握仓储和仓储管理的概念。
2. 掌握仓库的种类、布局与结构设计。
3. 了解仓库设备的种类及功能。
4. 了解仓储企业的组织结构和岗位设置。

【案例导入】

苏州 JX 储运有限公司是一家提供第三方仓储与配送服务的大型综合物流公司,其主营业务是为客户提供定制化的仓储与配送服务。苏州 JX 储运有限公司目前已经同许多著名企业建立了稳固的合作关系,包括:SM 电器(中国)有限公司、HN 集团、CK(中国)有限公司、LH 大型连锁超市等。随着公司业务的不断扩大,苏州 JX 储运有限公司急需补充新鲜血液,需要招聘一批新员工。因此,2016 年 3 月,苏州 JX 储运有限公司在公司官网和各个招聘网站发布了各个岗位的招聘信息,张涛作为应届毕业生参加了此次招聘。经过层层选拔,张涛成功应聘为苏州 JX 储运有限公司的员工。4 月 25 日上午,张涛在人事部门办理完相关入职手续后,人事部贾经理告知他要先在企业的各个部门轮岗 10 个月,10 个月之后再确定最终的工作岗位。贾经理还要求张涛在 10 个月轮岗实习结束后回答以下 3 个问题,并以报告形式作为轮岗作业上交到人事部:

(1)本地区仓储业发展现状如何?苏州 JX 储运有限公司在本地区处于什么地位?

(2)苏州 JX 储运有限公司仓库内部平面布局是否合理?设施设备采购是否科学?

(3)苏州 JX 储运有限公司组织架构、岗位设置和岗位职责是否合理?

【案例思考】

为了使学生更深入地了解仓储企业的功能、布局、组织结构以及仓储业的发展趋势,学校需要培养学生具有调研本地区仓储业发展状况、规划仓储企业平面布局以及建立合理的企业组织结构的技能。为此,本项目围绕此案例对应设计了三个任务,其中第三个任务又设置了两个分任务。具体如下：

(1)地区仓储业现状调研。

(2)仓储企业平面布局方案设计。

(3)仓储企业组织结构和岗位设置。

①仓储企业组织结构方案设计。

②仓储企业岗位人员招聘。

任务一　地区仓储业现状调研

【任务目标】

1. 使学生能运用自己设计的调查表格，进行仓储行业市场调研。
2. 培养学生具有人际沟通和团队合作的协调能力。

【任务引入】

苏州 JX 储运有限公司为了不断完善仓储业的发展规划，探索仓储业合理布局以获得显著的社会效益和经济效益，有必要开展市区仓储业现状调查。2016 年 5 月 1 日，公司委派市场部洪经理组织部门人员对当地仓储市场进行调研，希望通过实地走访、电话调查、网络沟通等方式了解该区域仓储类企业的饱和程度、服务范围、客户分布及发展趋势等信息，调研报告要求于 6 月 1 日上报给公司总经理。张涛第一个轮岗部门恰巧是市场部，于是他也加入了这个项目工作。请以市场部名义完成此任务。

【知识链接】

一、仓储的概念

“仓”为仓库，是对存放、保管、储存物品的建筑物或场所的总称，它可以是房屋建筑物，也可以是大型容器、洞穴或特定的场所等，其功能是存放和保护物品；“储”将储存对象储存起来以备使用，具有收存、保护、管理以备交付使用的意思，也称储存物品的行为。“仓储”就是指通过仓库对商品进行储存和保管的活动。

仓储是社会产品出现剩余后产品流通的产物，是商品流通的重要环节之一，也是物流活动的三大支柱之一。仓储具有静态和动态两种，当产品不能被及时消耗掉，需要专门的场所存放时，就产生了静态的仓储；而将物品存入仓库以及对于存放在仓库里的物品进行保管、控制、提供使用等，则形成了动态的仓储。可以说，仓储是对有形物品提供存放场所，并在存放期间对存放物品进行保管、控制的过程。

二、仓储的功能

(一)储存和保管功能

储存和保管是仓储的基本功能。仓库具有一定的空间，用于储存物品，并根据物品的特性，仓库内配有相应的设备，以保持储存物品的完好性。传统仓储企业的直接经济利益来源于此。

对于生产过程而言，储存能防止因缺货造成的生产停顿；而对于销售过程而言，储存尤其是季节性储存能为企业的市场营销创造良机。储存的经济利益来源于通过储存克服商品产销在时间上的间隔（如季节生产，但需全年消费），克服商品生产在地点上的间隔（如甲地生产，乙地销售），克服商品产销量的不平衡（如供过于求）等来保证商品流通过程的连续性。

（二）整合功能

装运整合是仓储的一个经济利益，通过这种安排，整合仓库接收来自一系列制造工厂指定送往某一特定地点的产品或原材料，然后把它们整合成单一的一票装运。假如某客户需要从不同的供应商那里得到不同的物料，各供应商分别送货就会产生较高的运输成本，但改由仓储企业整合装运后，各供应商将客户所需的物料送到仓库，由仓库把它们压缩整合，进行一票装运。其整合装运的最大好处是，能够把来自不同制造商的小批量的货物集中起来形成规模运输，使每一个客户都能享受到低于其单独运输成本的服务。

（三）分类和交叉站台功能

分类作业是接收来自制造商的顾客组合订货，并把它们装运到个别的顾客处。分类仓库或分类站把组合订货分类或分割成个别的订货，并安排当地的运输部门负责配送。由于长距离运输转移的是大批量装运，所以运输成本相对较低，进行货物跟踪也不太困难。交叉站台设施具有类似的功能。

零售连锁店广泛采用交叉站台来补充转移的商店存货。在这种情况下，交叉站台先从多个制造商处运来整车的商品；收到产品后，对产品进行分类，然后，产品就像“交叉”一词的意思那样穿过“站台”被装上指定去对应顾客处的拖车，一旦该拖车装满了来自多个制造商的组合产品后，它就被运到零售店处。于是，交叉站台的经济利益包括从制造商到仓库的满载运输，以及从仓库到顾客的满载运输。由于产品不需要在仓库内进行储存，降低了仓库的搬运成本。此外，由于所有的车辆都进行了充分装载，最大限度地提高了站台装卸设施的利用率。

（四）配送服务功能

配送是在经济合理的区域范围内，根据用户的需求，对物品进行拣选、加工、包装、分割、组配等作业，并按时送达指定地点的物流活动。仓储配送功能是仓储保管体制功能的外延，提高了仓储的社会服务效能。

（五）流通加工服务功能

流通加工是指物品从生产地到使用地的过程中，根据需要施加包装、分割、计量、分拣、组装、价格贴付、标签贴付、商品检验等简单作业的活动。仓储流通加工实际上是一种辅导性的生产作业。尽管流通加工的深度和范围有限，但是它在流通以及再生产过程中所起的作用同样是很大的：首先，流通加工弥补了生产的不足；其次，流通加工方便了客户，满足了客户的不同需求；最后，流通加工也会为仓储企业增加收益。

（六）信息传递功能

信息是进行物流调度指挥的手段。只有有效地运用信息，才能使物流活动顺利进行。企业管理者力图控制仓储活动，通常需要及时准确的信息，如在安排商品储存时，必须掌握进仓商品的数量、品种及商品的重量、体积等信息，同时还要了解仓间的空余仓位情况，只有这样才能充分发挥仓库的使用效能。因此，运用电子数据交换（EDI）等计算机化的信息传递、因特网以及条码来提高信息传递的速度和准确性，对于仓储运营至关重要。

三、仓储管理

（一）仓储管理的概念

仓储管理就是对仓库及仓库内储存的商品所进行的管理，是仓储机构为了充分利用所拥有的仓储资源，提供仓储服务所进行的计划、组织、指挥、控制与协调过程。仓储管理具体包括仓储资源的获得、仓库管理、经营决策、商务管理、作业管理、仓储保管、安全管理、劳动人事管理、财务管理等一系列计划、组织、指挥、控制与协调工作。

（二）仓储管理的基本内容

仓储管理是服务于一切库存物资的经济技术方法与活动。它的对象是“一切库存物资”，管理的手段既有经济的，又有纯技术的，具体包括如下几个方面。

1. 仓库的选址与建筑问题

仓库的选址与建筑包括仓库的选址原则，仓库建筑面积的确定，库内运输道路与作业的布置等。

2. 仓库机械作业的选择与配置问题

仓库机械作业的选择与配置包括如何根据仓库作业特点和所储存物资的种类以及其理化特性选择机械装备以及应配备的数量，如何对这些机械进行管理等。

3. 仓库的业务管理问题

仓库的业务管理包括如何组织物资入库的验收，如何存放入库物资，如何对在库物资进行保管保养，如何发放出库等。

4. 仓库的库存管理问题

仓库的库存管理包括如何根据企业生产的需求状况，储存合理数量的物资，既不因为储存过少引起生产中断造成损失，又不因为储存过多而占用过多的流动资金等。

5. 人力资源的管理问题

人力资源的管理包括仓储人员的招聘与后期的培训，建立健全各岗位职责，各岗位人员配置与优化，人机系统的高效率组合。

6. 仓库的信息技术问题

仓库的信息技术问题是指仓储管理中计算机的应用以及仓储管理信息系统的建立和维护等问题。

此外，仓库业务考核问题，新技术、新方法在仓库管理中的运用问题，仓库安全与消防问题等，都是仓储管理所涉及的内容。

（三）仓储管理的基本原则

1. 仓储管理的效率原则

效率是指在一定劳动要素投入量时的产品产出量。只有投入较小的劳动要素并获得较高的产品产出量才能实现高效率。仓储的效率体现在仓容利用率、货物周转率、进出库时间、装卸车时间等指标上，体现出“多存储、保管好、快进、快出”的高效率仓储。

仓储的生产管理的核心就是效率管理，实现以最少的劳动量投入获得最大的产品产出量。劳动量的投入包括生产工具、劳动力的数量以及作业时间和使用时间。效率是仓储及其他管理的基础，如果没有生产的效率，就不会有经营的效益，就无法开展优质的服务。

2. 仓储管理的效益原则

企业经营的目的是获得最大化利润，这是经济学的基本假设条件，也是社会现实的反映。利润是经济效益的表现，实现利润最大化需要做到经营收入最大化和经营成本最小化。仓储企业应围绕获得最大经济效益的目的进行组织和经营，并在获取最大经济效益的同时承担部分的社会责任，履行环境保护、维护社会安定、满足社会不断增长的需要等社会义务，即在取得企业最佳经济效益的同时兼顾社会效益。

3. 仓储管理的服务原则

(1)仓储的服务意识。

仓储活动本身就是向社会提供仓储服务产品。服务是贯穿在仓储中的一条主线。仓储定位、仓储具体操作、对储存货物的控制都围绕着如何提供服务、改善服务、提高服务质量开展管理。

(2)服务水平与成本之间的关系。

仓储的服务水平与仓储经营成本有着密切的相关性，二者互相对立，即仓储的服务水平与仓储经营成本存在二律背反现象。服务好，成本高，收费则高，仓储服务管理就是在降低成本和提高(保持)服务水平之间保持平衡，因此，仓储企业应进行正确的服务定位。

进入或者引起竞争时期，采用高服务低价格且不惜增加仓储成本的策略；引进竞争时期，采用以较低的成本实现较高的仓储服务的策略；稳定竞争时期，采用提高服务水平维持成本不变的策略；已占有足够的市场份额并处于垄断竞争(寡头)时期，采用服务水平不变的策略；退出阶段或完全垄断时期，采用大幅降低成本同时也降低服务水平的策略。

四、我国仓储业的现状与发展趋势

(一)我国仓储业的现状分析

我国仓储业已经取得了巨大的进展，改革了仓库管理制度，新建、改建了一大批设备较好的仓库，为中国特色的市场经济的发展起到了一定的后勤保障作用。但是，我国仓储业与国民经济整体发展相比，还有很大的差距，主要表现在以下几个方面。

1. 条块分割，具有明显的行业特征

由于我国长期受计划经济体制的影响，物质资源主要通过部门体制的方式分配，各行业、各部门为了占有更多的物质资源，储存所获得的分配资源，均以部门体系的纵向方式部署仓储。这就形成了中央、地方、物质、商业、交通、农业、铁路、电力等部门体系的仓储结构，部门之间互不发生横向交叉联系。因而造成了整体上的仓储互不连接，功能重复，互相不配套、不支持，重复建设状况严重。

2. 仓库众多，但布局不尽合理

由于部门行业的分头建设，不同部门、不同层次为了满足自身需要，大力兴建仓库，在经济集中的城市，特别是部门集中的大中城市，仓库高度集中，数量众多。为了便于纵向联系和资源调配，仓库都集中在大中城市交通中心附近，造成在一个地区乃至全国的仓储布局极不合理。这就致使仓储集中的大中城市仓储能力大量剩余,而其他许多地方,如西部边远地区,特别是农村,没有足够的仓储能力,严重制约了当地经济的发展。

3. 存量巨大,但经营管理水平较低

总体上,我国的仓储能力巨大,但是由于外界环境和仓储企业内部的观念、人才、设备、资金等因素的影响,仓储管理水平极度低下,仓储企业没有产生应有的经济效益。一方面,表现在仓储利用率低下,货物周转率低,物资流通速度慢,同时,仓储保管能力差,货物损耗严重;另一方面,绝大多数仓储都没有仓储经营的能力,不能充分利用仓储资源为社会提供优质服务,也没有充分利用仓储中的巨量沉淀资本为企业和社会创造更多的经济价值。

仓储管理水平的低下与我国整体上社会性的不重视仓储管理,仓储管理的资源投入不够,仓储管理人员的文化素质不高、专业知识程度低有密切的关系。许多仓储企业还没有进行现代企业制度改造,没有真正成为独立的市场主体,还不能自主地经营仓储资源。

4. 设备悬殊,仓库作业效率不均衡

目前我国各仓库所拥有的设备状况不一样,有的现代化仓库拥有非常先进的仓储设备,有的仓库却还处于以人工作业为主的原始管理状态,仓库作业大部分靠肩扛人抬,只有少量的机械设备,仓库作业效率极低。还有一种情况是介于上述两者之间,仓库具有一定的机械设备和铁路专用线,但利用率不高,有些设备已经老化、陈旧,但由于资金不足,无力更新,只得"带病"作业,隐藏着许多不安全因素。有些仓库为了维持日常的经费开支,不得不出租库房、专用线等,使我国的仓储综合效益难以提高。

5. 虽有相关法规,但体系不够健全

市场经济是法制的经济,完善的法律制度和严格的依法管理是经济发展的重要保证。处在市场经济中的仓储业也需要在全面的法律保护下依法管理。我国关于仓储立法主要表现在民法通则中的物权规范,合同法中的仓储合同、保管合同分则,消防法中的消防要求和消防管理,以及其他一些规章制度中。但目前我国还没有完整的仓储法,尚没有形成完整的仓储法律体系,对于仓储经营中的一些经济行为,也没有足够的法律保障。仓储企业法律意识淡漠,通过法律的手段维护自身的合法权益的意识不强,仓储企业内部的依法管理水平也较差。

(二)我国仓储业的发展趋势

我国加入 WTO 后,对中国仓储业提出了更高的要求,并借鉴了一些发达国家仓储业以及物流业的发展经验。我国仓储业的发展应充分利用已有的仓储资源实施仓储社会化,提高仓储效率,促进仓储业分工的功能专业化,使仓储业满足社会生产发展需求,促进整体物流效率的提高,发展仓储标准化,提高仓储自身效率,实现仓储管理现代化。

1. 仓储社会化

在市场经济的环境中,按照中央的决定精神,以"产权清晰、权责明确、政企分开、管理科学"为原则,进行体制改革,根据市场经济的要求和仓储企业的特点,打破部门、条块分割的行政管理体制局面,广泛开展部门间仓储企业的横向联合,实行仓储全行业的管理策略。改变我国仓储业目前利用率不高、效率低、自身发展能力低的不良状况,真正成为市场资源,促进仓储业的发展。

2. 仓储标准化

仓储标准化是物流标准化的重要组成部分。为了提高物流效率,保证物流的统一性与各物流环节的有机联系,并与国际接轨,必须制定物流标准。仓储标准化是一项基础性工作,由于仓储分散在商业、物资、外贸、铁路等各部门,因此,更有必要从标准入手,推进仓储行业的整体发展。仓储标准化的内容主要包括包装标准化、标志标准化、托盘标准化、计量标准化等。

3. 仓储自动化

仓储自动化是指对仓储作业进行计算机管理和控制。在仓储作业中通过物流条码技术、射频通信、数据处理、仓储信息管理等技术指挥堆垛机、传送带、自动导向车、自动分拣等自动设备完成仓储作业,并同时完成报表、单证的制作和传送。对于危险品仓储、冷库、粮食等特殊仓储,采用温度、湿度自动控制技术和自动监控技术,确保仓储安全。

4. 仓储信息化

仓储信息化是指通过计算机和相关信息输入输出设备,对货物识别、理货、入库、保管、出库进行操作管理,进行账目处理、货位管理、存量控制,制作各种报表和提供实时的查询。物流中心和配送中心的存货品种繁多,存量差异巨大,出入库频率各不相同。要提高仓库利用率,保持高效率的货物周转,实施精确的存货控制,必须进行计算机信息管理和处理。仓储信息化管理是提高仓储效率、降低仓储成本的必要途径。

5. 仓储管理科学化

仓储管理科学化是指在仓储管理中采用合理、高效、先进的管理模式和方法。仓储管理科学化包括管理体制、管理组织、管理方法等几个方面。应采用高效化的组织机构,实行规章化的岗位责任制,建立动态的奖励分配制度,实施有效和系统的职工教育培训制度。仓储管理科学化是实现高效率、高效益仓储的保障。

【任务实施】

1. 完成步骤

(1)将学生分5~6组,每组5~10人。

(2)将本地区划分为5~6个区域,每一组分配一个区域。

(3)制定调查方案。小组成员通过实地考察了解该区域仓储企业设置情况,制定调查方案初稿,内容包括调查目的、调查对象、内容、方式、组织安排、调研过程的各个阶段的具体工作等。

(4)设计调查表。小组根据调查目的设计物流仓储业问卷调查表,调查内容包括企业数量、企业性质种类、主营服务、仓储/配送特征、仓库类型、仓储/配送中存在的问题、客户分布和满意度等。

(5)市场调研实施。每组成员合理分工,协同合作,采取现场访谈、电话询问等方式对区域内仓储企业进行调查。

(6)完成整理表和分析表。小组成员对问卷进行回收、整理、分析,形成整理表和分析表。

(7)以小组形式撰写调研报告。各组上交的调研报告必须要有附录,附录内容包括调研实施计划、调研问卷、调研原始资料、调研整理资料等,这些内容都作为附件附在调研报告之后,并在调研报告中列出附录清单。

(8)各组推荐并选定若干名学生在全班进行交流。谈谈对调研工作的心得和体会以及对这次调研工作的评价(包括成功经验和不足之处)。

注:完成时间为两周。

2. 检查标准

检查标准	考评标准	分值	实际得分
地区仓储业现状调研	调研方案目的、对象、方法明确	20	
	调查问卷表设计符合调研目的	20	
	整理表和分析表反映调查对象特征	20	
	调查报告资料全面、分析透彻	30	
	提交的网址(2~3个)和参考文献(5篇)适用性强	10	
合计		100	

任务二　仓库结构和布局设计

【任务目标】

能够根据库区场地条件、仓库的业务性质和规模、商品储存要求以及技术设备的性能和使用特点等因素,对储存空间、作业区域、站台及通道布置进行合理安排和配置。

【任务引入】

随着市场需求的不断扩大,苏州 JX 储运有限公司仓库的运营效率和空间布局已经无法满足客户多样化的发展需求。因此,为了提高公司经营效率,节省物流成本,苏州 JX 储运有限公司决定对其中的部分仓库重新进行布局规划。公司目前共有 4 个仓库,每个仓库都存放了不同的货物,其中 2 号仓库就是普通仓库,主要储存在保管上没有特殊要求的货物,目前存放了各类电器。2016 年 6 月 5 日公司委派仓储部王经理组织部门人员对 2 号仓库平面布局及仓库设备配备合理性给予评估,并提出优化方案。张涛第二个轮岗部门是仓储部,于是他也加入了这个项目工作。请以张涛所在的仓储部名义完成此任务。

【知识链接】

一、仓库的种类

仓库是物流系统的一类基础设施,按其用途、保管形态、建筑形态、管理体制等可划分为不同的类型。

(一)按仓库功能分类

现代物流管理力求进货与发货同期化,使仓库管理从静态管理转变为动态管理,仓库功能也随之改变,这些新型仓库有了以下新的称谓。

1. 集货中心

将零星物品或批量物品集中称为“集货”。集货中心可设在生产点数量多、每个生产点产量有限的地区。只要某一地区某些物品的总产量达到一定水平,就可以设置这种有“集货”作用的物流据点。

2. 分货中心

将大批量运到的物品分成批量较小的物品称为“分货”。分货中心是主要从事分货工作的物流据点。企业可以采用大规模包装、集装货散装的方式将物品运到分货中心,然后按企业生产或销售的需要进行分装,利用分货中心可以减少运输费用。

3. 转运中心

转运中心的主要工作是承担物品在不同运输方式之间的转运工作。转运中心可以进行两种运输方式的转运,也可进行多种运输方式的转运,在名称上有的称为卡车转运中心,有的称为火车转运中心,还有的称为综合转运中心。

4. 加工中心

加工中心的主要工作是进行流通加工。设置在供应地的加工中心主要进行以物流为主要目的的加工,设置在消费地的加工中心主要进行以实现销售、强化服务为主要目的的加工。

5. 储调中心

储调中心以储备为主要工作内容,其功能与传统仓库基本一致。

6. 配送中心

配送中心是从事配送业务的物流场所或组织,它基本符合下列要求:主要面向社会服务;物流功能健全;完善的信息网络;辐射范围大;少品种、大批量;存储、吞吐能力强;统一经营管理物流业务。(根据中华人民共和国国家标准《物流术语 GB/T 18354—2001》)

(二)按保管货物的特性分类

1. 通用仓库

通用仓库一般用来保管没有特殊要求的商品,设备和构造比较简单,使用范围广。

2. 专用仓库

专用仓库是专门用于存入某一类商品的仓库。由于某类商品的特殊性质,或易于对其他商品产生不良影响,所以要专库存储,以确保该类商品的质量安全。

3. 特种仓库

特种仓库主要用于储存具有特殊性能、特别要求保管条件的商品,如化工产品、危险品、易腐蚀品、石油及药品等。特种仓库主要有冷藏仓库、保温仓库、危险品仓库等。

(三)按建筑结构和保管条件分类

1. 库房

库房是指有顶盖,四面有围墙,门窗严密,并有通风孔道,用以储存商品的建筑物。库房一般分为平房、楼房、自动高层货架仓库(自动化立体仓库)等。

2. 货棚

货棚是指有棚顶盖,一面或两面或三面有围墙或矮墙,能防风雨的建筑物。货棚一般分为固定货棚和活动货棚。

3. 货场

货场是指地面经过适当平整、处理、其上没有任何建筑的存货场地。其一般用于在露天堆放货物,一般堆放大宗原材料或者不怕风吹雨淋日晒的货物。

(四)按仓库的所有权分类

1. 自用仓库

自用仓库是指某个企业建立的供自己使用的仓库,这种仓库一般由企业自己进行管理。

2. 公用仓库

这是一种专业从事仓储经营管理的、面向社会的、独立于其他企业的仓库。一般自用仓库被称为第一方或第二方物流仓库,而公用仓库被称为第三方物流仓库。

3. 合同仓库

其是指依据合同租赁的自有仓库或公共仓库的仓库。合同仓库的所有权属于自有仓库和公共仓库,仓库的使用权属于经营者。

二、仓库结构与布局设计

(一)仓库的平面布局

仓库平面布局是根据仓库场地、仓库业务性质和规模、物资储存要求以及技术设备的性能和使用特点等因素,对仓库各组成部分,如库房、货棚、货场、辅助建筑物、铁路专用线、库内道路、附属固定设备等,在规定的范围内,进行平面的全面合理安排和布置。仓库平面布置是否合理,将对仓储作业的效率、储存质量、储存成本和仓库盈利目标的实现产生很大影响。仓库总平面布局如图1-1所示。

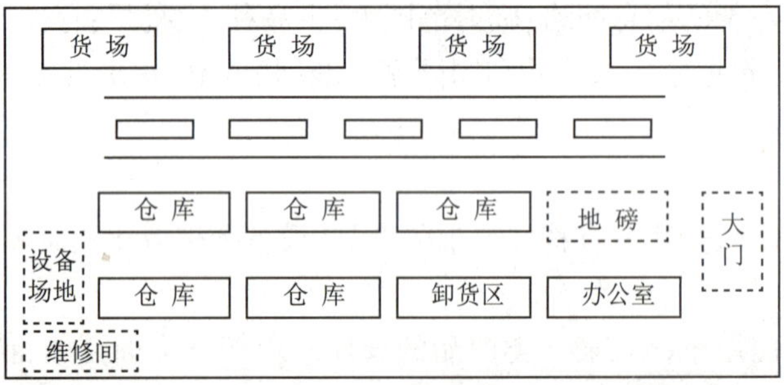

图1-1 仓库总平面布局

1. 仓库总平面布局的构成

一个仓库通常由生产作业区、辅助生产区和行政生活区三部分组成。

(1)生产作业区。

生产作业区是仓库的主体部分,是商品储运活动的场所,主要包括库房、货棚、货场、铁路专用线、道路、装卸台等。

(2)辅助生产区。

辅助生产区是为商品储运保管工作服务的辅助车间或服务站,包括车库、变电室、油库、维修车间等。

(3)行政生活区。

行政生活区是仓库行政管理机构和生活区域。一般设在仓库入库口附近,便于业务接洽和管理。行政生活区与生产作业区应分开并保持一定距离,以保证仓库的安全及行政办公和居民生活的安静。

2. 仓库总平面布局要求

(1)要适应仓储企业的生产流程,有利于仓储企业生产正常进行。

①单一的物流方向。仓库内商品的卸车、验收、存放地点之间的安排,必须适应仓储生产流程,按一个方向流动。

②最短的运距。仓库布局应尽量减少迂回运输,专用线的布置应在库区中部,并根据作业方式、仓储商品品种、地理条件等,合理安排库房、专用线与主干道的相对位置。

③最少的装卸环节。仓库布局应减少在库商品的装卸搬运次数和环节,商品的卸车、验收、堆码作业最好一次完成。

④最大的利用空间。仓库总平面布置是立体设计,应有利于商品的合理存储和充分利用库容。

(2)有利于提高仓储经济效益。

①要因地制宜,充分考虑地形、地址条件,满足商品运输和存放的要求,并能保证仓容充分利用。

②布置应与竖向布置相适应。所谓竖向布置,是指建立场地平面布局中每个因素,如库房、货场、转运线、道路、排水、供电、站台等,在地面标高线上的相互位置。

③总平面布置应能充分、合理地利用机械化设备。我国目前普遍使用门式、桥式起重机一类的固定设备,合理配置这类设备的数量和位置,并注意与其他设备的配套,便于开展机械化作业。

(3)有利于保证安全生产和文明生产。

①库内各区域间、各建筑物间应根据"建筑设计防火规范"的有关规定留有一定的防火间距,并有防火、防盗等安全设施。

②总平面布置应符合卫生和环境要求,既要满足库房的通风、日照等条件,又要考虑环境绿化、文明生产、有利于职工身体健康等要求。

3. 单体仓库平面布置原则

单体仓库平面布置是指对仓库内部的各个部分——存货区、入库检验区、理货区、流通加工区、配送备货区、通道以及辅助作业区在规定范围内进行全面合理的安排。平面布置是否合理,将对仓储作业的效率产生很大影响,因此在平面布置时,应遵守以下原则:

(1)大件物品、周转量大和出入库频繁以及重的物品,宜靠近出入口布置,以缩短搬运距离,提高出入库效率。

(2)易燃的物品,应尽量靠外面布置,以便管理。

(3)要考虑充分利用仓库面积和空间,使布置紧凑。

(4)有吊车的仓库,汽车入库的运输通道最好布置在仓库的横向方向,以减少辅助面积,提高仓库利用率。

(5)仓库内部主要运输通道一般采用双行道。

(6)仓库出入口附近,一般应留有收发作业用的区域。

(7)仓库内设置管理室及生活间时,应该用墙与库房隔开,其位置应靠近道路一侧的入口处。

4. 仓库总平面布置的程序

(1)做好充足的准备工作。

仓库在布局前,需要收集大量相关的数据和资料,如储存物的品种、规格、数量,建设地区的铁路和公路分布情况,地形条件,水、电供应条件,当地气象资料,采取的装卸搬运手段,消防及安全要求协作条件,等等。通过筛选整理出真实、准确、齐全、客观、可靠性高的数据资料后,以此为基础进行方案设计。由于方案在设计过程中需要绘制专业的仓库总平面布局图,所以还要准备好辅助的工具。

(2)仓库的总体合理布局。

根据仓库生产和管理的需要,对整个仓库所有设施进行用途规划,确定生产、辅助生产、行政等场所,确定仓库、道路、门卫等分布,并对各类设施和建筑进行区别,如仓库货场编号、道路命名、行政办公区识别等。通过总体规划形成仓库的总体布置图。

(3)仓库单体的功能区域划分。

在所有仓库、货场内部,根据专业化分工原理进行功能用途确定。一般按照仓储物种进行分类分区,对于专业化的仓库可以按照不同的作业方式进行划分。比如通过专业分区使仓库形成如食品区、日用品区、物资区或者保管区、验货区、包装区等区域。

(4)仓库单体货位的安排、作业道路和仓库作业流程的确定。

为了实现安全保管和快捷作业,将仓库、货场划分为一定的货位,并对货位进行编号。确定仓库、货场内的作业通道,保证每一个货位都能与通道相通,并制定每一仓库和货场作业流程的进出口和运送方向。

(5)辅助和辅助装置的设置。

对排水系统、消防系统和水、电供应线路及辅助设施等进行设计。

(6)确认实施。

完成以上设计工作之后,还应对照总平面布置的要求进行检查,并到建设现场核实布置。

(二)仓库立体布局

在设计时,仓库的占地面积经常会受到多方面因素的影响,为了增加可利用空间,就需要设置高层货架,发展立体仓库。对于仓层货架仓库在设计和规划时,需要注意以下几点问题。

(1)提高仓库空间利用率的同时,地坪单位面积的承重也会随之增加,但要注意不要超过其额定承载能力,否则容易出现由于地面凹陷而货物坍塌的现象。

(2)在设计时,要考虑仓储作业设备的选择。对于货架,要选择承重能力强的高层货架;对于装卸搬运设备,要选择适应性广、工作能力强、起升高度高的装卸设备。

(3)由于顶层货物距离仓库顶部较近,除了要注意留有足够的顶距和灯距外,还要注意控制好弯度和湿度,及时通风,切实保管好货物。

(4)仓库作为防火重地,消防设施也要从整体上进行设计,除了具备常规的消防器材之外,还要在库顶配备喷淋装置和烟雾报警装置等,以确保仓库的安全。

三、仓库设备

(一)托盘

托盘是用于集装、堆放、搬运和运输以及放置物品和制品的,是一个单元负荷的水平平台装置。在平台上集装一定数量的单件物品,并按要求捆扎加固,组成一个运输单位,便于运输过程中使用机械进行装卸、搬运和堆存。这种台板有供叉车从下部叉入并将台板托起的叉入口。以这种结构为基本结构的台板和在这种结构基础上形成的各种形式的集装器具统称托盘。托盘化运输对提高物流生产效率是非常重要的。

1. 托盘的特点

(1)搬运或出入库场都可用机械操作,减少物品堆码作业次数,从而有利于提高运输效率,缩短货运时间,减轻劳动强度。

(2)以托盘为运输单位,货运件数变少,体积重量变大,而且每个托盘所装数量相等,既便于点数、理货交接,又可以减少货损、货差事故。

(3)投资较少,受益较快。

(4)托盘的回收利用、组织工作难度较大,会浪费一部分运力。托盘本身也占用一定的库容空间。

2. 托盘的种类及规格

(1)托盘的种类。

托盘按结构可以分为:平板托盘、立柱托盘、箱式托盘、轮式托盘(图1－2至图1－5);按材料可分为:塑料托盘、金属托盘、木制托盘、纸制托盘;按台面可分为:单面形、单面使用形、双面使用形和翼形;按叉车叉入方式可分为:单向叉入型、双向叉入型、四向叉入型三种。

图1－2　常见平板托盘

(a)纸制托盘;(b)木质托盘;(c)塑料托盘;(d)金属托盘

图1－3　立柱托盘

图1－4　箱式托盘

图1－5　轮式托盘

(2)托盘的规格。

我国托盘规格与国际标准化组织规定的通用尺寸一致,主要有三种规格:1 000 mm×800 mm、1 200 mm×800 mm、1 200 mm×1 000 mm。

(二)叉车

叉车是一种用来装卸、搬运和堆码单元货物的车辆,是仓库装卸搬运机械中应用最广泛的一种设备。其具有选用性强、机动灵活、效率高的优点。

叉车由自行的轮胎底盘和能垂直升降、前后倾斜的货叉、门架等组成。它不仅可以将货物叉起进行水平运输,还可以将货物提升进行垂直堆码。

1. 叉车特点及用途

叉车与其他搬运机械一样,能够减轻装卸工人繁重的体力劳动。除了能提高装卸效率,缩短车辆停留时间,降低装卸成本以外,它还具有以下特点和用途:

(1)机械化程度高。使用各种自动取物装置或在货叉与货板配合情况下,可以实现装卸工作的完全机械化,不需要工人的辅助体力劳动。

(2)机动灵活性好。叉车外形尺寸小,重量轻,能在作业区域内任意调动,适应货物数量及货流方向的改变,可机动地与其他起重运输机械配合工作,提高机械的使用率。

(3)可以“一机多用”。在配备和使用各种取货装置如货叉、铲斗、臂架、吊杆、货夹、抓取器等的条件下,可以用于各种品种、形状和大小货物的装卸作业。

(4)能提高仓库容积的利用率,堆码高度一般可达 3 m,采用高门架叉车可达到 5 m。

(5)有利于开展托盘成组运输和集装箱运输。

(6)成本低,投资少,能取得较好的经济效果。

2. 叉车的种类

根据所用动力,叉车可分为手动液压式叉车、内燃机式叉车和蓄电池式叉车。手推液压式叉车无动力源,是利用人力推拉运行的简易插腿式叉车,其起重能力为 200 ~ 1 000 kg(图 1 - 6、图 1 - 7)。内燃机式叉车又有汽油内燃叉车和柴油内燃叉车之分,前者多用于 1 ~ 3 t 的起重载荷,后者多用于 3 t 以上的起重载荷。蓄电池式叉车一般用于 2 t 以下的起重载荷。

图 1 - 6 手动液压式搬运车

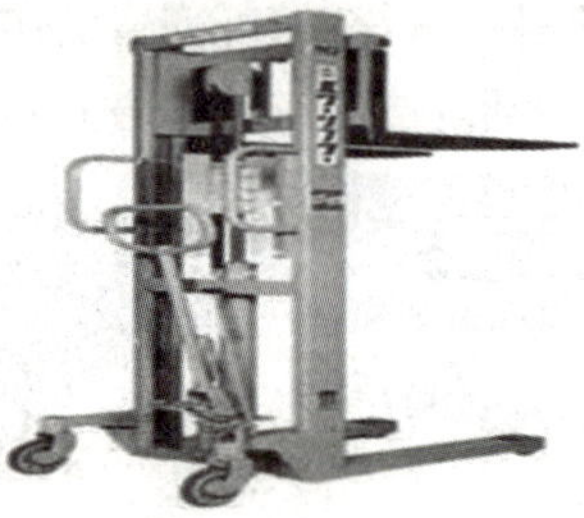

图 1 - 7 手动液压式堆高车

根据叉车的结构特点,叉车可以分为平衡重式、插腿式、前移式、侧面式和拣选式叉车等。

(1)平衡重式叉车。

平衡重式叉车是使用最为广泛的叉车。这种叉车的货叉在前轮中心线以外。为了克服货物产生的倾覆力矩,在叉车的尾部装有平衡重。车轮采用的是充气轮胎或实芯,运行速度比较快,而且有较好的爬坡能力。平衡重式叉车可以是内燃式的,也可以是蓄电池式的(图 1 - 8)。

(a) (b)

图 1 - 8 平衡重式叉车

(a)平衡重式电瓶叉车;(b)平衡重式内燃机叉车

(2)插腿式叉车。

插腿式叉车结构非常紧凑,货叉在两个支腿之间,因此无论在取货或卸货,还是在运行过程中,都不会失去稳定。由于结构紧凑,叉车尺寸小,转弯半径也小,其适于库内作业。这种叉车一般采用蓄电池为动力，不会污染环境。由于叉车在叉取货物时，支腿和货叉都必须插入货物底部，因此，要求叉取的货物底部一般要高出地面 200 mm 左右（图 1－9）。

（3）前移式叉车。

前移式叉车结构与插腿式叉车类似。但取货或卸货时，门架可由液压系统推动，移到前轮之外；运行时，门架又缩回车体内。前轮的直径大约为 300 mm，因此，要收回货叉，必须先将货物升起一定高度（图 1－10）。

（4）侧面式叉车。

侧面式叉车主要用于长料货物的搬运（图 1－11）。这种叉车有一个放置货物的平台，门架与货叉在车体的中央，可以横向伸出取货，然后缩回车体内将货物鼓在平台上即可行走。这种叉车司机的视野好，所需通道宽度也较小。

（5）拣选式叉车。

拣选式叉车的特点是操作者能随装卸装置一起在车上进行拣货作业，当叉车行进到某一货位时，货叉取出货盘，操作人员将所需数量拣出，再将货盘放回。由于拣货者与货叉同时升降，对这种车的安全性要求较高，一般采用电池式叉车，且起重量不大，行走稳定。随着配送中心数量的增加、拣货作业数量的增加，这种叉车将越来越重要（图 1－12）。

图 1－9　插腿式叉车

图 1－10　前移式叉车

图 1－11　侧面式叉车

图 1－12　拣选式叉车

（三）货架

随着仓库机械化和自动化程度的不断提高，仓库设施特别是货架技术也在不断发展。仓库广泛使用传统的货架，如抽屉式货架、橱柜式货架、U 形架、悬臂架、棚架、鞍架、轮胎专用架等，此外，还出现了重力式货架、移动式和层格式货架、阁楼式货架、装卸式货架、托盘式货架、立体化自动仓库货架等现代化的新型货架。

这里主要介绍几种通用性强和比较新型的货架。

1. 层架式货架

层架式货架由立柱、横梁、层板构成，架子本身分为数层，层间用于存放货物，如图 1－13 所示。层架种类繁多，如果按层架存放货物的重量分类，可以分为重型层架、中型层架和轻型层架；按其结构特点分类，有层格式、抽屉式等类型。

(a) (b) (c)

图 1－13 各种层架式货架

(a)层式货架；(b)抽屉式货架；(c)层格式货架

特点：层架结构简单，适用性强，存取作业方便，但存放货物的数量有限。一般轻型层架主要适合人工存取作业，其规格尺寸及承载能力都与人工搬运能力相适应，高度通常在2.4 m以下，厚度在0.5 m；而中型和重型的货架尺寸则较大，高度可达4.5 m，厚度可达1.2 m，宽度可达3 m。

2. 托盘货架

托盘货架是专门在托盘上存放堆码货物的货架，其承载能力和每层空间适于存放整托盘货物。托盘货架结构多采用杆件组合，拆迁容易，层间距还可依码货高度调整。通常其总高度在6 m 以下，架底撑脚需要装叉车防撞装置(图 1－14)。

图 1－14 托盘货架

特点：托盘货架结构简单，可调整组合，安装简易，费用经济；出入库不受先后次序的限制；托盘装载不同货物时可立体存放，库容率较高。原则上，每一个托盘占一个货位。存取作业时，较高的托盘货架使用堆垛起重机存取，较低的托盘货架可用叉车存取。这样，仓库可实现机械化存取作业，提高劳动生产率的同时也便于实现计算机管理和控制。

3. 悬臂式货架

悬臂式货架是在立柱上装设横杆悬臂构成的货架，悬臂常用金属材料制造，其尺寸一般根据所存放物料尺寸的大小确定。为防止物料损伤，仓库管理人员常在悬臂上加垫木质衬垫或橡胶带以起保护作用(图 1－15)。

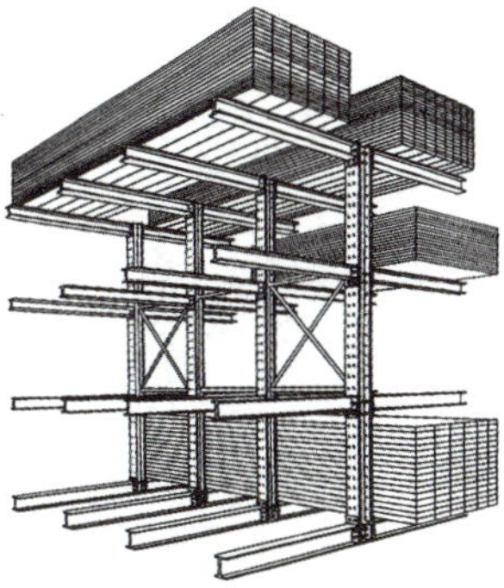

图 1－15　悬臂式货架

特点：悬臂式货架为开放式货架，一般存放长条形材料，不利于机械化作业。轻质材料可用人力存取操作，金属材料可配合跨距较宽的设备存取。悬臂式货架一般高度在 6 m 以下，空间利用率较低，约为 35% ~50%。

4. 阁楼式货架

阁楼式货架是上、下两层堆叠制成阁楼布置的货架。其结构有的由底层货架承重，上部搭置楼板，形成一层新的库面；有的是由立柱承重，上部搭置楼板形成库面。

特点：采用阁楼式货架几乎可成倍提高原有仓库利用率，适合多品种、少批量存取，尤其适用于五金、汽配、电子元件、企业货物的分类存储。通常上层适用于存放较轻的货物，下层适用于存放较重的货物（图 1－16）。

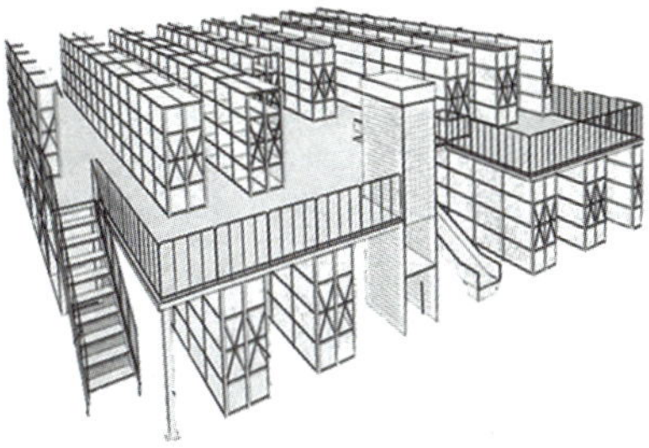

图 1－16　阁楼式货架

5. 移动式货架

移动式货架是一种底部带轮且可整体移动的货架。由于货架下面装有滚轮，仓库地面上装有导轨，通过开启控制装置，货架可通过轮子沿导轨移动。货架结构可以设计成普通层架，也可以设计成托盘货架（图 1－17）。

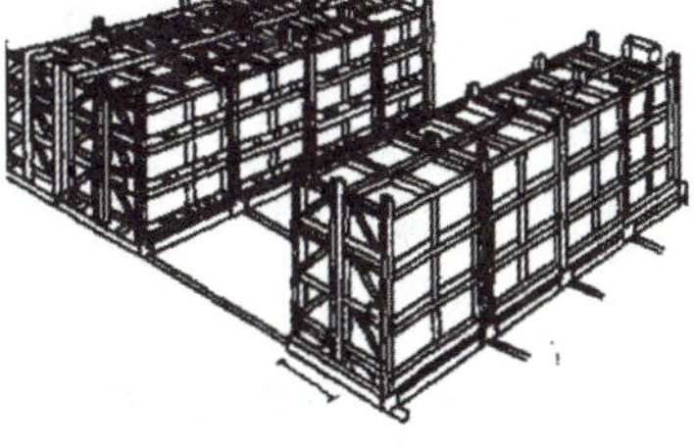

图 1－17　移动式货架

特点：移动式货架平时相互依靠，密集排列在一起；存取货物时，通过手动或电力驱动装置使货架沿轨道水平移动，形成作业通道，便于人工或机械存取作业。这样可以大幅度减少通道面积，地面使用率可达80%，而且可直接存放每一种货物，不受先进先出的限制。但是，相对来说其机电装置较多，维护较困难。

6. 重力式货架

重力式货架每一层隔板与水平面均形成一定的倾斜角度，低端作为出货端，高端作为入货端，这样托盘或箱装货物会由于重力作用自动向低端滑移。隔板也可制成滑轨、辊子或滚轮的形式，这样可以提高货体的运动性能；在滚轮下埋设充气软管可控制倾斜角度，还可以调整货物滑移的速度（图1－18）。

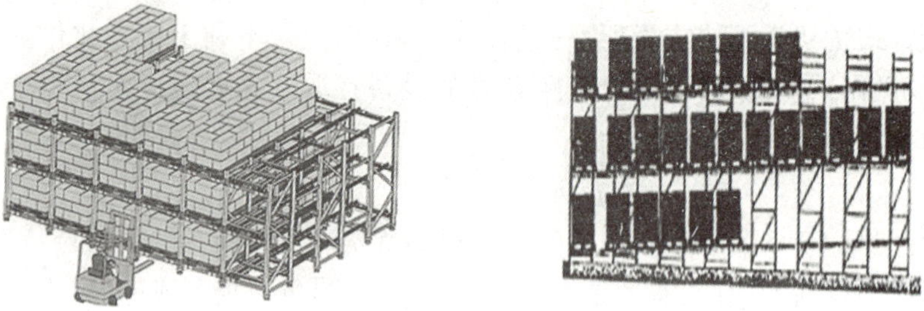

图1－18 重力式货架

特点：重力式货架呈密集型配制，能够大规模密集存放货物，减少了通道数量，可有效节约仓库面积。由普通货架改为重力式货架后，仓库面积可节省近50%。重力式货架能保证货物的先进先出，避免货物的超期存放；重力式货架的入库作业和出库作业完全分离，且出入库时，工具不互相交叉，可降低事故率，增加安全性。其适用于大量存储的场所，也适用于拣选场所，可普遍用于配送中心、商店的拣选配货操作中，也可用于生产线的零部件供应线上。

7. 驶入、驶出式货架

驶入式货架采用钢质结构，钢柱上一定位置有向外伸出的水平突出构件或悬轨，当叉车将托盘送入时，突出的构件或悬轨可托住托盘及货物。货架上无托盘货物时，货架正面便成了无横梁状态，形成了若干通道可方便叉车出入。驶入式货架只有一端可以出入叉车。驶出式货架的结构和驶入式货架类似，只是驶出式货架两端均可出入叉车（图1－19、图1－20）。

特点：驶入、驶出式货架能起到保管场所及叉车通道的双重作用，属高密度配置。驶入、驶出式货架的高度可达10 m，库容利用率高达90%以上，适用于大批量、少品种配送中心，但不适合太长或太重物品的存储；驶入式货架存取货时受先后顺序的限制，难以做到先进先出；驶出式货架则可将出入库作业分设在两端，可以做到货物先进先出。

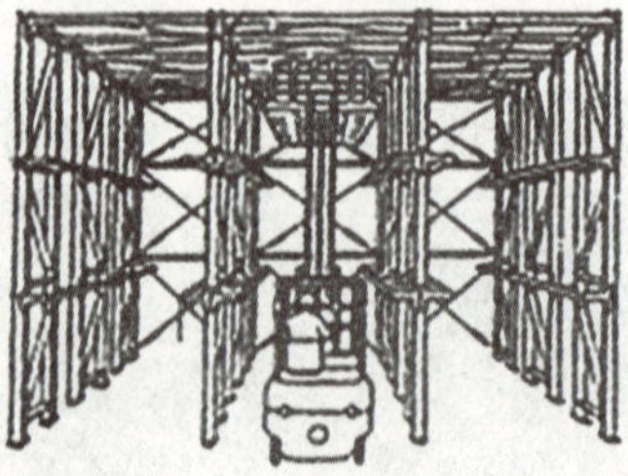

图1－19 驶入式货架

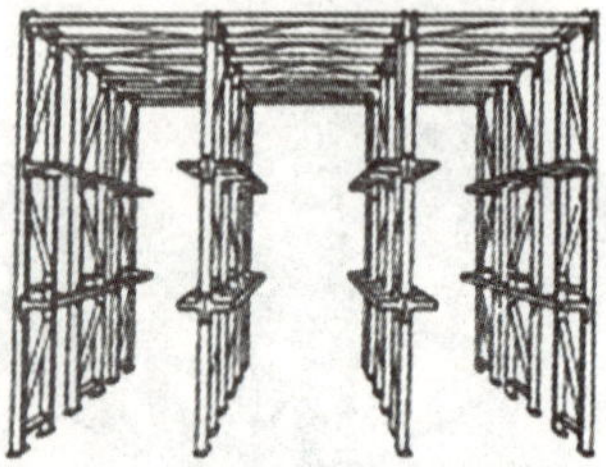

图1－20 驶出式货架

（四）其他机械设备

1. 输送机械

输送机械是按照规定路线连续地或间歇地运送散料物料和成件物品的搬运机械，是现代物料搬运系统的重要组成部分。输送机系统是由两个输送机及其附件组成的一个比较复杂的工艺输送系统，具有搬运、装卸、分拣物料等功能。其广泛应用于工厂企业的流水生产线、物料输送线及流通中心、配送中心物料的快速拣选和分拣。

根据不同的货物性质，输送机械可分为间歇性输送机械（主要用于集装单元的装卸搬运）和连续性输送机械（主要用于散货的装卸搬运）两类。

按动力性质划分，输送机械可分为有牵引构件的输送机（如带式输送机、链式输送机、板式输送机、悬挂式输送机、垂直输送机）、无牵引构件的输送机（如滚轮式输送机、螺旋输送机、振动输送机）和气力输送装置（如悬浮式气力输送装置、推送式气力输送装置），见图 1－21。

(a)　(b)　(c)　(d)

图 1－21　各种有牵引构件的输送机

(a) 带式输送机；(b) 链式输送机；(c) 悬挂式输送机；(d) 滚轮式输送机

2. 分拣输送系统

分拣输送系统是将随机的、不同类别、不同去向的物品，按其要求（产品类别或产品目的地）进行分类的一种物料搬运系统。随着社会生产力的提高和商品品种的日益丰富，在生产和流通领域的物品分拣作业，已成为耗时、耗力、占地大、差错率高、管理复杂的部门。为此，物品分拣输送系统已经成为物料搬运系统的一个重要分支，广泛应用于邮电、航空、食品、医药等行业以及流通中心和配送中心等。

在分拣输送系统中，分拣机是最主要的设备。分拣机的种类很多，按工作方式可分为横向推出式分拣机、升降推出式分拣机、倾斜式分拣机、悬吊式分拣机。

3. 巷道堆垛机

巷道堆垛机是在高层货架的窄巷道内作业的起重机，可大大提高仓库的面积和空间利用率，是自动化仓库的主要设备，又称"有轨堆垛机"。

巷道堆垛机可分为如下几类：

（1）按用途分为单元型、拣选型和单元拣选型。

（2）按机械结构分为单立柱/双立柱、单叉/双叉和单伸位/双伸位。

（3）按转移巷道方法分为固定式、转移式和转移车式。

4. 专用机械

专用机械是带专用取物装置的起重、输送机械或工业车辆的综合，一般进行专用作业，如翻车机、堆取料机、码垛机、拆垛机、分拣输送系统专用机械设备、集装箱专用装卸机械（如岸边集装箱起重机、集装箱跨运车、集装箱叉车、轮胎集装箱龙门起重机、轨道式集装箱起重机等)、托盘专用装卸机械、船舶专用装卸机械、车辆专用装卸机械等。

【任务实施】

1. 完成步骤

(1)教师带领学生参观当地某仓储企业仓库，了解该仓库相关信息。

交通地址:仓库所在地址环境的优缺点。

前方设施:①停车场位置、设施。②出入口设计。

仓库设施:①内部各作业环节的分区与布局。②通道设计。③储存用设施。④搬运设施。

辅助设施:①员工福利设施。②办公室。

(2)将学生分组,每组5~6人,画出该仓库平面布局图。

①要区分出仓库的不同区域及各自的功能、方位、大小。

②要关注仓库设施设备的位置,重点要区分各种设备的数量比例。

(3)小组讨论研究,综合评价该仓库的布局是否合理;若有不妥之处,提出优化方案。

①在评估过程中要分别估计出存储区的货位容量、收发区的场地容量等。

②要根据出入库历史数据计算平均库存量和所需货位容量。

③要评估各类存储区货物出入库路线和频率,判断各区布局是否合理。

(4)教师对学生撰写优化方案提出书写要求。

封面内容要求:题目、组别(学号)、组员(姓名)、提交日期。

正文内容要求:调查背景与目的(说明仓库布局规划的重要性);调查方法与对象(如该企业及仓库简介);调查结果分析(陈述调查的结果、数据、平面图等);提出建议(针对调查中所发现的问题,对布局的不合理方面提出改进的意见)。

(5)在各组推荐的基础上,选定若干名学生在全班进行交流。

2. 检查标准

检查标准	考评标准	分值	实际得分
仓储企业平面布局方案设计	参观的企业仓库平面布局图准确	30	
	提交的网址(2~3个)和参考文献(5篇)适用性强	20	
	提交的仓库平面布局修改方案科学、合理	50	
合计		100	

任务三 仓储企业组织结构和岗位设置

为了使学生在未来职业生涯中岗位定位准确,具有岗位必备的知识和技能,需要学生具有评价仓储企业组织结构的能力和熟悉主要操作岗位的职责。为此,本任务中设计了两个分任务。

分任务一 仓储企业组织结构方案设计

【任务目标】

使学生能运用组织结构和岗位设置原则来解决实际问题。

【任务引入】

随着市场需求不断增加,增值服务项目的不断优化,苏州 JX 储运有限公司经济效益年年提高。但是近半年来,由于人手不足,经常发生不能及时送货或货损严重现象。公司认为,造成这种现象的主要原因是公司现有的组织架构已经无法满足不断扩大的企业规模的需求。因此,为了提高公司经营效率,苏州 JX 储运有限公司决定根据目前规模状况进行组织架构重构。2016 年 7 月 5 日公司委派人事部贾经理组织部门人员对公司组织框架和岗位设置进行重新评估,并提出新的架构方案。张涛第三个轮岗部门是人事部,于是他也加入了这个项目工作。请以张涛所在人事部的名义完成此任务。

【知识链接】

一、仓储企业组织结构设计

仓储企业组织是一个整体,它是由许多元素按照一定的形式排列组合而成的。一个企业在考虑采用什么样的组织形式时,必须考虑四个基本问题:什么样的组织形式有利于实现企业战略目标?什么样的组织形式能提高组织效率?组织形式与企业活动如何适应?组织与外部环境如何适应?因此,组织结构设计的过程主要有以下六个步骤。

(一)确定组织目标

仓储企业组织目标设立是紧紧围绕企业面临的内外部环境,结合自身的资源,合理确定组织的总体目标。

(二)确定业务内容和流程

确定业务内容和流程就是明确组织的具体工作内容和主导业务流程,并对流程中各节点的工作内容进行分工。

(三)确定组织结构

根据行业特点及组织环境等因素,确定采取何种组织形式,应设置哪些部门将性质相同或相近的工作内容进行优化组合。

(四)进行职能分解

仓储物流公司确立总体结构框架后,确定各部门职能并对各部门进行职能分解,明确每一部门的具体职能和岗位,明确各岗位人员的素质要求。公司一般划分一、二、三级职能,明确各部门及岗位的职责。"一级职能"是指本部门的主要业务及管理职能;"二级职能"是指在一级职能下分解的若干项职能;"三级职能"是指在"二级职能"作业项目下分解的若干项职能。如某仓储部"一级职能"是"货物的仓储管理","二级职能"是"货物出入库""货物保管"等几项,"三级职能"是"二级职能"中的"货物保管"分解成"货物保管及防护""货物理货"等。

(五)确定岗位职责及权限

规定各职位的权利、责任和义务,同时明确各部门之间、上下级之间和同级之间的职权关系，以及相互之间的沟通与原则。

（六）配备职位人员

根据仓储公司部门的工作性质和对职务人员的素质要求，为各个部门配备人员，明确其职务和职称。

二、仓储企业组织结构

仓储组织就是按照预定的目标，将仓储作业人员与储存手段有效结合起来，完成仓储作业过程各环节的职责，为物品流通提供良好的储存劳务，加速物品在仓库中的周转，合理使用人力、物力，以取得最大经济效益。仓储企业组织结构的形式是仓储企业管理组织各个部门及其整个企业经营组织之间关系的一种模式，包括决策指挥层、执行监督层以及信息反馈等机构。

（一）仓储企业组织结构形式

现代企业组织结构形式不断演变，仓储企业管理的组织结构形式也不断发生变化，下面是几种典型的仓储企业组织结构形式。

1. 直线制

这种组织结构形式是由一个上级直接管理多个下级的一种组织结构（图 1－22）。其优点是从上到下垂直领导，不设行政职能部门，组织精简，指令传达迅速，责任权限明确，仓储企业总经理的管理意图得到充分执行。其缺点是管理中的各种决策易受管理者自身能力的限制，对管理者的要求较全面。当业务扩大需要增加业务人员时，易于产生命令执行不统一，管理者会感到管理业务的压力过大，力不从心。

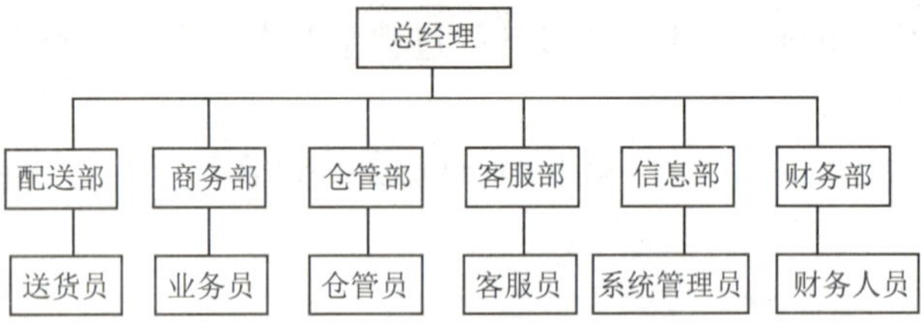

图 1－22　直线制组织结构形式

2. 直线职能制

直线职能制的管理模式是在直线制的基础上加上职能部门，各职能部门分管不同专业，这些职能结构都是某种职能的组合体（图 1－23）。其优点是克服了直线制管理模式中管理者的精力和工作时间有限的缺点。其缺点是各职能部门之间有时会发生矛盾，因此需要密切配合。这种组织管理模式适合大多数的企业，目前一般的企业、事业单位、政府机构都是采用这种管理模式。

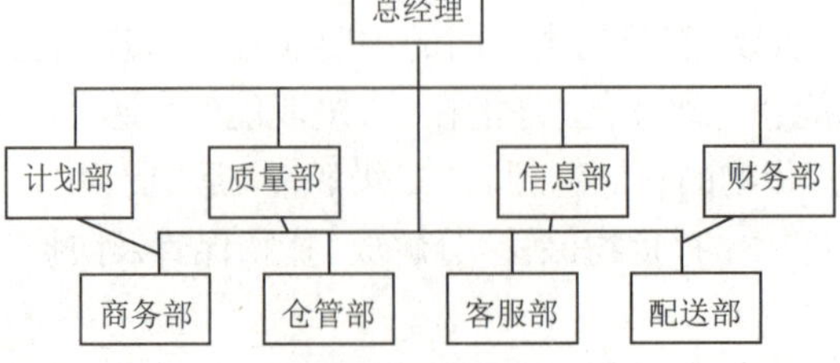

图 1－23　直线职能制组织结构形式

3. 事业部制

事业部制管理模式是一种较为复杂的仓储组织管理模式，它是在总公司领导下，以某项职能（或某项目）为事业部，实行统一管理、分散经营的管理方法（图1－24）。其优点是灵活自主的适应市场、权力下放、有利于发展储备干部、自主经营，责任明确。其缺点是公司与事业部的职能机构重叠，构成管理人员浪费；事业部实行独立核算，各事业部只考虑自身的利益，影响事业部之间的协作，一些业务联系与沟通往往也被经济关系所替代。

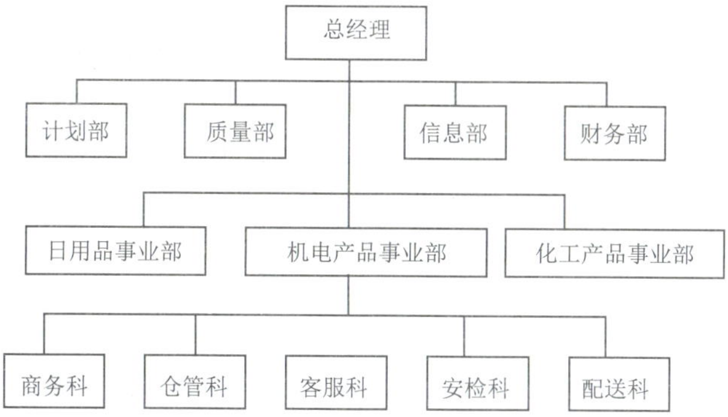

图1－24　事业部制组织结构形式

（二）仓储企业职能部门设置及职责

仓储企业的一级部门可以由业务部门、职能管理部门和行政事务部门组成，各部门的职责及具体设置如表1－1所示。

表1－1　仓储企业的组织分工及岗位责任

分类	定义	职责	具体部门
业务部门	直接参加和负责组织物流中心业务活动的部门	担负从货品进入物流中心到按用户要求送达目的地的全部工作	仓储部、加工包装部、配送部、客户服务部、存货控制部、商务部
职能管理部门	与业务活动有着直接关系，专为业务部门开展工作而提供服务的管理部门	承担计划、指挥、监督和调节职能，以及在技术上的支持，按领导委托向业务部门布置工作，负责收集、整理经营业务信息	计划统计、财务统计、劳动工资、价格、系统支持
行政事务部门	既不直接从事物流业务经营活动，也不直接对经营业务进行指导和监督，而是间接地服务于经营业务和职能管理部门活动的行政事务机构	为经营和管理工作提供事务性服务、人事管理、安全保卫和法律咨询等	秘书、总务、教育、保卫、人事

【任务实施】

1. 完成步骤

（1）教师带领学生参观本地某物流企业。由该企业相关负责人介绍企业组织结构和岗位设置。

(2)将学生分5~6组,每组7~8人。
(3)参观完毕后,以小组形式画出企业组织结构图。
(4)小组观察组织结构图,思考以下问题:
①该图属于哪种组织结构形式?
②该公司功能定位是什么?主要业务范畴是什么?
③该公司设置了哪些部门以及每个部门下设置了哪些岗位?
④该公司组织结构设置中存在哪些问题?
a. 该公司把任务分解成相互独立的工作单元时,细化的程度是否到位?
b. 该公司对工作单元进行合并组合的基础是否科学?
c. 该公司员工个人和群体向上汇报的层级是否合理?
d. 该公司每名管理者指导员工的数量是否科学?
e. 该公司规章制度是否可以指导员工和管理者的行为?
(5)小组撰写企业组织结构、岗位设置评价和修改意见报告。
(6)在各组推荐的基础上,选定若干名学生在全班进行交流。

2. 检查标准

检查标准	考评标准	分值	实际得分
仓储企业平面布局方案设计	提交的网址(2~3个)和参考文献(5篇)适用性强	40	
	组织结构和岗位设置修改方案科学、合理	60	
合计		100	

分任务二 仓储企业岗位人员招聘

【任务目标】

通过模拟招聘会,使学生了解仓储企业岗位任职条件和职责范围。

【任务引入】

苏州JX储运有限公司人事部经过一个月的忙碌,终于在2016年8月5日完成了公司组织框架的重构任务。大家还没来得及喘口气,8月6日就接到了操作部主管的紧急呼报,要求人事部在8月底务必为他们新招7名操作岗位人员,分别是进货检验员、理货员、配货员、出货检验员、系统操作员、车队内勤员、驾驶员。张涛目前仍然在人事部轮岗,于是他也立刻作为助手参与了这项任务。

请以张涛所在人事部名义完成岗位人员招聘工作,具体包括设计招聘流程、确定招聘岗位要求、设计面试考题及评分标准、公布招聘广告、现场招聘等工作。

【知识链接】

一、仓储企业作业流程和岗位设置

(一)仓储企业作业流程

仓储企业的特性或规模不同,其营运涵盖的作业项目和作业流程也不完全相同,但其基本作业流程大致可归纳为：以保管活动为中心，从仓库接收商品入库开始，到按需要把商品全部完好地发送出去的全部过程。

仓储作业过程主要由入库、保管、出库三个阶段组成，按其作业顺序来看，还可以进一步细分为若干作业环节，具体环节如图 1－25 所示。

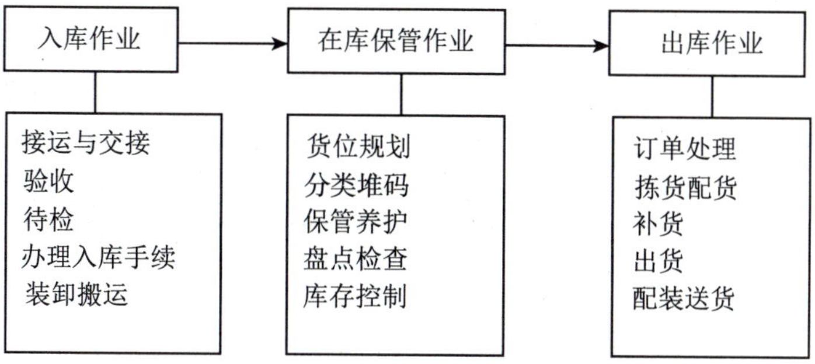

图 1－25　仓储作业流程

整个仓储作业过程各个部分的因果关系，以存储的商品这一对象为纽带贯穿起来，并由此形成一种既定的关系。如果把这个过程看作是一个系统，则系统输入的是需要储存的商品，输出的是经过保存的商品。在仓储技术作业过程中，商品在各个作业环节上运行，并被系列作业活动处理。

（二）仓储企业主要作业部门岗位设置

仓储企业主要作业部门由仓储部、配送部和业务部组成，各部门的岗位设置如表 1－2 所示。

表 1－2　仓储企业主要业务部门岗位设置

部门	岗位编号	岗位名称
仓储部	1－001	仓储部经理
	1－002	货物验收员
	1－003	仓管员（出入库管理）
	1－004	保管员（在库管理）
	1－005	装卸员
	1－006	理货员管理
	1－007	理货员
	1－008	库存控制专员
配送部	2－001	配送部经理
	2－002	货运主管
	2－003	运输调度员
	2－004	送货员（押运员）

续表

部门	岗位编号	岗位名称
业务部	3－001	业务部经理
	3－002	业务主管
	3－003	业务专员
	3－004	客户服务主管
	3－005	客户服务专员
	3－006	大客户服务专员

二、仓储企业主要操作岗位职责

仓储企业主要操作岗位有货物验收员、仓库管理员、货物保管员、理货员、送货员、库存控制专员、运输调度员、装卸员、业务员、客户服务专员等，其岗位职责分别见表1－3～表1－12。

表1－3　货物验收员岗位职责

项目	内容	
任职条件	学历	大学专科以上
	专业知识	商品学、货物学、质量管理、物流管理等相关知识
	业务了解范围	熟悉仓库管理业务流程，全面掌握商品质量验收相关知识；熟悉商品出入库验收程序
工作职责	职责	负责商品出入库的验收检验工作，对不符合验收要求的货物按公司的相关规定进行处理
	具体职责范围	1. 协助主管制定物资验收作业规范，并严格参照执行。 2. 负责所有物资的出入库验收工作，并如实填写相应的出入库验收单据。 3. 识别和记录物资的质量问题，对客户的包装、运输及其他方面提出改进建设。 4. 拒收物资中不合格产品，退回客户处；对包装有残损的，进行单独处理。 5. 做好物资验收记录，对物资的验收情况进行统计、分析、上报。 6. 完成上级领导交办的相关事宜

表1－4　仓库管理员岗位职责

项目	内容	
任职条件	学历	高职高专
	专业知识	仓储管理、物流管理、统计的相关知识，熟练使用常见计算机办公软件
	业务了解范围	熟悉物流仓储管理业务流程，全面掌握仓储物资的存储、调配等相关知识；了解公司内部的管理流程

续表

项目	内容	
工作职责	职责	按照公司仓储管理制定全面负责货物出入库管理工作，根据货物的特性合理安排储位
	具体职责范围	1. 规章制度：协助仓储部经理制定货物验收、出入库、存储等规章制度，报主管领导审批后，形成规章制度，严格执行。 2. 货物的出入库管理：负责货物出入库的搬运设备与人员调配工作，安排该出入库计划；严格办理出入库手续，签发相关出入单。 3. 库存统计与建立台账：建立相应的货物出、入库台账，定期对出入库数据进行统计；对库存货物进行定期盘点，向信息管理部门及财务部提交库存盘点数据。 4. 库房管理：负责辖区内各类库房的管理工作，做好库房的定额管理，监督货物的装卸，严格监督货物的装载上车与卸货，进行现场指挥

表 1－5 货物保管员职责

项目	内容	
任职条件	学历	中专以上
	专业知识	仓储管理、库房管理、商品学、质量管理等
	业务了解范围	熟悉物流仓储管理业务流程，掌握仓储物资的储存、保管要求
工作职责	职责	确保在库货物安全，商品质量完好和数量准确无误；定期巡查，发现异常问题及时处理
	具体职责范围	1. 协助货物的出入库管理：协助仓库管理员进行货物的进出仓，协助相关部门对出入库货物进行检验。 2. 负责其保管区域内物资的保管工作。 3. 定期清扫保管区，保证保管区内清洁卫生、无虫害。 4. 定期检查仓库的温湿度，做好相关记录并控制和调节仓库温湿度。 5. 定期检查所保管的货物品种、数量、质量状况。 6. 负责保管物资的安全管理工作，协助进行安全消防管理。 7. 定期盘点库存货物，做到账、物、卡相符合

表 1－6 理货员岗位职责

项目	内容	
任职条件	学历	高中以上文化
	专业知识	仓储管理、货物学、财会、叉车驾驶等
	业务了解范围	熟悉仓储管理、运输流程；了解相关货物知识；熟悉仓储信息化操作
工作职责	职责	完成对出入库的货物进行验收、整理、核对和堆码等工作，在合理安排货物仓储的同时，并对它们进行有序整理、挑选、配货、包装、置唛以及复核作业
	具体职责范围	1. 货物检查与核对：按照提货单提出货物，并核对货物品种、数量、规格、等级、型号。 2. 理货员根据每次入库理货的情况，制作理货清单。 3. 货物分拣包装：根据客户订单的要求，把出货商品分拣、组配、整理出来；对待出库待运货物检验、核对，并进行包装、贴包装标志。 4. 货物分拣与发运：理货人员根据货物的运输方式、流向和收货地点将出库货物分类集中在出货区，通知驾驶员提货发运

表 1－7 送货员岗位职责

项目	内容	
任职条件	学历	高中以上文化
	专业知识	运输知识、安全知识、配送管理等专业知识
	业务了解范围	了解货运产品相关知识，熟悉仓储管理、运输流程
工作职责	职责	合理规划运输路线和运输车辆，监控货物及时安全到达目的地
	具体职责范围	1. 运输前工作：指导并协助装卸人员搬运、堆码、装载待载运货品，查验办理运输货物数量，办理相关运输手续。 2. 运输途中管理：在货运运输途中，根据货物特性进行保管、护送、保养等工作，保证货品安全到达目的地；如遇突发事件，及时向公司相关领导汇报，尽快予以解决；对于运输途中出现的货品损坏，按照相关规定进行处理，如退换货、修理等。 3. 货物交付：按照客户要求将货物送到指定地点交货卸货，进行货物的检验，办理交付手续，与客户进行交流，做到周到、微笑服务

表 1-8 库存控制专员岗位职责

项目		内容
任职条件	学历	本科以上,物流管理、统计信息管理专业
	专业知识	物流管理、仓储管理、计算机信息、统计学等知识
	业务了解范围	熟悉仓储管理业务流程,掌握库存控制的方法,了解仓储出入库台账
工作职责	职责	在仓储部经理的指导下,具体执行各项库存管理制度和流程、搜集、统计、跟踪库存状况,提出合理库存管理方法,降低库存费用
	具体职责范围	1. 分析跟踪每日库存状态,并根据分析的结果采取合理的库存控制方法。 2. 协助仓储部经理,不断优化库存控制系统,降低库存控制成本。 3. 具体负责对呆滞物品的处理工作。 4. 分析和改进库存控制系统,协助仓储部经理降低库存和提高库存周转率。 5. 负责库存数据录入和提交库存报表。 6. 完成上级交办的相关任务

表 1-9 运输调度员岗位职责

项目		内容
任职条件	学历	高职高专文化,运输组织管理、物流管理专业
	专业知识	物流管理、仓储管理、运输组织、车辆性能等专业知识
	业务了解范围	熟悉物流管理知识,掌握货运调度的各种方法及技巧,了解货运地区天气、交通路况等,妥善安排货运车辆、路线和人员
工作职责	职责	合理规划运输路线和运输车辆,监控货物及时安全到达目的地
	具体职责范围	1. 协助运输主管,制定运输规章制度和安全管理制度,组织执行并监督。 2. 合理进行车辆和人员的调度,确保运输效率。 3. 制定月度运输计划并监督执行。 4. 审核运输、保险费用,并在相关单据上签字。 5. 处理运输事故,并负责善后工作。 6. 审核发运要求,合理选择运输路线和方式。 7. 监督、检查、评估运输方面的工作质量、及时性和运输费用等。 8. 负责组织实施专项运输方案制定与监督执行。 9. 完成领导交办的其他工作

表 1－10　装卸员岗位职责

项目	内容	
任职条件	学历	高中以上
	专业知识	仓储、货运、商品、装卸等知识
	业务了解范围	了解物流业务流程，熟悉装卸搬运工具及其使用
工作职责	职责	利用装卸搬运工具，合理对货物进行装堆码、拆垛、分拣、搬运等工作，完成货物按照物流业务流程进行转移，保证配送、仓储、包装等业务顺利完成
	具体职责范围	1. 做好装卸人员的制度、流程建设。 2. 负责组织装卸人员进行货物装卸作业，保证按时按量装卸。 3. 负责货物装卸后加固防护工作。 4. 负责作业后场地清扫和物资清理工作。 5. 负责装卸人员的业务、劳动纪律、现场管理等日常的检查、督导、考核工作。 6. 完成领导交办的其他工作

表 1－11　业务员岗位职责

项目	内容	
任职条件	学历	高职高专文化
	专业知识	市场营销、物流管理、人际关系、沟通演讲技巧等知识
	业务了解范围	了解国内仓储行业相关政策、法规，熟悉仓储业经营发展趋势；了解公司的运行方式、运作流程
工作职责	职责	在业务主管领导下，根据公司的销售政策，建立、维护、扩大客户资源，完成公司下达的销售计划，实现公司的销售目标
	具体职责范围	1. 寻找潜在客户，积累客户资源，不断挖掘老客户需求，扩大合作领域。 2. 与客户日常接洽：预约、拜访客户；与客户签订合同；回访客户与客户关系维护合作过程中各事项的有效沟通。 3. 客户资料存档管理：记录每一客户的详细资料，并整理归档，方便公司查询、业务交接和售后服务。 4. 客户意见反馈：定期、不定期拜访客户，接受客户意见，整理客户信息反馈，并反馈到相关部门

表 1-12 客户服务专员岗位职责

项目	内容	
任职条件	学历	大学专科以上
	专业知识	市场营销、客户关系管理等专业知识，具备良好的语言表达能力与沟通能力
	业务了解范围	了解国内仓储行业相关政策、法规，熟悉仓储业经营发展趋势；了解公司的运行方式、运作流程
工作职责	职责	了解国家有关物流行业的法律、法规，熟悉公司的业务情况，掌握与客户的沟通方法，特别是电话沟通技巧
	具体职责范围	1. 建立客户档案数据库：按照公司和客户需求对客户档案进行分类和管理，建立客户档案数据库。 2. 客户信息调查：采用电话访问、资料收集等方法，调查客户服务满意度、经营状况等信息。 3. 客户关系管理：根据公司客户档案，定期与新、老客户联系，了解客户需求，及时向相关部门反馈客户信息；妥善处理客户提出的有关问题，维护与客户的良好关系。 4. 客户投诉处理：接听客户投诉电话，做好记录并及时处理；超出权限范围及时上报领导处理

【任务实施】

1. 完成步骤

(1)将学生每 6 人分为一组，每组分配一个招聘岗位（比如第一组分配的岗位是招聘“货物检验员”，第二组分配的岗位是招聘“理货员”等，依此类推）。每组再分成两小组，分别扮演招聘方（3 人）和应聘方（3 人）。

(2)招聘方讨论，完成招聘流程设计、招聘岗位要求制定、面试考题及评分标准制定和招聘广告设计等四项工作。

(3)进行现场招聘演练（以角色扮演方式）。

①招聘方布置招聘会现场：

招聘方准备白板，在白板上公布招聘信息（学生要带好纸质招聘广告和胶带，现场张贴在白板上）。

②应聘者作好面试前的准备：

应聘者准备好应对考官可能提出面试和笔试的考题。

③招聘会开始：

a. 招聘者向应聘者宣讲招聘流程、笔试和面试要求。

b. 招聘者对应聘者进行笔试。

c.招聘者对应聘者进行面试(应聘方的3人要设计出不同学历、不同性格和不同态度的人物角色)。

d.招聘方经过讨论后,确定招聘人选,并公布面试结果。

(4)教师对小组招聘活动各环节和招聘方、应聘方表现进行点评。

2.检查标准

检查标准	考评标准	分值	实际得分
仓储企业岗位人员招聘	招聘流程和招聘岗位要求设计方案合理、符合现实要求	30	
	招聘笔试和面试考题及评分表设计适合岗位能力要求	30	
	招聘现场活动真实,招聘方、应聘方表现良好	40	
合计		100	

项目二

仓储合同管理

【能力目标】

1. 具有撰写仓储项目投标书的写作技能。
2. 具有参加仓储项目投标过程的应用及管理能力。
3. 具有熟练草拟仓储合同的能力。
4. 具有依据合同法的规定处理仓储合同纠纷的能力。

【知识目标】

1. 掌握仓储项目招投标的基本程序和主要内容。
2. 掌握企业仓储合同的特征及主要内容。
3. 了解企业常用招、投标文件和仓储合同的文本格式。

【案例导入】

苏州 LH 有限公司是一家大型连锁超市企业集团，销售网点覆盖长三角 4 个省份及直辖市，营业面积近 20 万平方米，平均月销售近 3 亿元，安排就业人员近 1.5 万人。公司以苏州为战略指挥及营运中心，辐射长三角地区，在浙江、江苏、安徽、上海等地均有分公司。

为适应业务快速发展，满足物流服务向纵深化、精细化方向发展的需求，公司高层领导经过无数次的市场调研，将公司业务做出大胆调整，决定将仓储与配送业务外包给其他公司。外包的业务主要是面向苏州市及周边县区的超市，提供仓储、分拣、运输、流通加工和配送方面的服务，主要货品是家电产品（如微波炉等）、袋装食品（如方便面等）、日化用品（如洗发水等）和蔬菜。本次招标的仓储中心共 6 个：南京、苏州、杭州、宁波、合肥、芜湖，可选择一个城市或多个城市。

2016 年 11 月 24 日苏州 LH 有限公司对外发布了招标公告，诚邀满足招标文件规定要求的仓储服务公司参加投标。按照公示要求，潜在投标人需于 11 月 24 日至 12 月 1 日，携带相关资料，前往苏州市公共资源交易中心购买招标文件。投标截止时间为 12 月 19 日 09 时 30 分，逾期送达的或者未送达指定地点的投标文件，招标人不予受理。投标地点：苏州市公共资源交易中心（筹备组）。

苏州 JX 储运有限公司总经理获知此消息后，认为这个项目将有利于提高公司销售利润，于是指示商务部洪经理带领部门人员全力参加此项竞标。由于这项工作非常重要，需要较多人手，于是张涛又被紧急调入商务部参与这项工作。洪经理要求张涛在这项工作完成后，要回答出以下 2 个问题：

(1)如何根据招标要求制作完整的投标书?

(2)中标之后,如何与客户谈判并撰写完整的合同书?

【案例思考】

为了提高学生仓储项目招投标能力和合同管理能力,需要学生熟知招投标和合同签订的方式及程序,具有投标书和仓储合同的撰写技能以及处理合同纠纷的能力。为此,本项目围绕此案例对应设计了两个任务,其中第二个任务又设置了两个分任务。具体如下:

(1)仓储项目投标书撰写。

(2)仓储合同签订。

①仓储项目合同书撰写。

②仓储合同纠纷处理。

任务一 仓储项目招投标管理

【任务目标】

1. 了解仓储项目招投标的过程。
2. 掌握仓储项目招投标的撰写方法。

【任务引入】

苏州 JX 储运有限公司商务部洪经理接到竞标任务后,他带领部门人员仔细研究了苏州 LH 有限公司招标文件(招标文件见任务实施模块的附件),设计了各分项目的内容,最终制作了完整的标书。2016 年 12 月 25 日洪经理带领团队成员参与了现场投标竞选,获得了苏州仓储中心的中标项目,圆满完成了任务。请以该商务部名义撰写投标书,并模拟项目投标竞选。

【知识链接】

一、仓储项目招投标概述

招标投标是一种特殊的商品交易方式和订立合同的特殊程序,目前已有许多领域采用这种方式,并已逐步形成了国际惯例。招标投标是一种因招标人的要约,引发投标者的承诺,经过招标人的择优选定,最终形成协议和合同关系的平等主体之间的经济活动过程,是“法人”之间诺成有偿的、具有约束力的法律行为。

仓储项目的招标是指招标人(买方)发出招标通知,在一定范围内公开说明拟储存的物资的名称、规格、数量及其他条件和要求,邀请众多投标人(卖方)在规定的时间、地点参加投标,并按照规定程序从中选择交易对象的一种市场交易行为。

仓储项目的投标是与仓储项目招标相对应的概念,它是指投标人应招标人的邀请或投标人满足招标人最低资质要求而主动申请，按照招标的要求和条件，在规定的时间内向招标人递价，争取中标的行为。

招标投标是市场经济条件下进行大宗买卖以及服务项目采购与提供所采用的一种交易方式。招标投标要注意以下原则：保密原则；诚实信用原则；平等性原则；竞争性原则；开放性原则。

二、仓储项目招投标方式

目前，国际上采用的仓储项目招标方式归纳起来主要有以下四种。

（一）公开招标

公开招标是由招标单位通过报刊、广播、电视等宣传工具发布招标公告，凡对该招标项目感兴趣又符合投标条件的法人，都可以在规定的时间内向招标单位提交意向书，由招标单位进行资格审查，核准后购买招标文件，进行投标。公开招标的方式可以给一切合格的投标者以平等的竞争机会，能够吸引众多投标者，故称之为无限竞争性招标。为世界银行贷款项目实行的国际（国内）竞争性招标，就属于公开招标。

（二）邀请招标

邀请招标是由招标单位根据自己积累的资料，或由权威的咨询机构提供的信息，选择一些合格的单位发出邀请，应邀单位（必须有三家以上）在规定时间内向招标单位提交投标意向，购买投标文件进行投标。邀请招标是一种有限竞争性招标，又称选择招标。这种方式的优点是应邀投标者在技术水平、经济实力、信誉等方面具有优势，基本上能保证招标目标顺利完成。其缺点是在邀请时如带有感情色彩，就会使一些更具竞争力的投标单位失去机会。

（三）两段招标

两段招标是将公开招标和邀请招标结合起来的招标方式。这种方式一般适用于技术复杂的大型招标项目。招标单位首先采用公开招标的方式广泛地吸引投标者，对投标者进行资格预审，从中邀请三家以上条件最好的投标者，进行详细的报价、开标、评标。

（四）协商议标

对受客观条件限制或不易形成竞争局面的招标项目，例如专业性很强，只有少数单位有能力承担项目，时间紧迫，来不及按正规程序招标的项目，可以由主管部门推荐或自行邀请3～4个比较知底的单位进行报价比较，由招投标双方通过协商确定有关事宜。协商议标实质上是一种非竞争性招标，严格地讲不能称为招标。因为招投标行为的核心是竞争，没有竞争也就失去了招标的原有意义。

三、仓储项目招标的程序

仓储项目招标的一般过程包括：刊发招标公告、资格预审、编制招标文件、发放文件、接受投标文件、开标、评标与定标及签订合同等一系列过程，工作流程如图2－1所示。

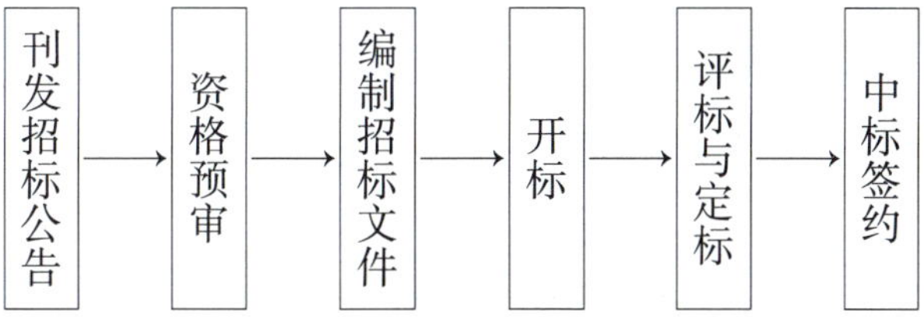

图2－1　仓储项目招标流程

（一）刊发招标通告

国际公开招标通常均在权威性的报刊或有关专业刊物上公布招标通告，比如我国对外发行的《人民日报》，世界银行出版的援助项目的招标月刊等。招标公告应当载明下列事项：招标人的名称和地点；招标项目的性质和数量；招标项目的地点和时间要求；获取招标文件的办法、地点和时间；对招标文件收取的费用；需要公告的其他事项。

（二）资格预审

投标人应填写招标人编制的“资格预审表”或“项目投标报名表”，包括投标人的经营规模、人员设施概况、工程记录等，并提供有关证明文件和资料。由招标人确认其是否具有投标能力。资格预审是保证招标工作顺利进行的关键步骤。

（三）编制招标文件

招标伊始，招标人即组织有关人员制订招标书，说明采购仓储物流服务的技术条件和贸易条件。招标文件应当载明下列事项：投标人须知；招标项目的性质和数量；技术规格；投标价格的要求及其计算方式；评标的标准和方法；提供服务的时间；投标人应当提供的有关资格和资信证明文件；投标保证金的数额或其他形式的担保；投标文件的编制要求；提供投标文件的方式、地点和截止日期；开标、评标、定标的日程安排；合同格式及主要合同条款；其他事项。

招标公告发布或投标邀请书发出之日到提交投标文件截止之日，一般不得少于 30 天。

（四）开标

招标人在预先公布的时间和地点检查投标文件的密封情况，确认无误后，由有关工作人员当众拆封、验证投标资格，并宣读投标人名称、投标价格以及其他主要内容，允许在场的投标人作记录或录音。开标后，投标人不得更改投标内容。开标是对外公开标书内容，以保证招标工作公正进行的一种形式，并不当场确定中标人。开标由招标人主持，邀请评标委员会成员、投标人代表和有关单位代表参加。开标应当作记录，存档备查。

（五）评标与定标

评标应当按照招标文件的规定进行。

招标人负责组建评标委员会。评标委员会由招标人的代表及其聘请的技术、经济、法律等方面的专家组成，总人数一般为五人以上单数，其中受聘的专家不得少于三分之二。与投标人有利害关系的人员不得进入评标委员会。

评标委员会负责评标。评标委员会按照招标文件的规定对投标文件进行评审和比较，并向招标人推荐一至三个中标候选人。招标人从评标委员会推荐的中标候选人中确定中标人。中选的投标应当符合下列条件之一：

(1)满足招标文件各项要求，并考虑各种优惠及税收等因素，在合理条件下所报投标价格最低。

(2)最大满足招标文件中规定的综合评价标准。除采用议标程序外，招标人不得在定标前与投标人就投标价格、投标方案等事项进行协商谈判。

（六）中标签约

确定中标人后，招标人以书面形式通知中标人在规定的期限内到招标人所在地签订合同，并缴纳履约保证金或以银行保函作履约担保。

四、投标的一般程序

(一)编制投标书和落实担保

投标文件是投标人对招标人的一项不可撤销的发盘。投标人应当按照招标文件的规定编制投标文件。

投标文件包括:投标书和投标报价表;投标资格证明文件;投标方有关技术资料及客户反馈意见;投标保证金;投标文件的封装。

招标人为防止投标人中标后拒不签约,通常要求投标人提交投标保证金,一般为总价的3%~10%,也可以银行保函或备用信用证代替现金作保。故投标人应在投标前落实担保人。

(二)递交投标文件

投标文件应在规定的截止日期前密封送达投标地点,可以由专人递交,也可以挂号邮寄。

招标人对在提交投标文件截止日期后收到的投标文件,应不予开启并退还。招标人应当对收到的投标文件签收备案。投标人有权要求招标人提供签收证明。

投标人可以撤回、补充或者修改已提交的投标文件;但是应当在提交投标文件截止日之前,书面通知招标人或者招标投标中介机构。

(三)投标的准备工作

投标人取得标书后,应严格按照招标条件对仓储物流项目所要求的质量、技术标准、交货期限、进度安排等进行核算,并结合自身的条件和市场竞争态势,估计能否完全满足招标要求和能否提出有竞争性的报价。

五、招标书、投标书范本

(一)招标书范本

仓储项目招标书范本

一、招标项目

东风电器有限公司区域仓储配送项目

二、仓储物资范围

主要仓储产品包括家电产品。

三、仓储要求

适合货物存放、进出的仓库,提供专人卸货、仓储、送检、分拣等业务。

四、投标送达方式

直接送达或快递至下列地址:江苏省苏州市工业园区东风电器有限公司采购部管理科。

五、时间安排:

招标时间:2007年8月12日起,上午9:00-11:00、下午14:00-17:00(节假日除外)。

截标时间:2007年9月15日17:00,以收到标书为准。

六、标书文件

1. 公司简介(包括企业规模、仓库面积和类型、仓储设施软硬件配置、企业成功案例、企业服务项目等)。

2. 加盖公章的营业执照、税务登记证、组织机构代码证、法人代表授权书、道路运输许可证等资质证明资料的复印件。

3. 企业自有车辆清单、机动车登记证书复印件、车辆行驶证复印件等。

4. 投标单位联系资料包括地址、联系人、联系电话等。

5. 每页加盖单位公章的书面报价表,制成 EXCEL 格式的光盘报价表。

6. 加盖单位公章的书面报价表。

七、投标方资格要求

1. 投标单位注册资本在 50 万元以上且资信良好;持有有效营业执照、税务登记证、组织机构代码证、道路运输许可证等资质证明。

2. 必须具有三年以上物流营运经验,具有相关资质证明。

3. 提供保质保量和高效的服务,包括节假日,均需提供 7 ×24 小时服务。

4. 必须具备货物储存管理能力及相关物流服务能力。

5. 具有流畅的信息沟通渠道。

6. 具备抗风险能力和质量保障能力,承担在仓储中造成的损失,并负责保险。

7. 本次招标不接受两家及以上联合投标。

八、投标保证金

投标单位须向招标单位缴纳____万元人民币投标保证金,必须在 20 ____年____月____日前将款打入东风电器有限公司账户(以款到统一公司账户为准)。

保证金开户名称:东风电器有限公司。

汇入行:建行________支行。账号:__________________________

九、开标、评标

1. 收标截止日后 5 日内开标,开标仪式由招标方主持,评标委员会成员、投标单位及有关人员参加。

2. 开标会议在招标投标管理机构监督下,由招标单位组织并主持。

3. 在开标次日,招标小组进行评标。

4. 评标委员会应当在开标后十日内提出书面评标报告并推荐中标候选人。招标人应当自收到评标报告和推荐候选人名单之日起,在指定的媒介上对推荐的中标候选人进行公示,公示时间为十日。招标人应当在公示期满之日起十日内确定中标人。

十、授予合同

1. 确定中标单位后在投标有效期截止前,招标单位将以书面形式通知中标的投标单位其投标被接受。

2. 中标单位按中标通知书中规定的日期、时间和地点,由法定代表人或委托代理人前往与招标人代表签订仓储服务合同。

十一、咨询方式

如对此招标书有任何异议,请按下面联系方式咨询:

联系人:张三,E – mail:______________

联系电话:______________联系传真:______________

（二）投标书范本

项目投标书范本

投标单位名称：　× ×物流有限公司

投标项目：× ×电器有限公司家电产品区域配送

我公司按照贵公司物流部《× ×公司家电产品区域仓储配送招标书》的要求进行投标，我公司能够严格做到和遵守《× ×公司家电产品区域仓储配送招标书》和《20× ×年× ×产品区域仓储配送基本要求》的要求，为更好地为贵公司服务，特制定此仓储配送方案和投标报价，详见附件。请予收标。

单位地址：____________　　联系方式：____________

项目负责人：____________　　电话：____________

传真：____________　　电子邮箱：____________

投标时间：____________

一、公司基本情况介绍（企业性质、注册资本、员工数目、员工素质、业务量）
二、运输能力（车辆来源、计划响应速度、车辆检查、装车业务、在途跟踪、运费结算、事故处理）
三、仓储能力（仓库情况、仓库设施、仓库管理、安全措施）
四、配送能力（配送车辆、配送半径、服务内容、集货分货能力）
五、管理状况（物流理念、公司的流程制度、公司是否有质量保证体系）
六、财务状况
七、信息化水平（信息系统的应用、信息传递手段）
八、主要客户群（主要客户、业务量）
九、公司信誉
十、公司优势
十一、可提供的增值服务
十二、相关运作流程方案

【任务实施】

1. 完成步骤

（1）将学生分成5～6组，每组6人。每组代表一家投标方，教师代表招标方。

（2）老师为每组提供1份苏州LH有限公司仓储配送服务项目招标书，具体包括投标邀请函、招标项目要求。

（3）小组讨论，填写投标报名表，上交给老师。

（4）老师预审通过后，各小组撰写仓储项目投标书。

（5）进行现场项目投标竞选演练（以角色扮演方式）。每组派1名代表上台介绍投标项目内容，教师提问，最终根据投标内容的质量给予小组排序。

2. 检查标准

检查标准	考评标准	分值	实际得分
仓储项目投标书撰写	商务内容符合招标要求	40	
	技术内容规范、合理	60	
合计		100	

3. 附件——招标方文件

第一部分 投标邀请函

苏州 LH 有限公司决定对仓储规划项目进行公开招标，欢迎合格的投标人参加投标。

一、项目名称及编号

(1)项目名称：苏州 LH 有限公司仓储及配送服务外包项目。

(2)项目编号：LHPC—2008—A—011。

二、采购内容

见第二部分“招标项目要求”。

三、时间要求

2016 年 12 月 19 日 09 时 30 分前，投标书电子文档上传至指定网站。

电子邮箱：××××××

联系电话：××××××

联系人：××××××

第二部分 招标项目要求

本项目就苏州 LH 有限公司仓储与配送服务外包项目进行公开招标，凡具有合法经营资格，且满足本招标文件规定要求的仓储服务公司均可参加投标。本部分内容若与其他部分内容有不同之处，以本部分内容为准。

一、项目内容

仓储与配送服务外包项目。

二、资格要求

本项目采用资格后审的方式，由评审委员会对投标人的资质进行审查，符合资质要求的单位才能进入评审环节。

(1) 投标人必须是依法成立的企业法人或其他组织，经营范围须有仓储、物流服务等相关业务，能提供合法的营业执照副本复印件、组织机构代码证复印件；截至开标之日成立时间在 1 年以上，以投标人营业执照成立年限为准。

(2)投标人必须提供由税务机关开具的上年度的纳税凭证(需加盖税务机关公章的纳税流水证明)的复印件，或者由税务机关开具的“免税凭证”。(注：电子缴税(费)凭证、银行缴税回单、企业缴税发票、完税证明等不能视为纳税凭证。)

(3)投标人必须为增值税一般纳税人，且具有 2 000 平方米以上的仓库。

(4)本次项目不接受联合体投标。

三、技术要求

项目需求书详见本部分第五条。

四、公司简介

公司简介见本项目案例引入第一段。

五、需求说明书

(一)功能要求

外包的业务主要是面向苏州市及周边县区的超市,提供仓储、分拣、运输、流通加工和配送方面的服务。主要货品是家电产品(如微波炉等)、袋装食品(如方便面等)、日化用品(如洗发水等)和蔬菜。

(二)招标的仓储中心

本次招标的仓储中心共6个:南京、苏州、杭州、宁波、合肥、芜湖,可选择一个城市或多个城市。

(三)服务需求

(1)产品的仓储及保管服务,根据订单收发货物、验收货物,并提供出入库、发运等所需的文件及存档,能进行储位管理。

(2)能提供产品的分拣配货。

(3)能提供流通加工服务,如蔬菜的清洗、包装,货物包装的更换(大包装换小包装)等。

(4)能提供运输和配送服务。

(5)货品跟踪查询。

六、投标书编制要求

(1)投标书应包含的基本内容如下。

①公司情况简介,包括组织机构、人员构成、公司硬件设施(如车辆、仓库信息等)、运输网络、公司的信息系统建设等。

②业务流程规划,包括收货、理货、入库、仓储保管、补货、分拣、流通加工、配送等。

③公司仓库布局方案,提供具体说明及分析,提供仓库布局图、物流流向图及人流流向图等。

④仓储保管方案设计,如不同货物的保管方式、盘点计划等。

⑤分拣方案。

⑥流通加工方案。

⑦配送方案设计,包括车辆管理及调度方案。

⑧常用单据设计。

⑨收费方案。

⑩公司的成功案例。

(2)投标人提供的仓储服务应达到或超过本说明书的要求,并在应答建议中明确说明,否则可能影响评标结果。

(3)以上要求仅是招标方的基本要求,投标人在完全应答以上要求后,要说明其所建议(方案)的其他功能和特色,招标方将作为评标的参考依据。

第三部分　测评标准

一、商务部分(40 分)

表 2-1　商务评分表

序号	因素	分值	A	B	C	D
1	企业实力	8	6~8	4~6	2~4	0~2
			公司情况介绍明确,公司业务范围完全符合招标公司的要求	公司情况介绍较明确,公司业务范围基本符合招标公司的要求	公司情况介绍简单,公司业务范围在一定程度上符合招标公司的要求	公司情况介绍简单,公司业务范围不太符合招标公司的要求
2	业绩	8	6~8	4~6	2~4	0~2
			有成功案例,案例选择适当,说明性较强	有相关案例,案例内容明确,但案例说明性不强	有案例,但相关性不强	无相关案例
3	投标文件编制质量	16	12~16	8~12	4~8	0~4
			文档制作清晰,格式合理,逻辑性强,没有语法错误及错别字	文档制作清晰,格式合理,有一定逻辑性,没有语法错误及错别字	文档制作清晰,格式有少量错误,有逻辑性,有一定的语法错误及错别字	文档完整,逻辑性不强,格式有误,存在语法错误及错别字
4	价格	8	6~8	4~6	2~4	0~2
			收费合理且科学,有详细的收费方案说明	收费合理且科学,有相关收费方案说明	收费不太合理,有相关收费方案说明	收费方案缺乏实用性

二、技术部分(60 分)

表 2-2　技术评分表

序号	因素	分值	A	B	C	D
1	业务流程规划	10	8~10	4~8	2~4	0~2
			流程设计完整,逻辑性强,实用性强,并有相关解释和说明	流程设计较合理,相关内容明确,流程有逻辑性	相关内容明确,但流程设计不完整	流程设计不完整,逻辑性差

续表

序号	因素	分值	A	B	C	D
2	仓库布局方案	10	8～10	4～8	2～4	0～2
			仓库布局合理，满足业务需要，实用性强，有布局说明及布局图	仓库布局较合理，能满足业务的一般需要，具有一定的实用性	仓库布局有不合理之处，能满足一定的业务需要	仓库布局不合理，难以满足业务需要
3	仓库保管方案设计	12	9～12	6～9	3～6	0～3
			仓库保管方案设计科学，实用性强，有具体方案的相关解释和详细说明	仓库保管方案设计较科学，具有一定的实用性，有方案的解释和说明	仓库保管方案设计有一定的科学性和实用性，有部分方案的解释和说明	仓库保管方案设计缺乏实用性，无方案的解释和说明
4	分拣方案	10	8～10	4～8	2～4	0～2
			分拣方案设计科学，分拣流程设计合理，能满足实际业务的需要	分拣方案设计较科学，分拣流程设计基本合理，能满足业务的需要	分拣方案设计具有一定的合理性，基本符合业务需要	分拣方案设计不合理，缺乏实用性
5	流通加工方案	8	6～8	4～6	2～4	0～2
			流通加工方案设计科学，充分考虑了招标企业的业务特点	流通加工方案设计较科学，基本符合招标企业的业务要求	流通加工方案具有一定的合理性	流通加工方案设计缺乏合理性
6	配送方案设计	10	8～10	4～8	2～4	0～2
			配送方案完整，实用性强，有详细的方案说明	配送方案较完整，具有实用性，有相关方案说明	配送方案设计较简单，具有一定的实用性	配送方案设计较简单，实用性差

任务二　仓储合同的管理

为了提高学生的仓储合同管理能力，提高仓储合同的签约率、防止合同纠纷，需要学生熟知仓储合同的订立程序、主要条款、生效条款、当事人义务及合同变更解除等内容，同时具有运用合同管理的知识，结合合同法的规定处理合同纠纷的能力。为此，本任务中设计了两个分任务。

分任务一　仓储项目合同书撰写

【任务目标】

1. 了解仓储合同签定时的注意事项，掌握合同签定的过程。
2. 掌握仓储合同条款主要内容，能够正确、熟练草拟仓储合同。

【任务引入】

2017 年 1 月 1 日，苏州 LH 有限公司向苏州 JX 储运有限公司发出一份 E – mail 文件："请苏州 JX 储运有限公司为苏州 LH 有限公司储存保管食品（食品资料见表 2 – 3），保管期限自 2017 年 1 月 15 日至 2017 年 4 月 15 日，仓库租金为全国统一价 12 元/平方米/月，任何一方违约，均按存储费的 15% 支付违约金，如无异议，一周后正式签订合同。"苏州 JX 储运有限公司对苏州 LH 有限公司提出的"要约"表示完全同意，总经理委托商务部洪经理安排部门人员着手合同的起草。本月是张涛轮岗的最后一个月，为了锻炼张涛，洪经理要求张涛参与这项工作。请以张涛所在的商务部名义起草和签订仓储合同。

表 2 – 3　食品资料

序号	商品名称	包装规格/mm（长×宽×高）	单　价/（元·箱$^{-1}$）	重量/kg	数量/箱	质量	包装	生产日期
1	利鑫达板栗	395×245×265	500	15	35	特级	纸箱	2016.11.10
2	蜂圣牌蜂皇浆冻干粉片	395×295×275	300	5	25	一级	纸箱	2016.11.2
3	吉欧蒂亚干红葡萄酒	460×260×230	900	20	18	aoc 级	纸箱泡沫	2016.10.30
4	小师傅方便面	420×275×210	100	5	21	一级	纸箱	2016.11.24

背景资料如下：

2017 年 1 月 5 日双方在苏州 JX 储运有限公司办公楼签订编号为 0003 的仓储合同，在 A2－2 货架存储。

入库时实物检验，检验期限为一天，地点在“JX 储运公司”仓库，只负责外包装验收，不对其内在质量负责。

2017 年 4 月 15 日出库，实物检验、货物一经经办人及时签收出库后出现的损坏、缺少等情况，苏州 JX 储运有限公司不予承担责任。

仓储物无瑕疵，所储存货物要采取防霉防潮措施。包装标识如图 2－2 所示。

(a)　(b)　(c)　(d)

图 2－2　包装标识

(a)向上；(b)禁止翻滚；(c)堆码极限；(d)小心轻放

仓储物已办理保险，险种名称：平安险、财产保险；保险期限：2017 年 1 月 15 日至 4 月 15 日；保险人名称：王芳。

当苏州 LH 有限公司未向苏州 JX 储运有限公司支付仓储费时，苏州 JX 储运有限公司可以留置仓储物。

本合同在履行过程中发生的争议，由双方当事人协商解决；双方均可提交被诉方所在地法院裁决，一切经济损失由败方承担。

超议定储存量储存或逾期不提时，还应增加仓储费，按照每月 2.5 万元收取。提前提取的，不减收仓储费。

【知识链接】

一、仓储合同的定义和分类

（一）仓储合同的定义

仓储合同是保管人储存存货人交付的仓储物，存货人支付仓储费的合同。提供储存保管服务的一方称为保管人，接受储存保管服务并支付报酬的一方称为存货人。仓储合同属于保管合同的一种特殊类型，我国以往的有关合同法规将仓储合同归入保管合同中，统称仓储保管合同，但因其有别于一般保管合同的仓库营业性质，因而合同法将其作为独立的有名合同固定下来。

仓储合同具有以下法律特征。

1. 仓储合同是诺成合同

《中华人民共和国合同法》第 382 条规定，仓储合同自成立时生效。仓储合同是诺成合同，又称不要物合同，即双方当事人意思表示一致就可成立、生效的合同。而保管合同是实践合同，或称要物合同。保管合同除双方当事人达成合意之外，还必须有寄存人交付保管物，合同从保管物交付时起成立。这是仓储合同与保管合同的重要区别之一。

2. 仓储保管人主体资格要合法

从事仓储业务主体是指具有仓储设施、仓储设备,必须取得专门从事或者兼营仓储业务的营业许可的法人组织或其他经济组织、个体工商户等。这是仓储合同主体上的重要特征。

3. 仓储合同是双务有偿合同

无论是存货人还是保管人都有商业营利的需要,特别是保管人就是以替他人储存、保管货物为业。保管人提供仓储服务,存货人支付仓储费,双方当事人互负给付义务,就是一种交易行为。

(二)仓储合同的分类

1. 一般保管仓储合同

一般保管仓储合同是指仓库经营人提供完善的仓储条件,接受并对存货人的仓储物进行保管,在保管期届满,将收保的仓储物原样交还给存货人而订立的仓储保管合同。该仓储合同的仓储物为确定物,保管人需原样返还。合同特别重视对仓储物的特定化,且保管人承担归还原物的严格责任,包括孳息。

2. 混藏式仓储合同

混藏式仓储合同是指存货人将一定品质数量的种类物交付给保管人,保管人将不同存货人的同样仓储物混合保存,存期满时,保管人只需以相同种类、品质、数量的商品返还给存货人,并不需要原物归还的仓储方式而订立的仓储保管合同。这种仓储方式常见于粮食、油品、矿石或保鲜期较短的商品的储藏。混藏式仓储合同的标的物为确定种类物,保管人严格按照约定数量、质量承担责任,且没有合理耗损的权利。混藏式仓储合同具有保管仓储物价值的功能。

3. 消费式仓储合同

消费式仓储合同是指存货人在存放商品时,同时将商品的所有权转移给保管人,保管期满时,保管人只需将相同种类、品质、数量的替代物归还给存货人而订立的仓储保管合同。存放期间的商品所有权由保管人掌握,保管人可以对商品行使所有权。消费保管的经营人一般具有商品消费能力,如面粉加工厂的小麦仓储、加油站的油库仓储、经营期货交易的保管人等。消费式仓储合同的不同之处是涉及仓储物所有权转移给保管人,而保管人需要承担所有人的权利和义务。

4. 仓库租赁合同

仓库租赁合同是指仓库所有人将所拥有的仓库以出租的方式开展仓储经营,由存货人自行保管商品的仓储经营方式而订立的合同。仓储人只提供基本的仓储条件、进行一般的仓储管理,如环境管理、安全管理等,并不直接对所存放的商品进行管理。仓库租赁合同严格意义上并不是仓储合同,只是财产租赁合同,但是由于出租方具有部分仓储保管的责任,所以具有仓储合同的一些特性。

(三)仓储合同当事人

仓储合同的当事人分别为存货人和保管人。

存货人是指将仓储物交付仓储的一方的合同当事人。存货人必须是具有将仓储物交付仓储的有处分权的人,可以是仓储物的所有人,也可以是只有仓储权利的占有人,如承运人,或者是受让仓储物但未实际占有仓储物的准所有人,或者有权处分人,如法院、行政机关等。

存货人可以是法人、非法人单位、民营企业、事业单位、个体经营户、国家机关、群众组织、公民等。

保管人为仓储货物的保管一方的合同当事人。根据合同法规定，保管人必须有仓储设备和专门从事仓储保管业务的资格。保管人可以是独立的企业法人、企业分支机构，或个体工商户、其他组织等，可以是专门从事仓储业务的仓储经营者，也可以是贸易堆栈、车站、码头的兼营机构，从事配送经营的配送中心。

（四）仓储合同的标的和标的物

1. 仓储合同的标的

仓储合同的标的是指合同关系指向的对象，也就是仓储合同当事人权利和义务共同指向的对象。仓储合同虽然约定的是仓储物的保管事项，但合同的标的是仓储保管行为，包括仓储空间和仓储时间。保管人提供保管的空间和时间保管仓储物，存货人为使用保管人的仓储行为支付仓储费。因此，仓储合同是一种行为合同，是一种当事人双方都需要行为的双务合同。

2. 仓储合同的标的物

仓储合同的标的物是标的的载体和表现，仓储合同的标的物就是存货人交存的仓储物。仓储物可以是生产资料（如生产原料、配件、组件、生产工具、运输工具等），也可以是生活资料（如一般商品，包括特定物或者种类物）。但仓储物必须是动产，能够移动到仓储地进行仓储保管，且是有形的实物动产，有具体的物理形状。不动产不能成为仓储物，货币、知识产权、数据、文化等无形资产和精神产品不能作为仓储物（如图书可以作为仓储物，但图书的著作权、书内的专利权不能成为仓储物）。

二、仓储合同订立

（一）仓储合同订立的程序

根据《中华人民共和国合同法》的规定，只要存货人与保管人之间依法对仓储合同的有关内容通过要约与承诺的方式达成一致，仓储合同即告成立。因此，仓储合同的订立需经过要约和承诺两个过程。

1. 要约

要约是指向特定人发出的订立合同的意思表示，发出要约的当事人称为要约人，而要约所指向的当事人则称为受要约人。要约具有两个特点：一是要约的内容必须明确具体，不能含糊其辞、模棱两可。对方也不得对要约的内容做出实质性变更，否则视为对方的新要约；二是要约一经受要约人承诺，受要约人即受该意思表示的约束，不得因条件的改变而对要约的内容反悔。

在仓储合同中，一般来说，要约的内容至少应当包括以下内容：标的物数量、质量、仓储费用，即使没有具体的数量、质量和仓储费用表述，也可以通过具体的方式来确定这些内容。例如要约方 LH 电器公司向受要约方 JX 储运公司通过函电发出要约称："由 JX 储运公司为 LH 公司储存保管家用电器，保管期限自 2016 年 7 月 10 日至 2017 年 7 月 10 日，仓库租金是全国统一价 12 元/平方米/月，任何一方违约，均需支付违约金 2 万元，如无异议，一周后正式签订合同。"

2. 承诺

承诺是指受要约人作出的同意要约内容的意思表示,承诺必须在要约的有效期限或合理期限内作出,并与要约的内容一致。如上述案例中,JX 储运公司对 LH 电器公司的要约无异议,做出了承诺,即表明合同成立。

(二)合同订立的形式

根据《中华人民共和国合同法》的规定,合同可以采用书面形式、口头形式或其他形式。电报、电传、传真,电子数据、电子邮件也可以作为书面形式。因而仓储合同可以采用书面形式、口头形式或其他形式。订立仓储合同的要约、承诺既可以是书面形式,也可以是口头或其他形式。

由于仓储的货量较大、存期较长,还可能进行配送、加工等作业并涉及仓单持有人,仓储合同使用完整的书面合同较为合适。书面完整的合同有利于合同的保管、履行和发生争议时的处理。

(三)仓储合同的主要条款

仓储合同为不要式合同,没有严格的条款规定,仓储合同当事人可根据需要商定合同事项,且由双方协议采用合同的形式。仓储合同的主要条款有当事人条款、仓储物条款、仓储条款、价款、当事人的权利和义务、违约责任和争议处理等条款。具体条款如下。

1. 存货人、保管人的名称、地址

仓储合同当事人是履行仓储合同的主体,需要承担合同责任,需要采用完整的企业注册名称和登记地址,或者主办单位地址。主体为个人的需明示个人的姓名和户籍地或常驻地(临时户籍)。

2. 仓储物的品种、数量、质量、包装、件数和标记

仓储物必须是动产,能够存放到仓储地进行保管,就会发生交接,因而需要明确地将仓储物特定化或者特定种类化。仓储物的品种需采用完整的商品名称或种类名称表达;数量采用公用的计量方法确定并达到最高的精度,用最小的独立封装单元确定件数;商品的质量可以仅用外包装可见质量或者商品本身的质量,标准可以采用国家标准或者行业标准,或者约定的标准来表达,必要时可采用以商品检验的质量报告为准的方式;标记应采用标注在外包装上的标记或者拴挂的标签标记。

3. 交接时间和地点、验收方法

交接时间确定了仓储物入库时间,保管人需在此前准备好货位,能进行交接。交接地点表明了运送货物入库的具体交接地及责任承担人,但还需明确卸车搬运的承担人。合同中还需明确交接理货的方法、验收的内容、标准、时间和方式。约定了验收标准的,保管人仅对验收事项负责(如约定仅对仓储物的外包装进行验收,当返还仓储物时保管人对外包装的损坏承担责任,而对内容不承担责任,除非是可证明为保管不当造成损害的)。

4. 仓储物的损耗标准

仓储物在经过长期存放和多次作业后,由于挥发、散失、扬尘、氧化、计量方法不同等造成损耗减量,对于这类减量保管人很难承担责任,采用协议免责的方法处理,也就是在合同中订立合理损耗条款,包括重量或者件数的减量标准。商品损耗标准可以采用国家标准或者行业标准,也可以由双方合理约定。

5. 储存场所

其是指双方约定的仓储物存放的仓库地理位置。根据仓储物的特性,储存场所可以约定得较为笼统或者极为具体明确。对于特殊商品,必要时要明确保管条件和保管方法。储存场所不仅表达了保管人的保管条件和存货人的保管要求,还确定了运输便利程度和出入库的运输成本。

6. 储存期间

双方约定的仓储物的储存时间有三种表示方法:用期限表示,如储存 5 个月,自货物入库起算;以日期的方式表示,如 10 月 5 日至 12 月 25 日;不约定具体的存放期间,但约定到期方式的确定方法,如提前 20 天通知等。储存期间是保管人计收仓储费的基础,是承担责任的期间,也是库容使用计划安排的依据,不能遵守储存期间条款的,保管人有权要求存货人承担违约责任。

7. 仓储费

该条款是指双方确定的仓储费的费率、仓储费的计算方法、支付方法和时间的条款。仓储费有预付、定期支付、结算等支付方式。合同法规定当事人没有约定支付时间的,交付仓储物时支付。当事人未约定仓储费的,保管人仍可对提供的劳务向存货人要求支付报酬。

8. 仓储物的保险约定

该条款是指双方当事人对仓储物的保险约定。仓储物必须进行保险。若存货人已对仓储物进行了保险,必须告知保管人所投保的保险人、保险金额、保险期间。未保险的可以委托保管人进行投保,但需由存货人承担保险费。

9. 违约责任

违约责任是指双方当事人约定的对违反仓储合同应承担的责任。合同约定了存货人未交付货物、未在约定时间交付仓储物的违约责任;保管人不能接受仓储物,或者不能在约定的时间接受仓储物的违约责任;存货人未在约定时间提取仓储物的超期费用;仓储物在仓储期间造成保管人或者其他损害的赔偿;违约金的标准;补救措施等出现违约时的处理方法。违约金是违约责任的主要承担方式,但必须在合同中明确,包括违约金数额标准或者计算方法、支付条件等。

10. 合同变更解除的条件

其是指双方当事人约定的合同变更解除的条件。合同的订立和履行是合同双方期望发生的结果,但因为客观原因发生重大变化或者双方利益的需要,原合同的继续履行可能对双方都不利,可以采用合同变更或解除的方法防止不利局面发生。当事人在订立合同时就确定发生不利于履行合同时的具体办法和变更或者解除合同的处理方法,就是合同变更和解除条款。

11. 争议处理

其是指双方当事人约定的合同争议处理方式。有关合同争议的诉讼或者仲裁的约定,包括仲裁地点、仲裁机构,或者诉讼地点。

12. 合同签署

合同签署是合同当事人对合同协商一致的表示,是合同成立的表征。作为诺成合同,也就意味着合同开始生效。签署合同由企业法人代表、代表人签名,注明签署时间,法人或者组织还需要盖合同专用章。个人签订合同时只需签署个人完整姓名。

(四)仓储合同格式

仓储合同可以分为单次仓储合同、长期仓储合同、仓库租赁合同等。仓储合同是不要式合同，当事人可以协议采用任何合同格式。

1. 合同书

合同书是仓储合同的最常用格式。合同书由合同名称、合同编号、合同条款、当事人签署四部分构成，合同书具有形式完整、内容全面、程序完备的特性，便于合同订立、履行、留存及合同争议的处理。

2. 确认书

确认书是合同的格式的主要部分，确认书仅由发出确认书的一方签署，与完整合同书不同，但其功能相同。在采取口头（电话）、传真、电子电文等形式商定合同时，为明确合同条款和表达合同订立，常常采用一方向另一方签发确认书的方式确定合同。确认书有两种形式，一种仅列明合同的主要事项，合同的其他条款在其他文件中表达，如传真：本公司同意接受贵公司于 10 月 15 日提出的仓储 500 t 钢管的要求，请按时送货；另一种是将完整合同事项列在确认书上，相当于合同书的形式。

3. 计划表

计划表是长期仓储合同的补充合同或执行合同。在订立长期仓储合同关系中，对具体仓储的安排较多采用计划表的形式，由存货人定期制订仓储计划交保管人执行。

4. 格式合同

格式合同是仓储企业单方拟定的合同。对于仓储周转量极大、每单位仓储物量较小，即次数多、批量少的公共仓储，如车站仓储等，保管人可以采用格式合同。格式合同是由一方事先拟定，并在工商管理部门备案的单方确定合同，在订立合同时只由保管人填写仓储物、存期、费用等变动事项后直接签发并由存货人签认，不进行条款协商。

三、仓储合同范本

仓储合同范本一

合同编号

存货人（甲方）____________ 地址____________ 联系电话____________

保管人（乙方）____________ 地址____________ 联系电话____________

合同签定地________________________

存货人和保管人根据《中华人民共和国合同法》，经双方协商一致，签定本合同。双方同意本着友好合作的原则共同信守。

第一条　储存货物的名称、规格、包装、数量、质量（或者采用如下表格）

编号	包装	货物名称	品种规格	数量	质量	备注

第二条　货物包装

(1)存货方负责货物的包装,包装标准按国家标准或行业标准规定执行。没有以上标准的,在保证运输和储存安全的前提下,由合同当事人议定。

(2)包装不符合国家或合同规定,造成货物损坏、变质的,由存货方负责。

第三条　货物保管地________

保管方法:根据________规定进行保管,或者________(双方协商方式进行保管)。

第四条　保管期限:从______年______月______日至______年______月______日

第五条　验收项目和验收方法

(1)存货方应当向保管方提供必要的货物验收资料,如未提供必要的货验收资料或提供的资料不齐全、不及时,所造成的验收差错及贻误索赔期或者发生货物品种、数量、质量不符合合同规定时,保管方不承担赔偿责任。

(2)保管方应按照合同规定的包装外观、货物品种、数量和质量,对入库货物进行验收,如果发现入库货物与合同规定不符,应及时通知存货方。保管方未按规定的项目、方法和期限验收,或验收不准确而造成的实际经济损失,由保管方负责。

(3)验收期限:国内货物不超过________天,国外到货不超过________天。超过验收期限所造成的损失由保管方负责。货物验收期限是指货物和验收资料全部送达保管方之日起,至验收报告送出之日止。日期均以运输或邮电部门的戳记或直接送达的签收日期为准。

第六条　入库和出库的手续:按照有关入库、出库的规定办理,如无规定,按双方协议办理。入库和出库时,双方代表或经办人都应在场,检验后的记录要由双方代表或经办人签字。该记录就视为合同的有效组成部分,双方当事人各保存一份。

第七条　损耗标准和损耗处理:按照有关损耗标准和损耗处理的规定办理,如无规定,按双方协议办理。

第八条　保管费率为________元/天·t,不足12 h按半天计算;总保管费为________元。费用在货物交存保管的________天内交付给保管员保管到期前交付。结算办法:________

第九条　违约责任

一、保管方的责任

(1)由保管方的责任,造成退仓或不能入库时,应按合同规定赔偿存货方运费和支付违约金________元。

(2)对危险物品和易腐货物,不按规程操作或妥善保管,造成毁损的,保管方负责赔偿损失。

二、违约金和赔偿方法

(1)违反货物入库和货物出库的规定时,当事人必须向对方交付违约金。违约金的数额,为违约所涉及的那一部分货物的________个月保管费(或租金)或________倍的劳务费。

(2)因违约使对方遭受经济损失时,如违约金不足以抵偿实际损失,还应以赔偿金的形式补偿其差额部分。

(3)前述违约行为,给对方造成损失的,一律赔偿实际损失。

(4)赔偿货物的损失,一律按照进货价或国家批准调整后的价格计算;有残值的,应扣除其残值部分或残件归赔偿方,不负责赔偿实物。

第十条 由于不能预见并且对其发生和后果不能防止或避免的不可抗力事故,致使直接影响合同的履行或约定的条件履行时,遇有不可抗力事故的一方,应立即将事故情况电报通知对方,并应在________天内,提供事故详情合同不能履行,或者部分不能履行,或需要延期履行的理由的有效证明文件。此项证明文件应由事故发生地区的公证机构出具。按照事故对履行合同的程序,由双方协商决定是否解除合同,或者部分免除履行合同的责任,或者延期履行合同。

第十一条 本合同所发生的争议,双方应本着友好协商的方式协商解决,不能协商解决的双方同意在________仲裁委员会仲裁。

第十二条 其他:

保管方:________________(盖章) 存货方:________________(盖章)

法定代表人:________________ 法定代表人:________________

地址:________________ 地址:________________

银行账户:________________ 银行账户:________________

签定日期:________年________月________日

仓储合同范本二

合同编号:________________

保管人:________________ 签订地点:________________

存货人:________________ 签订时间:________________

第一条 仓储物

仓储物名称	品种规格	性质	数量	质量	包装	件数	标记	仓储费
合计人民币金额(大写)								

第二条 储存场所、储存物占用仓库位置及面积:________________________。

第三条 仓储物(是/否)有瑕疵。瑕疵是:________________________。

第四条 仓储物(是/否)需要采取特殊保管措施。特殊保管措施是:________________。

第五条 仓储物入库检验的方法、时间与地点:________________________。

第六条 存货人交付仓储物后,保管应当给付仓单。

第七条 储存期限:从______年______月______日至______年______月______日。

第八条 仓储物的损耗标准及计算方法:________________________。

第九条 保管人发现仓储物有变质或损坏的,应及时通知存货人或仓单持有人。

第十条 仓储物(是/否)已办理保险,险种名称:________保险金额:________________保险期限:________保险人名称:________。

第十一条 仓储物出库检验的方法与时间:________________________。

第十二条 仓储费结算方式与时间及期限________________________。

第十三条 储存期间届满,存货人或者仓单持有人应当凭仓单提取仓储物。存货人或者仓单持有人逾期提取的，应当加收仓储费，具体如下：________，提前提取的，不减收仓储费。

第十四条　存货人未向保管人支付仓储费的，保管人（是/否）可以留置仓储物。

第十五条　违约责任：____。违约损失赔偿额计算方法：____。

第十六条　本合同解除的条件：存货人可以随时解除合同，但应及时书面通知承揽人并承担由此给承揽人造成的损失。

第十七条　合同争议的解决方式：本合同在履行过程中发生的争议，由双方当事人协商解决，也可以由当地工商行政管理部门调解；协商或调解不成的，按下列第________种方式解决；

（一）提交________仲裁委员会仲裁。

（二）依法向________人民法院起诉 。

第十八条　其他约定事项：____。

存货人（章） 住所： 法定代表人 委托代表人 电话： 开户银行： 账号： 邮政编码：	保管人（章） 住所： 法定代表人 委托代表人 电话： 开户银行： 账号： 邮政编码：	签（公）证机关（章） 经办人：

【任务实施】

1. 完成步骤

（1）将学生分成 3 ~ 4 组，每组 10 ~ 12 人。

（2）将每组再分为两组，分别扮演仓储项目的需方和供方。

（3）各组讨论供方和需方的权利和义务。

（4）合同双方模拟谈判。

（5）仓储合同的书写与签定。

（6）请各组代表上台总结各方在签订仓储合同时的注意事项。

2. 检查标准

检查标准	考评标准	分值	实际得分
仓储项目 合同书撰写	提交的网址（2 ~ 3 个）和参考文献（5 篇）适用性强	40	
	提供的合同书规范、合理	60	
合计		100	

分任务二　仓储合同纠纷处理

【任务目标】

1. 能依据合同法的规定判断仓储合同的有效性。
2. 能依据合同法的规定核算存货人支付的储存费。
3. 能依据合同法的规定处理仓储合同的纠纷。

【任务引入】

张涛在商务部参与了苏州 JX 储运有限公司与苏州 LH 有限公司的项目谈判、合同签署和客户信息录入的全过程，张涛感到很累，但又非常高兴，因为学到了许多书本上未学到的技能。本周是张涛轮岗的最后一周，张涛准备放松一下。这时商务部洪经理找张涛谈话，他说："张涛，你参与了合同的签约过程，表现很好！但是合同管理的过程是一个系统工作，除了合同签订之外，后期还可能出现合同的履行、合同的违约等问题。你下周就要轮岗结束，上个项目合同的后期管理你就无法参与了。不过，为了使你对合同管理的各种问题有所了解，我这里给你合同纠纷的三个案例，你分析一下，这样你会对合同管理有全面的认识。"张涛欣然接受了这个任务。请大家以张涛的名义，完成下列三个案例的分析任务。

案例一　仓储保管合同是否有效

某五金公司与某贸易货栈有着多年的业务往来，两个公司的经理也是"铁哥们"，私交很深。某年 5 月，五金公司经理王某找到贸易货栈经理张某称："我公司购回走私彩电 500 台，有关部门正在追查，因此，想请张经理帮帮忙，将这批货暂时在贸易货栈存放一段时间，待避过风头之后，我公司立即想办法处理。"但货栈经理张某说："咱们都是经营单位，货栈目前效益也不是很好，而且寄存你这批货还要承担很大风险，因此，适当收点仓储费。另外，一旦有关部门得到信息，将该批货查封、扣押或者没收，我单位不承担任何责任。"五金公司王经理表态："费用按标准支付，签个仓储合同。"双方随即签订了一份仓储保管合同。合同约定：贸易货栈为五金公司储存彩电 500 台，期限为 6 个月，每月仓储费 1 000 元。10 月，该批货在贸易货栈存放期间被有关部门查获，并被依法予以没收。后来双方当事人为仓储费问题发生争执，经多次磋商未果，贸易货栈诉至法院，要求五金公司依约支付仓储费并赔偿损失。问题：

(1)五金公司与贸易货栈之间所签订的仓储保管合同是否有效?

(2)五金公司是否应支付仓储费？为什么?

案例二　如何支付仓储费

甲公司与乙储存公司签订了一份仓储合同，合同规定，乙公司为甲公司储存货物 50 件，储存期限为 6 个月，仓储费用为每件每月 100 元人民币，储存期间内，甲公司陆续提货，6 个月期满，提清全部货物。

合同生效后，甲公司开始根据销售陆续提走货物，但合同期满，仍有 10 件货物未提走。合同期满的第三个月，乙公司催告甲公司领取货物，甲、乙公司就仓储费用产生纠纷。问题：

(1)甲公司领取的 40 件货物，都是提前领取的，是否可以要求乙公司返还部分仓储费?

(2)合同期满后，乙公司是否负有催告义务，催告甲公司领取货物?

(3)对合同期满后,又储存了 3 个月的 10 件货物,甲公司是否应支付仓储费,如何支付?

案例三　仓储合同违约处理

某汽车装配厂从国外进口一批汽车零件,准备在国内组装后销售。2014 年 7 月 15 日,其与本地一家仓储公司签订了一份仓储合同。该合同约定,仓储公司提供仓库保管汽车配件,期限共为 12 个月,从 2014 年 8 月 25 日到 2015 年 8 月 25 日,保管仓储费为 10 万元。双方对储存物品的数量、种类、验收方式、入库、出库的时间和具体方式、手续等作了约定。同时约定若任何一方有违约行为,要承担违约责任,违约金为总金额的 20%。

合同签订后,仓储公司开始为履行合同做准备,清理了合同约定的仓库,并且从此拒绝了其他人的仓储要求。2014 年 8 月 7 日,仓储公司通知装配厂已经清理好仓库,可开始送货入库。但装配厂表示已找到更便宜的仓库,如果仓储公司能降低仓储费的话,就送货仓储。仓储公司不同意,装配厂明确表示不需要对方的仓库。8 月 12 日仓储公司再次要求装配厂履行合同,装配厂再次拒绝。8 月 15 日,仓储公司向法院起诉,要求汽车装配厂承担违约责任,支付违约金,并且支付仓储费。汽车装配厂回应合同未履行,因而不存在违约的问题。

问题:

(1)该仓储合同是否生效?

(2)仓储公司的要求是否合理?

(3)能否在 8 月 15 日起诉,法院能否受理,可能会有怎样的判决?

【知识链接】

一、仓储合同的生效和无效

(一)仓储合同生效的条件

仓储合同为承诺性合同,在合同成立时就生效。仓储合同生效的条件为合同成立,具体表现为双方签署合同书;合同确认书送达对方;受要约方的承诺送达对方,公共保管人签发格式合同或仓单;存货人将仓储物交付保管人,保管人接受。

无论仓储物是否交付存储,仓储合同自成立时生效。在仓储合同生效后,发生的存货人未交付仓储物、保管人不能接受仓储物都是仓储合同的未履行,由责任人承担违约责任。

(二)无效合同的认定及形式

无效仓储合同是指仓储合同虽然已经订立,但是因为违反了法律、行政法规或者公共利益,而被确认为无效。合同无效由人民法院或仲裁机构、工商行政机关认定,可以认定为合同整体无效或部分无效,可以采取变更或撤销的方式处理;合同无效可以在合同订立之后、履行之前、履行之中或者履行之后认定。

常见的无效合同形式:

(1)一方以欺诈、胁迫手段订立合同,损害国家利益的仓储合同。

(2)恶意串通,损害国家、集体或者第三人利益的仓储合同。

(3)以合法形式掩盖非法目的的仓储合同。

(4)损害社会公共利益的仓储合同。

(5)违反法律、行政法规强制性规定的仓储合同。

无论无效合同在什么时候被认定,都是自始无效,也就是说因无效合同所产生的民事关系无效。依法采取返还财产、折价赔偿等方式处理,使因无效合同所产生的利益消亡,通过没收所得对违法造成合同无效的一方给予处罚。

二、仓储合同的履行

仓储合同一经成立,即发生法律效力。存货人和保管人都应严格按照合同的约定履行自己的法律义务。

(一)保管人的义务

1. 给付仓单的义务

存货人交付仓储物时,保管人应当给付仓单(见《中华人民共和国合同法》第 385 条规定)。仓单既是存货人已经交付仓储物的凭证,又是存货人或仓单持有人提取仓储物的凭证。因此,保管人在存货人交付仓储物时给付仓单就成为一项重要的义务。

2. 仓储物入库时的验收义务与通知义务

保管人应当按照约定对入库仓储物进行验收,保管人验收时发现入库仓储物与约定不符合的,应当及时通知存货人;保管人验收后,发生仓储物的品种、数量、质量不符合约定的,保管人应当承担损害赔偿责任(见《中华人民共和国合同法》第 384 条规定)。

3. 妥善保管储存货物的义务

保管方应当按照合同约定的保管条件和保管要求,妥善保管仓储物。保管人储存易燃、易爆、有毒、有腐蚀性、有放射性等危险物品的,应当具备相应的保管条件(见《中华人民共和国合同法》第 383 条规定)。

4. 危险通知义务

保管人对入库仓储物发现有变质或者其他损坏的,应当及时通知存货人或者仓单持有人(见《中华人民共和国合同法》第 389 条规定)。一般而言,仓储物出现危险包括以下几种情况:

(1)如果第三人对其保管的货物主张权利而起诉或扣押时,保管人有义务通知存货人。

(2)储存的货物发现有变质或其他损坏的,保管人应及时通知存货人。

(3)储存的货物发现有变质或其他损坏,危及其他仓储物的安全和正常保管的,应通知并催告存货人处理。

如果保管人违反通知义务,给他人的储存物造成腐蚀、污染等损害的,存货人不承担责任。

5. 返还仓储物的义务

储存期间届满,存货人或者仓单持有人应当凭仓单提取仓储物。存货人或者仓单持有人逾期提取的,应当加收仓储费;提前提取的,不减收仓储费(见《中华人民共和国合同法》第 392 条规定)。

(二)存货人的主要义务

根据《中华人民共和国合同法》规定,存货人的主要义务包括以下几个方面。

1. 按照合同的约定交存货物入库

存货人应当按照合同约定的品种、数量、质量、包装等将货物交付给保管人入库,并在验收期间向保管人提供验收资料,存货人不能全部或部分按照约定入库储存货物的,应当承担违约责任。存货人应按照合同的约定负责货物的包装,因包装不符合要求而造成货物损坏的,由存货人负责。

2. 如实告知货物情况的义务

储存易燃、易爆、有毒、有腐蚀性、有放射性等危险物品或者易变质物品,存货人应当说明物品的性质,提供有关资料;存货人违反前款规定的,保管人可以拒收仓储物,也可以采取相应措施以避免损失的发生,因此产生的费用由存货人承担(见《中华人民共和国合同法》第 383 条规定)。由此可见,保管人由于存货人未将危险物品情况告知,而接受该货物造成损害的,存货人应承担损害赔偿责任。

3. 支付仓储费

仓储费是保管人因其保管行为所取得的报酬,一般而言,仓储费应在存货人交付仓储物时提前支付,而非提取货物时支付。所以,存货人应依仓储合同或仓单规定的仓储费,按时交纳给保管人。另外,如果存货人提前领取仓储物,保管人不减收仓储费用;如果存货人逾期提取的,应当加收仓储费(见《中华人民共和国合同法》第 392 条规定)。

4. 偿付其他必要费用

所谓其他必要费用主要指为了保护存货人的利益或避免损失发生而支出的费用。这些必要费用包括运费、修缮费、保险费、转仓费等,请求存货人支付上述费用时保管人应出示有关清单和登记簿。如果仓储合同中规定的仓储费包括必要费用时,存货人不必再另行支付。

5. 按照合同的约定及时提取货物

仓储合同期限届满,存货人应及时提取储存货物,存货人应当凭借仓单提取仓储物,提取仓储物后应缴回仓单。

(三)仓储合同中的几种特殊权利

1. 存货人对仓储物的检查权

在仓储期间,保管人负责保管存货人交付的仓储物,对仓储物享有占有权,但仓储物的所有权仍然归属于存货人,存货人为了防止货物在储存期间变质或有其他损坏,有权利随时检查仓储物或提取样品,但在行使检查仓储物或提取样品的权利时,不得妨碍保管人的正常工作。

2. 保管人对仓储物的提存权

所谓提存,是指由于债权人的原因而无法向其交付合同标的物时,债务人将该标的物交给提存机关而消灭债务的一种制度。根据《中华人民共和国合同法》的相关规定,保管人提存保管物的条件为:

(1)仓单持有人无正当理由在仓储物储存期间届满时,不取仓储物。

(2)保管人催告仓单持有人在合理期限内提取而不提取。

(3)提存需依法定程序,如果保管人违反法定条件提存仓储物,属于不法的提存,应负赔偿责任。

三、仓储合同的变更及解除

合同生效后,当事人应按照约定全面履行自己的义务,任何一方不得擅自变更和解除合同,这是《中华人民共和国合同法》所确定的合同履行原则。仓储经营具有极大的变动性和复杂性,因而会由于主客观情况的变化而变化。为避免当事人双方的利益受到更大的损害,变更或者解除已生效的不利合同会是更有利的选择。

(一)仓储合同变更

仓储合同的变更是指对已生效的仓储合同的内容进行修改或补充,不改变原合同的关系和本质事项。

仓储合同当事人一方因利益需要,向另一方提出变更合同的要求,并要求另一方在限期内答复,若另一方在期限内答复同意变更,或者在期限内未作答复,则合同变更成立,双方需按变更后的条件履行。如果另一方在期限内明确拒绝变更,则合同变更不能成立。合同变更后按变更后的合同履行,对变更前已履行的部分没有追溯力,但因为不完全履行发生的利益损害,可以作为请求赔偿的原因,或者变更合同的条件。

(二)仓储合同的解除

仓储合同的解除是将未履行的合同或合同还未履行部分不再履行,发生的权利义务关系消亡,合同履行终止。

1. 仓储合同解除的方式

存货人与保管人协议解除合同。协议解除合同和协议订立合同一样,是双方意见一致的结果,具有至高的效力。解除合同协议可以在合同生效后、履行完毕前双方协商达成解除合同的协议;也可以在订立合同时订立解除合同的条款,当约定的解除合同的条件满足时,一方通知另一方解除合同。

出现法律规定的仓储合同解除条件而解除合同。这是当事人一方依照合同法规定的有权采取解除合同的法律规定的行为。合同法规定:因不可抗力致使合同的目的不能实现,任何一方可通知对方解除合同;一方当事人预期违约,另一方可以行使合同解除权;仓储合同的一方当事人迟延履行合同义务,经催告后在合理期限内仍未履行,另一方可以解除合同。一方依法选择解除合同的,只要书面向对方发出解除合同的通知,当通知到达对方,合同解除。有权解除合同方也可以要求人民法院或仲裁机构确定解除合同。

2. 仓储合同解除后的后果

仓储合同解除后,因合同所产生的存货人和保管人的权利义务关系消灭,未履行的合同部分应当终止履行。合同解除并不影响合同的清算条款的效力,双方仍需要按照清算条款的约定承担责任和赔偿损失,需承担违约责任的一方仍要依据合同约定承担违约责任、采取补救措施和赔偿损失的责任。如违约的存货人需要对仓库空置给予补偿,造成合同解除的保管人要承担运输费、转仓费、仓储费差额等损失赔偿。

四、仓储合同违约责任和免责

(一)违约责任

违约责任是指仓储合同的当事人,因自己的过错不履行合同或履行合同不符合约定条件时所应承担的法律责任。

违约责任往往以弥补对方的损失为原则,违约方需对对方的损失,包括直接造成的损失和合理预见的利益损失予以弥补。违约责任的承担方式有支付违约金、赔偿损失、继续履行等。

1. 支付违约金

违约金是指仓储合同当事人一方发生违约时,依据法律的规定或合同的约定按照价款或者酬金总额的一定比例,而向对方支付一定数额的货币。违约金可分为两类:法定违约金和约定违约金,法定违约金由国家法律或法规直接规定违约金,约定违约金是指仓储合同当事人在签订合同时协商确定的违约金。

2. 损害赔偿

仓储合同损害赔偿是指仓储合同一方当事人在其违约时,在支付违约金或采取其他补救措施后,如果对方还有其他损失,违约方应承担赔偿损失的责任。损害赔偿最显著的特征为补偿性,在合同规定了违约金的情况下,赔偿金是用来补偿违约金的不足部分。

3. 继续履行

继续履行是指一方当事人在不履行合同时,对方有权要求违约方按照合同规定的标的履行义务或向法院请求强制违约方按照合同规定的标的履行义务,而不得以支付违约金和赔偿金的办法代替履行。规定继续履行的目的,不仅在于保护受损害一方的合法利益,使其订立合同的目的得以实现,同时也可以避免违约方为了私利,用支付违约金、赔偿金来达到逃避履行合同义务的目的。

4. 采取补救措施

所谓补救措施,是指在违约方给对方造成损失后,为了弥补对方遭受的损失,依照法律规定由违约方承担的违约责任形式。在仓储合同中,这种补救措施表现为对损坏的仓储物进行修理、将仓储物转移到良好的仓库存放、修复仓储设备,或者支付保养费、运杂费等方式。

5. 定金惩罚

定金是《中华人民共和国担保法》规定的一种担保方式。在订立合同时,当事人可以约定采用定金来担保合同的履行。在履行前,由一方向另一方预先支付定金,在合同履行完毕,收取定金一方退还定金或者抵作价款。合同未履行时,支付定金一方违约的,定金不退还;收取定金一方违约的,双倍退还定金。定金不得超过合同总金额的20%,同时有定金和违约金约定的,当事人只能选择其中一种履行。

(二)免责

免责又称免除民事责任,指不履行合同或法律规定的义务,致使他人财产受到损失,由于有不可归责于违约方的事由,违约方可以不承担民事责任。仓储合同违约责任的免除有以下几种情况。

1. 不可抗力

所谓不可抗力,是指当事人不能预见、不能避免并且不能克服的客观情况。它包括自然灾害和某些社会现象,前者如火山爆发、地震、台风、冰雹等,后者如战争、罢工等。合同签订后因出现不可抗力的时间不同,一般会产生以下法律后果:①延期履行。②部分不履行。③不履行。

另外,在不可抗力发生以后,作为义务方必须采取以下措施才可以免除其违约责任:

(1)应及时采取有效措施,防止损失的进一步扩大,如果未采取有效措施,防止损失的进一步扩大,则无权就扩大的损失要求赔偿。

(2)发生不可抗力事件后,应当及时向对方通报不能履行或延期履行合同的理由。

(3)发生不可抗力事件后,应当取得有关证明,遭受不可抗力的当事人一方应当取得有关机关的书面证明材料证明不可抗力的发生以及其对当事人履行合同的影响。

2. 仓储物自然特性

货物的储存期间,由自然因素,如干燥、风化、挥发、锈蚀等或货物(含包装)本身的性质如易碎、易腐、易污染等导致的损失或损耗,一般由存货人负责,保管方不承担责任。

3. 存货人的过失

由存货人的原因造成仓储物的损害,如包装不符合约定、未提供准确的验收资料、隐瞒和夹带、存货人的错误指示和说明等,保管人不承担赔偿责任。

4. 合同约定的免责

基于当事人的利益,双方在合同中约定免责事项,对负责事项所造成的损失,不承担互相赔偿责任。如约定货物入库时不验收重量,则保管人不承担重量短少的赔偿责任;约定不检验货物内容质量的,保管人不承担非作业保管不当的内容变质损坏的责任。

【任务实施】

1. 完成步骤

(1)将学生分组,每组5~6人。

(2)教师指导学生阅读书中关于仓储合同生效、存货人支付仓储费义务和仓储合同违约责任等章节内容。

(3)各组讨论三个案例的问题并进行分析,得出处理仓储合同纠纷的具体思路和结论。

(4)请三组代表分别上台讲解三个案例的处理办法。

(5)教师点评,加以总结:

①案例1解答:五金公司储存走私货物,被有关部门查获,依法予以没收,仓储合同无效。贸易货栈作为保管人,非但不能取得仓储费,而且还将因其违法行为受到处罚。

②案例2解答:甲公司不可以要求减收仓储费;合同期满乙公司没有催告的义务;甲公司逾期提取的货物,应加付仓储费。按每件每月100元计,10件货物3个月应支付仓储费3 000元。

③案例3解答:仓储合同自2014年7月15日生效;仓储公司的要求合理;不能在8月15日起诉,法院将在8月25日后受理,可能会要求汽车装配厂支付仓储公司合同违约金10万元总金额的20%,即2万元的损失。

2. 检查标准

检查标准	考评标准	分值	实际得分
仓储合同纠纷处理	案例1答案准确,说理充分	20	
	案例2答案准确,说理充分	40	
	案例3答案准确,说理充分	40	
合计		100	

项目三

入库作业管理

【能力目标】

1. 具有独立或与他人合作完成入库作业的能力。
2. 具有熟练编制、填写入库单据的能力。
3. 具有对商品进行正确堆码和苫垫的操作能力。
4. 具有熟练使用手动液压托盘搬运车和叉车进行装卸与搬运的能力。

【知识目标】

1. 重点掌握商品入库作业的基本流程。
2. 掌握商品验收的内容和要求。
3. 掌握商品保管中堆码、苫垫的要求和形式。
4. 了解主要装卸搬运设备的种类、特征与操作要求。

【案例导入】

苏州 JX 储运有限公司与苏州 LH 有限公司签订《仓储合同》后,就开始按照《仓储合同》里的约定实施仓储作业,每天都会处理苏州 LH 有限公司货物的入库、出库、流通加工等业务。苏州 JX 储运有限公司共有四个仓库,为了保证定制化服务的有效性,将苏州 LH 有限公司货物存储于布局优化后的 2 号仓库,根据货物品质和性能分别将货物安排在立体货架区、托盘货架区和平仓区。

张涛上周结束了轮岗实习,本周作为固定成员被分配到了仓储部。今天是 2017 年 5 月 1 日,张涛来到仓储部报到。仓储部王经理热情接待了他,并对他提出了希望和要求,即要在三个月内熟悉入库、在库和出库的业务流程并掌握相关的操作技能。接着,王经理将张涛安排到 2 号仓库的入库管理组,由 2 号仓库主管小侯带着张涛熟悉入库业务。最后,王经理要求张涛一个月后回答以下三个问题:

(1)本公司仓储部入库流程是怎样的?如何用图表绘制?

(2)本公司托盘堆垛要遵守什么规则?有哪几种形式?

(3)本公司装卸搬运设备有哪些?这些设备有哪些功能?如何操作?

【案例思考】

为了使学生熟悉入库流程,并能够与他人合作完成入库作业操作,需要学生进行入库过程中的卸货、查点、验收、办理入库手续、托盘堆垛、搬运等环节的操作练习。为此,本项目围绕此案例对应设计了三个任务。

(1)商品入库操作:编制入库流程表(拓展任务)。

(2)物品堆码操作:入库货物堆垛操作;托盘装盘码垛操作。

(3)物品的装卸搬运操作:手动液压托盘搬运车操作;堆高车操作;平衡重式叉车操作。

任务一　商品入库操作

【任务目标】

1. 了解商品入库作业的流程及各个流程中作业项目的内容。
2. 能操作各个岗位的作业内容。

【任务引入】

2017 年 5 月 5 日下午,苏州 JX 储运有限公司客服部信息员小黄收到苏州 LH 有限公司通过邮件发来的"入库通知单"(表 3－1),小黄随即将此邮件直接转发至仓库沈主管。

苏州 JX 储运有限公司:

根据贵我双方签署的仓库保管合同,我公司现有一批货物委托上海路宝货运有限公司运送至贵公司储存,请安排 2 号仓库接收。具体情况如下:

表 3－1　入库通知单

品名	规格	单位	数量	包装
红灯色拉油	1.8 升	桶	180 桶	10 桶/箱
立白洗衣粉	500 克	袋	240 袋	24 袋/箱
中华牙膏	180 克	支	400 支	100 支/箱

请在 2017 年 5 月 6 日前完成入库。联系人:张晓明,联系电话:0512－68734658

苏州 LH 有限公司

2017 年 5 月 5 日

苏州 JX 储运有限公司仓储部接到入库通知后,开始着手安排这批货物的入库准备,张涛因为被仓储部王经理安排在 2 号仓库入库管理科,所以他作为仓储主管小侯的助手参与了这次的入库业务。请大家以 2 号仓库的名义,完成这批货物的入库作业(以角色扮演形式)。

【知识链接】

入库业务是仓储工作的第一步,标志着仓储工作的正式开始。入库的水平直接影响整个仓储作业的效率与效益,因此提高商品的入库管理水平十分重要。要对入库作业活动进行合理的安排和组织,就需要掌握入库作业的基本业务流程。入库作业的基本业务流程包括入库前的准备、接运、货物验收、商品入库等环节。入库作业流程如图 3－1 所示。

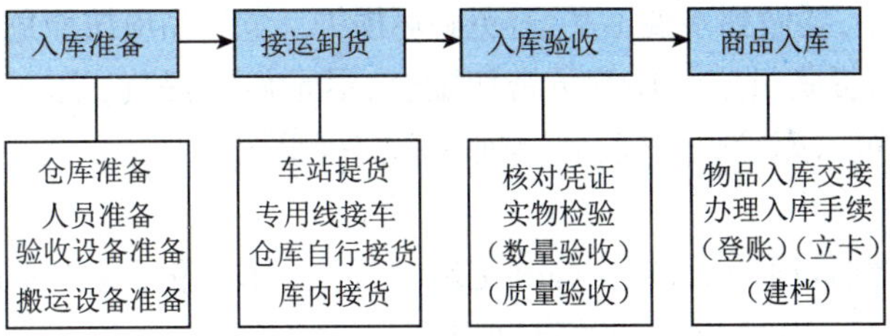

图 3－1　入库作业流程图

一、入库准备

仓库要迅速、准确地接收每批入库商品，必须事先做好充分准备。商品入库前的具体准备工作，一般有以下几个方面。

（一）加强日常业务联系

仓储经营者应按计划定期与货主、生产厂家以及运输部门联系，了解将要入库货物的品种、类别、数量和到库时间，以便做好入库前的准备工作。

（二）安排仓位

根据入库货物的性能、数量、类别，按分区保管的要求，核算所需的货位面积大小，确定货物在仓库存放的货位，并留出必要的验收场地。

（三）合理组织人力

根据货物入库的数量和时间，安排好验收人员，搬运、堆码人员，以及货物入库的工艺流程，确定各个工作环节所需的人员和设备。

（四）准备验收器具

准备点验入库货物的数量、质量、包装以及堆码所需的点数、称重、测试等器具。

（五）准备苫垫及劳保用品

根据入库货物的性质、数量和储备条件，核算并准备所需的苫垫材料和劳保用品。

二、接运卸货

接运工作对仓储单位而言是至关重要的一个工作环节，接运工作完成的有效与否会直接关系到待入库商品的数量、质量是否合乎标准以及单位的经济利益是否能够实现。商品接运可在车站、码头、仓库或专用线进行。各种接运方式在具体操作时应分别注意如下事项。

（一）车站、码头提货

（1）提货人员对所提取的商品应了解其品名、型号、特性和一般保管知识以及装卸搬运注意事项等，在提货前应做好接运货物的准备工作，例如装卸运输工具，清理出存放商品的场地等。提货人员在到货前，应主动了解到货时间和交货情况，根据到货多少组织装卸人员、机具和车辆，按时前往提货。

（2）提货时应根据运单以及有关资料详细核对品名、规格、数量，并要注意商品外观，查看包装、封印是否完好，有无沾污、受潮、水渍、油渍等异状。若有疑点或不符，应当场要求运输部门检查。对短缺损坏情况，凡属于铁路方面责任的，应做出商务记录，属于其他方面责任需要铁路部门证明的，应做出普通记录，由铁路运输员签字。注意记录内容与实际情况要相符。

(3)在短途运输中,要做到不混不乱,避免碰坏损失。危险品应按照危险品搬运规定办理。

(4)商品到库后,提货员应与保管员密切配合,尽量做到提货、运输、验收、入库、堆码成一条龙作业,从而缩短入库验收时间,并办理内部交接手续。

(二)专用线接车

(1)接到专用线到货通知后,应立即确定卸货货位,力求缩短场内搬运距离;组织好卸车所需要的机械、人员以及有关资料,做好卸车准备。

(2)车皮到达后,引导对位,进行检查。看车皮封闭情况是否良好(卡车、车窗、铅封、苫布等有无异状);根据运单和有关资料核对到货品名、规格、标志和清点件数;检查包装是否有损坏或有无散包;检查是否有进水、受潮或其他损坏现象。在检查中发现异常情况,应请铁路部门派员复查,做出普通或商务记录,记录内容应与实际情况相符,以便交涉。

(3)卸车时要注意为商品验收和入库保管提供便利条件,分清车号、品名、规格,不混不乱;保证包装完好,不碰坏,不压伤,更不得自行打开包装。应根据商品的性质合理堆放,以免混乱。卸车后在商品上应标明车号和卸车日期。

(4)编制卸车记录,记录卸车货位规格、数量,连同有关证件和资料,尽快向保管员交代清楚,办好内部交接手续。

(三)仓库自行接货

(1)仓库接受货主委托直接到供货单位提货时,应将这种接货与初验工作结合起来,同时进行。

(2)仓库应根据提货通知,了解所提货物的性能、规格、数量,准备好提货所需的机械、工具、人员,配备保管员在供方当场检验质量、清点数量,并做好验收记录,接货与验收合并一次完成。

(四)库内接货

存货单位或供货单位将商品直接运送到仓库储存时,应由保管员或验收人员直接与送货人员办理交接手续,当面验收并做好记录。若有差错,应填写记录,由送货人员签字证明,据此向有关部门提出索赔。

三、入库验收

商品验收业务是指按照商品验收业务流程,核对业务凭证,对实物进行数量和质量检验等经济技术活动的总称。商品验收是仓储工作的起点,是分清仓库与客户责任的界线,并为保管养护打下基础。商品入库检验包括入库凭证核查、实物检验和验收发生问题处理三个主要环节。

(一)核对凭证

凡入库商品必须具备下列证件:

(1)存货单位提供的入库通知单、订货合同副本等。入库通知单(表3-1)是仓库据以接收商品的主要凭证。由于商品来源复杂,其入库单的式样、名称也各不相同,但无论何种入库单,一般均应包括商品来源、收货仓库、商品名称、品种、数量、规格、单价、实收数、制单时间、收单时间及验毕时间等内容。订货合同是供需双方为执行物资供应协作任务,并承担经济责任而签定的协议书,具有法律效力。因此,仓库应严格按合同收理物资。

(2)供货单位提供的材质证明书、装箱单、磅码单、发货明细表等。

(3)物品承运单位提供的运单,若物品在入库前发现残损情况,还要有承运部门提供的货运记录或普通记录,作为向责任方交涉的依据。

核对凭证,也就是将上述凭证加以整理全面核对。入库通知单、订货合同要与供货单位提供的所有凭证逐一核对,相符后才可进行下一步实物检验。

(二)实物验收

实物验收是物资验收业务管理的核心,管理人员核对资料、证件相符后,应尽快验收实物。实物验收包括数量验收和质量验收。

(1)数量验收。数量验收应采用与供货单位一致的方法进行。

①数量验收的方式。对于批量小、规格和包装不整齐的,或生产条件差、梅雨季节入库货物需要严格验收质量的,应采用全检,以全检的结果作为实收数。对于数量大、包装规格统一,固定包装的小件或按件标明重量或质量的货物,或验收时按照理论换算而规格整齐划一的货物,可采取抽检的方式。一般抽检比例为 5% ~15% 。

②数量验收的方法。对于不同种类的商品,数量验收时应采用不同的方法。

a. 点件复衡法。按标准重量包装的计重商品,验收时应先点清件数,再过磅验收重量。

b. 整车复衡法。对大宗无包装货物,如煤炭、生铁或黄砂等,利用“轨道衡”复验整车重量,减去空车的重量,则可得到货物的重量。

c. 点件查数法。对按件、只、台为单位计算的货物,验收时应先点清大件数,再逐件、逐只、逐台点清。

d. 理论换算法。对定尺的材料先进行检尺丈量,再根据理论换算,如圆钢、木材等。

e. 除皮核实法。对于同一包装材料、包装方法、包装外标有毛重、净重、皮重的货物,可以按一定比例抽检毛重,核实皮重。如不超过允许磅差的,则可以抄码,除皮求净验收入库;如核实与标准不符,则应全部过磅验收。

(2)质量验收。对入库物品的质量验收主要是外观质量,通过眼、手、耳、鼻、舌等感觉器官或简单工具,检验物品是否变形、虫蛀、破裂、受潮、沾污、腐蚀、霉烂、缺件等。

(3)包装验收。入库物品包装的外观检查通常是在接货时,结合大数点收进行的,只查看有无水湿、油污、破损。对物品包装有具体要求的,还应按标准检查包装材料质量、包装工艺,甚至包装的干湿度等。

(4)商品条形码验收。在验收作业时还应该验收该商品的条形码与商品数据库内已登录的资料是否相符。验收中常会出现单货不符、货物异状、包装不符合要求、证件不齐、质量说明书与到货技术标准不符、磅差、残损、潮污、短件、凭证到货物未到等问题,都应做好详细记录,待检,等问题原因查清后再处理。

在数量验收和质量验收过程中,应根据验收的数量和质量情况,将物品的品名、规格、型号等详细、真实地记录下来,经过汇总、对比后,填写入库验收单(表 3 - 2)。验收单中应有结论,数量和质量情况应非常明确。如有问题,应提出处理意见。

表 3 – 2 入库验收单

编号：

<table>
<tr><td>货物名称</td><td colspan="2"></td><td>型号/规格</td><td colspan="2"></td></tr>
<tr><td>供方</td><td colspan="2"></td><td>进货日期</td><td colspan="2"></td></tr>
<tr><td>进货数量</td><td colspan="2"></td><td>验证数量</td><td colspan="2"></td></tr>
<tr><td>验证方式</td><td colspan="5"></td></tr>
<tr><td>验证项目</td><td colspan="2">标准要求</td><td colspan="2">验证结果</td><td>是否合格</td></tr>
<tr><td></td><td colspan="2"></td><td colspan="2"></td><td></td></tr>
<tr><td></td><td colspan="2"></td><td colspan="2"></td><td></td></tr>
<tr><td></td><td colspan="2"></td><td colspan="2"></td><td></td></tr>
<tr><td>检验结论</td><td colspan="5">□合格 □不合格</td></tr>
<tr><td>复检记录</td><td colspan="5">1.
2.</td></tr>
<tr><td>检验主管</td><td></td><td>检验员</td><td></td><td>日期</td><td></td></tr>
<tr><td rowspan="2">不合规格
处置方式</td><td colspan="5">□拒收 □让步接收 □全检</td></tr>
<tr><td>批准</td><td colspan="2"></td><td>日期</td><td></td></tr>
<tr><td>备注</td><td colspan="5">对于顾客的货品，其不合格品处置由顾客批准</td></tr>
</table>

四、商品入库

（一）物品入库交接

货物入库交接手续是指经过验收后，库管员对收到的货物向送货人进行确认，表示货物已接收，办理完交接手续，意味着划清送货部门和仓库的责任。较为完整的交接手续如下：

（1）接收货物。库管员以送货单（表 3 – 3）为依据，通过验收，将不良货物剔出、退回或编制残损单证等，确定收到货物的准确数量、货物表面良好状态。

（2）接收文件。送货人将货物资料、送货单、采购清单等相应的文件送交仓库的库管员。

表 3 – 3 送货单

NO. 2017072850

送货单位：降水海尔公司　　　　送货日期：2017 年 7 月 28 日

品名	规格/cm	数量/台	单价/(元·台$^{-1}$)	金额/元	备注
XQG50 – D809	60 × 58 × 80	100	1 988	198 800	

送货单位：（盖章）安徽海尔公司送货人：× × ×

收货单位：（盖章）苏州国美电器观前街店　收货人：× × ×

（3）签署单证。库管员和送货人员交接货物，进行验收后，共同在送货人交来的送货单、交接清单(表3－4)上签署和批注,并留存相应单证。提供相应的入库、验收、残损单证、事故报告,由送货人签署。

表3－4 到货交接单

收货人	发站	发货人	品名	标记	单位	件数	重量	车号	运单号	货号	合同号

送货人: 接收人: 经办人:

(二)办理入库手续

货物交接完毕,由仓库的业务管理员填写入库单(表3－5)。完整的入库单必须具备三联:送货人联、财务联、仓库存查联。同时附上检验记录单、磅码单、产品合格证、装箱单等有关资料凭证,一并移交保管部门,以证实该批货物已验收合格可以正式入库保管。保管员根据入库单应及时办理入库手续,包括立卡、登账和建档等工作。

表3－5 入库单

送货单位:

入库单位: 年 月 日

储存位置:

入库单编号:

货物编号	品名	规格	单位	送货数量	实际数量	备注

会计: 仓库收货人: 制单:

本单一式三联,第一联:送货人联;第二联:财务联;第三联:仓库存查联

1. 登账

货物入库后根据送货单信息,建立货物保管账页(表3－6),登记货物入库、出库、结存的详细情况,用以记录库存货物的动态和出入过程。

表3－6 货物保管账页

时间	货物名称	货物号码	规格	计量单位	收入数量	出库数量	结存数量	单价	金额总计	存储位置

2. 立卡

货物入库上货架后，将货物名称、规格、数量或出入库状态等内容填写在货卡上，称为立卡。货卡又称料卡、货牌(表 3 - 7)，插放在货物下方的货架支架上或摆放在货垛正面的明显位置。

表 3 - 7 货卡

货主单位： 日期：

年		货品名单	规格	单位	入库数量	出库数量	结存	经手人
月	日							

3. 建档

仓库对接收的货物或委托人建立存货档案或客户档案，装订成册(表 3 - 8)，以便于货物管理和保持客户联系，为将来可能发生的争议保留凭证。

表 3 - 8 单据装订清单

客户： 网点： 单据日期：

清单号： 编制日期：

序号	订单日期	订单号	通知单号	仓库	红冲单号	核销单号	核销类型

【任务实施】

1. 前期准备

(1)空纸箱 32 只，其中 18 只标注为红灯色拉油，10 只标注为立白洗衣粉，4 只标注为中华牙膏。(规格：1.8 升/桶红灯色拉油 10 桶，500 克/袋立白洗衣粉 240 袋，180 克/支中华牙膏 100 支)。

(2)在入库区划分出三个区域：待检区、残损区、理货区。

2. 完成步骤

(1)将学生分组，设定角色。每 6 人分为一组，分别扮演送货员 1 名、检验员 1 名、仓库主管 1 名、信息员 1 名、会计 1 名、理货员 1 名。

(2)小组成员在课前编制送货单、验收单和入库单，并打印好带到仓储实训室，其中送货单一式两份、验收单一式两份和入库单一式三份。

(3)在仓储实训室入库区开始入库操作演练(角色扮演):

①送货人员向仓库验货人员出示送货单(两份)。

②仓库验货人员核对送货单凭证。

先核对送货单上货物名称、数量,再审核收货单位、货物型号和编号。

③仓库验货人员进行货物实物验收。

仓库验货人员依据送货单验收实物,先检查外包装,如发现疑点,可抽查内包装。

如上述验收没有发现问题,验货人员填写入库验收单,然后由验货员和送货员同时在验收单上签字(两份),表示验收完毕,一份留下保存,一份转交给系统操作员。同时,验货员还需在送货单上签字(两份),表示货物收讫,一份留下保存,一份交还给送货人员。送货人员携签过字的送货单返回。

如上述验收发现异常情况,验货员要根据实际情况及时采取措施进行处理。比如验货员发现有包装破损,货物做如下处理:

第一步,向仓库主管汇报。

第二步,用相机对外包装破损的货物进行拍照取证。

第三步,将破损货物与包装完好的货物分开,暂放一边,并将包装完好的货物放在入库理货区准备入库。

第四步,仓库主管给客服说明情况,并请送货员与验收员一起开箱检查货物。

第五步,验货员对外包装有破损的货物进行开箱检验,查看货物质量。若发现货物无任何质量问题,则可以通过更换货物外包装解决问题;若发现有质量问题,则需要明确责任人和责任点。

第六步,验货员在验货单和送货单上做记录,并请送货员签字。如果问题严重,则还要填写货物异常报告单,同时将受损货物暂放于待检区。

第七步,货物验收完成后,送货员携有记录和签字的送货单离开仓库。

④系统入库操作。

验收人员将其中一份签字的验收单转交给系统操作员。系统操作员依据验收单和送货单录入仓储管理系统,并为该批货物分配储位,然后打印出入库单(三份),一联留下存档、一联交给会计、一联交给理货员。会计人员依此做账务处理。

⑤货物理货。

理货员从系统操作员处领取入库单后,再从空托盘堆放区取出空托盘搬到理货区,最后依据入库货物存储规则在托盘上码放货物。需注意以下问题:

a. 外包装破损(暂时无法判定质量问题)的货物也需要堆码在托盘上,入残损区。

b. 托盘上货物层数较高或一层堆码数量超出托盘面积时,货物容易掉落,为防止掉落,此时最好用加固膜缠绕加固。

⑥搬运上架。

理货员对照入库单,将码好货物的托盘搬运到入库单对应的储位上。

⑦入库作业完成后,设备归位。

货物存放到对应的储位后,理货员将相关设备归位,入库作业完成。

3. 作业要求

(1)将入库流程拍摄下来,并将流程照片插入学习工作页中,在每张照片下方要写出各环节的活动内容。

(2)将已填写过的送货单、入库验收单、入库单(通过图片形式)插入学习工作页中。

4. 检查标准

检查标准	考评标准	分值	实际得分
商品入库操作	接收和验收操作程序正确	20	
	凭证审核认真、全面,没有遗漏	20	
	验收仔细、全面,处理得当	40	
	单证填写规范正确	20	
合计		100	

【拓展任务】

JD 史泰博配送中心是专门为大型连锁超市供应食品和日用品的企业。该配送中心租用库房及办公区面积约为 300 平方米,其中加工作业区面积约为 200 平方米(分为收货区、储存区、拣货区、加工区、配送区),高为 3 米左右;储存区面积为 50 平方米;堆垛最高为 1.8 米。配送中心基本是人工作业,机械作业设有小叉车(2 台 ×650 千克)。

JD 史泰博配送中心在接到其客户太仓联华超市发来存货(该批货物详细情况见表 3－9)的通知后,派车到指定地点(一般为车站、码头、机场)接运商品。到达接运地点后,将货物卸下,并按照提货单对货物进行初步检验(有特殊装卸要求的货物按要求办理)。如果发现货损货差,则拒绝交接收货;将初检合格的货物装车运回配送中心。

表 3－9 太仓联华超市需存货的资料

品名	规格	单位	数量	包装	单价
吉欧蒂干红葡萄酒	750 毫升	瓶	40	10 桶/箱	188 元/瓶
利鑫达板栗	500 克	包	240	24 袋/包	20 元/包
好娃娃薯片	180 克	袋	400	100 袋/箱	9 元/袋

到达仓库进货处后,由入库验收员整理核对所有货物凭证,特别注意的是,货物的入库通知单、发货单、订货合同要与太仓联华超市提供的材质证明书、装箱单、磅码单以及承运单位提供的运单保持一致。所有货物凭证审核无误后,入库验收员才能验收实物商品,即对商品进行数量和质量检验,并填写验收单。若商品完好且数量、质量和单据上一致,则将单据和验收单一起交给仓库信息管理员。首先信息管理员需将所有进货单据进行归纳整理,将验收单信息输入软件系统,对库存商品账务进行处理。然后在系统里规划该批货物应储存的储位,并打印入库单。最后,仓库保管员到信息管理员处取出入库单,并将检验区的货物搬到指定储位。请以 JD 史泰博配送中心的名义,设计出该批货物入库业务流程表。

说明:建议流程表版式如表 3－10 所示,表中要展示出各环节操作内容、设置的相关岗位、相关单据流转过程。

表 3－10　入库流程样表

入库流程	岗位	主要操作内容	注意事项	涉及单据

任务二　入库货物堆垛操作

【任务目标】

1. 使学生能进行入库货物地面堆垛，提高地面堆垛操作的技能。
2. 使学生能进行装盘码垛，提高托盘码垛的技能。

【任务引入】

2017 年 5 月 10 日上午 9:00，苏州 LH 有限公司计划入库的两批货物由上海宝路货运有限公司运送到了苏州 JX 储运有限公司的 2 号仓库。第一批、第二批商品品名、规格、数量情况如表 3－11、表 3－12 所示。因为第一批货物体积较大，第二批货物体积较小，所以仓库主管小侯就安排第一批货物在平仓区就地堆垛，安排第二批货物在托盘上码垛，然后上架到托盘货架上。

表 3－11　第一批进货商品情况一览表

货物名称	包装规格	数量	批次
海尔冰箱（白色水韵纹）	1736×890×1770	200	201705108

表 3－12　第二批进货商品情况一览表

序号	品名	规格	数量	包装	重量
1	力士香皂	200 克/块	5 000 块	50 块/箱	11.5 千克/箱
2	洁银牙膏	120 克/支	6 000 支	100 支/箱	13.3 千克/箱
3	雕牌洗衣粉	500 克/袋	1 000 袋	10 袋/箱	6.5 千克/箱

前几天张涛作为仓储主管小侯的助手参与了一批货物的入库业务，他对入库流程有了较深的了解。为了提高张涛的实际操作能力，今天仓储主管小侯安排张涛担任仓管员，让他和另外一位仓管员小马一起完成这两批货物的堆垛任务。请大家以 2 号仓库理货员的身

份，完成这两批货物的堆垛任务。

1. 第一批货物就地堆垛任务

请分别用重叠式、纵横交错式、仰伏相间式、压缝式、通风式、栽柱式完成第一批商品的地面堆垛作业。

2. 第二批货物托盘码垛任务

请分别用重叠式、纵横交错式、旋转交错式、正反交错式码垛四种常用方式，将第二批货物装在 1 000 mm×1 200 mm 平托盘上。

【知识链接】

一、物品的堆码

《中华人民共和国国家标准：物流术语（GB/T 18354—2001）》对堆码的定义是“将物品整齐、规则地摆放成货垛的作业”。它根据物品的性质、形状、重量等因素，结合仓库储存条件，将物品堆码成一定的货垛。合理的堆码不仅便于库存物品的管理，还能确保其安全性，不发生变质、变形等异常情况。

（一）物品堆码的要求

在物品堆码前要结合仓储条件做好准备工作，在分析物品的数量、包装、清洁程度、属性的基础上，遵循合理、牢固、定量、整齐、节约、方便等方面的基本要求，进行物品堆码。

（1）合理。搬运活性合理、分垛合理、垛型合理、重量合理、间距合理、顺序合理。

（2）牢固。适当选择垛底面积、堆垛高度和垫衬材料，提高货垛的稳定性，保证堆码的牢固、安全，不偏不歪、不倚不靠（不倚靠墙、柱）和物品不受损害。

（3）定量。为便于检查和盘点，能使保管人员过目成数，在物品堆码时，垛、行、层、包等数量力求整数，每垛应有固定数量，通常采用“五五堆码”。对某些过磅称重物品不能成整数时，必须明确地标出重量，分层堆码，或成捆堆码，定量存放。

（4）整齐。堆垛排列整齐有序，同类物品垛形统一，形成良好的库容。货垛横成行、纵成列，物品包装上的标志一律朝外，便于查看和拣货。

（5）节约。坚持一次堆码，减少重复作业；爱护苫垫物，节约备品用料，降低消耗；堆码科学，节省货位，提高仓容利用率。

（6）方便。便于装卸搬运，便于收发保管，便于日常维护保养，便于检查点数，便于消防灭火，便于物品保管与安全。

（二）商品堆码的“五距”

商品堆码要做到货堆之间，货垛与墙、柱之间保持一定距离，留有适宜的通道，以便货物的搬运、检查和养护。要把货物保管好，“五距”很重要。“五距”是指顶距、灯距、墙距、柱距和垛距。

（1）顶距。顶距是指货堆的顶部与仓库屋顶平面之间的距离。留顶距主要是为了通风，平顶楼房的顶距应在 50 cm 以上为宜。

（2）灯距。灯距是指仓库里的照明灯与商品之间的距离。留灯距主要是为了防止火灾，灯距一般不应少于 50 cm。

（3）墙距。墙距是指货垛与墙的距离。留墙距主要是为了防止渗水，便于通风散潮。

(4)柱距。柱距是指货垛与屋柱之间的距离。留柱距是为了防止商品受潮和保护柱脚,一般留 10～20 cm。

(5)垛距。垛距是指货垛与货垛之间的距离,通常为 100 cm。垛距的作用是使货垛之间间隔清楚,防止混淆,也便于通风检查,一旦发生火灾,便于抢救,疏散物资。

(三)物品堆码的方式

通常的商品堆垛方法有四种,即散堆法、货架堆码法、成组堆码方法(托盘化码垛法)、货垛堆码法。

(1)散堆法。散堆是指将无包装的散货在仓库或露天货场上堆成货堆的存放方式。

这种堆码方式简单,便于采用机械设备装卸、堆码,节省包装费用和运费。这种方式特别适用于大宗散货(图 3－2)。

(2)货架堆码法。这是使用通用和专用的货架进行物品堆码的方式。这种堆码方式能够提高仓容利用率,减少差错,加快存取,适用于存放小件货物、怕压或不宜堆高的物品(图 3－3)。

(3)托盘化码垛法。托盘化是将散装或散件商品,用托盘、货箱或捆扎等方法,组合成若干个较大的集装单元。这样就可使原来不能用机械作业的商品采用机械作业,对加快堆垛、装卸、运输速度,提高仓容利用率等具有重要的意义。常用的托盘码垛方式有重叠式码垛、纵横交错式码垛、旋转交错式码垛和正反交错式码垛四种(图 3－4、图 3－5)。

图 3－2　散堆法

图 3－3　货架堆码法

图 3－4　托盘化码垛法

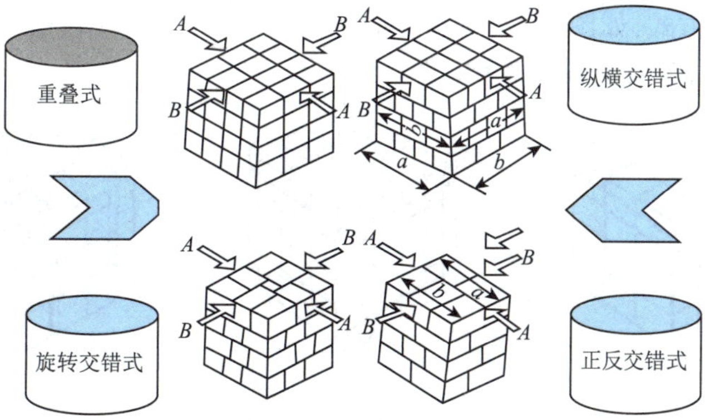

图 3－5　四种托盘码垛方式

(4)货垛堆码法。这种堆码方式是指直接利用物品或其包装外形进行堆码。这种堆码方式能够增加货垛高度,提高仓库利用率;能够根据物品的形状和特性的需要以及货位的实际情况,把货垛堆码成各种样式,以利于保护物品质量。垛堆方式应用最为广泛,样式也最为繁多。其常用的方式主要有重叠式堆码、纵横交错式堆码、仰伏相间式堆码、压缝式堆码、栽柱式堆码、通风式堆码、"五五化"堆码等几种(图 3－6)。

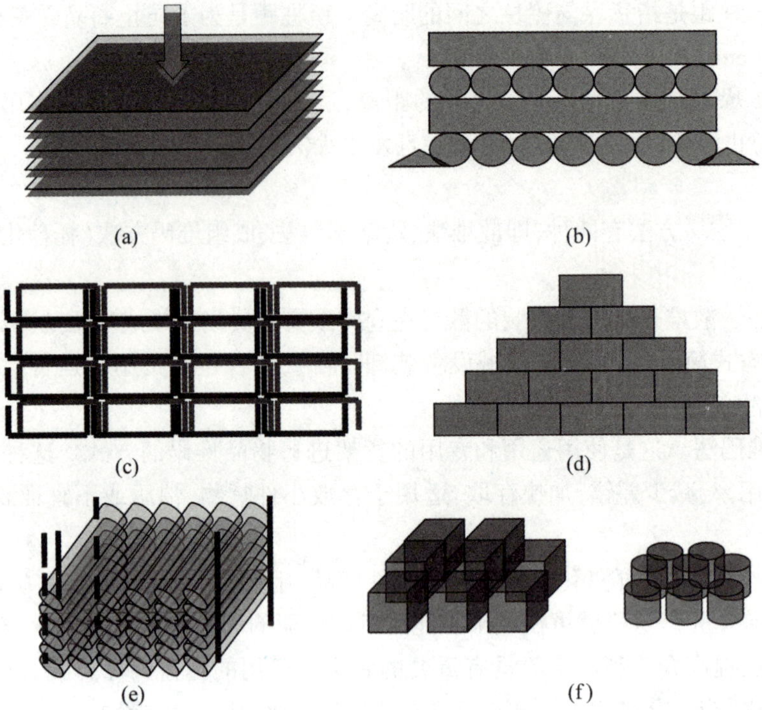

图 3-6　六种常见货垛堆码方式

(a)重叠式;(b)纵横交错式;(c)仰伏相间式;(d)压缝式;(e)栽柱式堆码;(f)通风式堆码

二、托盘的紧固方法

托盘货物的紧固是保证货物稳定性、防止塌垛的重要手段。托盘货物紧固方法约有以下十种。

(1)捆扎。用绳索、打包带等对托盘货物进行捆扎以保证货物的稳固。其方式有水平、垂直和对角等捆扎方式,如图 3-7 所示。捆扎打结的方法有扎结、粘合、热熔、加卡箍等。在实训中我们主要采用这种紧固方法。

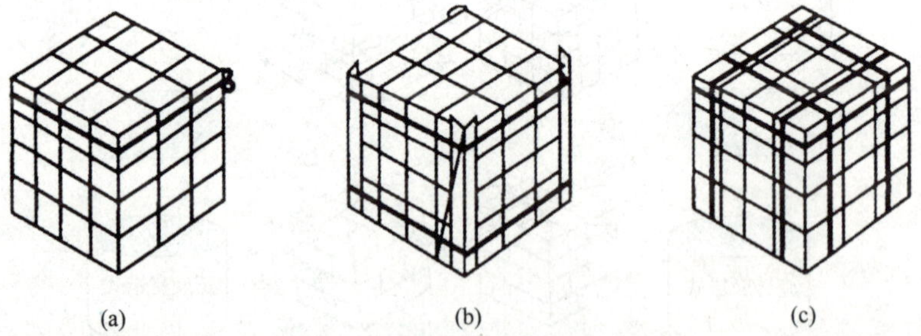

图 3-7　托盘货物的捆扎方法

(a)水平;(b)垂直;(c)对角

(2)网罩紧固。加网罩紧固,主要用于装有同类货物托盘的紧固,如图 3-8 所示。多见于航空运输,将网罩套在航空专用托盘码垛的货物上,再将网罩下端的金属配件挂在托盘周围的固定金属片上,以防形状不整齐的货物发生倒塌。为了防水,可在网罩之下用防水层加以覆盖。

(3)加框架紧固。框架紧固是将框架加在托盘货物相对的两面或四面以至顶部,再用打包带或绳索捆紧以起到紧固货物的作用，如图 3－9 所示。框架的材料以木板、胶合板为主。

（4）中间夹摩擦材料紧固。将具有防滑性的纸板、纸片或软性塑料片夹在各层容器之间以增加摩擦力，防止水平滑移，如图 3－10 所示。

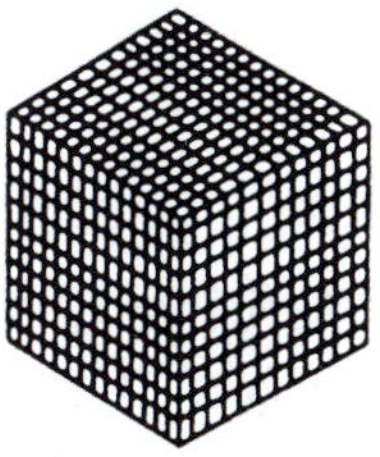

图 3－8　托盘网罩紧固

图 3－9　加框架紧固

图 3－10　中间夹摩擦材料紧固

（5）专用金属卡具加固。对某些托盘货物，最上部如可伸入金属夹卡，则可用专用夹卡将相邻的包装物卡住，以便每层货物通过金属卡具成为一个整体，防止个别分离、滑落，如图 3－11 所示。

（6）粘合加固。在每层之间贴上双面胶条，可将两层通过胶条粘合在一起，这样便可防止托盘上货物从层间滑落，如图 3－12 所示。

（7）胶带加固。托盘货体用单面不干胶包装带粘捆，由于全部贴于货物表面，即使胶带部分损坏也不会出现散捆，如图 3－13 所示。

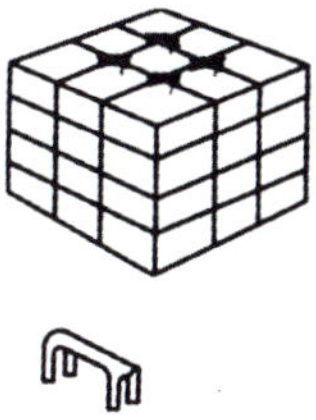

图 3－11　专用金属卡具加固

图 3－12　粘合加固

图 3－13　胶带加固

（8）平托盘周边垫高加固。将平托盘周边稍微垫高，托盘上的货物会向中心互相依靠。在物流过程中，如果发生摇动或振动，则可防止层间滑动错位，防止货垛外倾，因而也会起到稳固作用，如图 3－14 所示。

（9）收缩薄膜加固。将热缩塑料薄膜置于托盘货体之上，然后进行热缩处理，塑料薄膜收缩后，便将托盘货体紧箍成一体。这种紧固方法不但能起到固紧、防塌垛的作用，而且由于塑料薄膜不透水，还会起到防水、防雨的作用，如图 3－15 所示。这有利于克服托盘货体不能露天放置、需要仓库的缺点，可大大扩展托盘的应用领域。

（10）拉伸薄膜加固。用拉伸塑料薄膜将货物和托盘一起缠绕包裹，当拉伸薄膜外力撤除后收缩紧固托盘货体形成集合包装件，如图 3－16 所示。顶部不加塑料薄膜时，形成四面封；顶部加塑料薄膜时，形成五面封。拉伸包装不能完成六面封，因此不能防潮。此外，拉伸薄膜比收缩薄膜捆缚力差，只能用于轻量的集装包装。

图 3－14　周边垫高加固

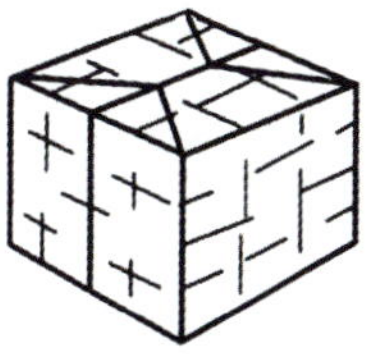

图 3－15　收缩薄膜加固

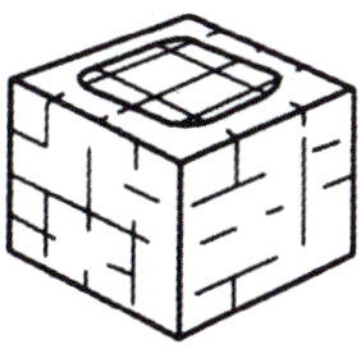

图 3－16　拉伸薄膜加固

三、物品的苫垫

苫、垫是对商品苫盖和垫垛的简称。“苫”是指在货垛上加上遮盖物,避免直接受到日晒和雨淋。“垫”是指在货垛底下加衬垫物,以防潮、受水浸,并保持通风。苫、垫既是商品保管保养中的一项重要工作,也是仓库搞好商品管理的一个重要环节。

(一)垫垛(又称衬垫)

(1)垫垛的材料。根据不同商品的保管要求,按垛形尺寸和负荷轻重,在垛底放上适当的衬垫物。货场和库房的衬垫材料也有所不同。一般货场多用水泥墩、石墩、石条、枕木等垫垛,而库房一般用垫板、枕木以及防潮纸等。垫垛通常有移动式和固定式两种。采用固定式的垛基,可以重复使用,节省劳动力,提高作业效率。

(2)垫垛的高度。露天货场垫垛的高度可保持在40厘米左右;库房和货棚内其高度要根据地坪和商品防潮要求而定,如水泥地面一般只需垫板、枕木或水泥条,高度达20厘米以上即可。楼层干燥地面可以不垫,只铺一层防潮纸。而对于化工材料、动、植物制品以及易受潮霉变的商品,应尽可能加高垫层,使垛底通风良好。

(二)苫盖

货场存放的商品一般还需苫盖,以防止商品直接受雨、雪、露、霜的侵蚀和日光的暴晒。商品堆垛时,应根据储存商品的不同性质和保管要求,注意选择和堆成可以苫盖的垛形,以便采用不同的苫盖材料和更快、更好、更省的苫盖方法。

(1)苫盖材料和要求。苫盖材料的选择应符合“防火、安全、经济、耐用”的要求。目前常用的苫盖材料有铁皮、芦席、竹席、油毡、塑料布、苫布、玻璃钢瓦等。

不论使用何种苫盖物,货垛苫盖时不要留空隙,垛顶斜面必须平整,以免下雨积水渗入货垛内;货垛底的垫木、垛基等不可露在苫盖物外面,以防雨水顺沿渗入货垛内;苫盖物不能阻止垛底通风;苫盖后必须将苫盖物栓紧扎牢,以防被风掀起;使用苫盖材料要注意节约和保管。

(2)苫盖的方法。苫盖的方法一般有以下几种:

①就垛苫盖法。将苫盖材料直接覆盖在货垛上的苫盖法。此方法操作简便,一般适用于屋脊形货垛或大件包装商品的苫盖(图3-17)。

②活动棚架苫盖法。利用钢材或木材制成棚架,在棚架上面及四周铺围铁皮、玻璃钢瓦并在底部装上轮子,整个货棚可沿着固定轨道移动,其外形与固定棚架相似。其优点是可节约大量苫盖材料费用,加快商品的出入库速度;苫盖及时,通风透气,便于盘点与检查;同时还具有制作简便、适用性强和使用年限长等特点(图3-18)。

③隔离苫盖法。此方法与就垛苫盖法的区别在于苫盖材料与货垛商品不直接接触,而是采用隔离物使苫盖材料与货垛间留有一定空隙。其优点是既利于垛内通风散潮,又便于排水,防止雨水渗透(图3-19)。

图 3－17　就垛苫盖法

图 3－18　活动棚架苫盖法

图 3－19　隔离苫盖法

【任务实施】

1. 第一批货物地面堆垛任务实施

(1)工具准备。

①空纸箱 200 只,每只纸箱用笔标注为海尔冰箱。

②手推车 1 辆。

(2)完成步骤。

①教师讲解重叠式、纵横交错式、仰伏相间式、压缝式、通风式和栽柱式等六种堆垛的堆垛方法,并分析其优缺点(见备注)。

②教师首先让 3 位学生进行六种堆垛方法的操作,然后作点评。

③教师边点评边给学生作码放方式的示范,强调各种堆垛方法的特点。

④将学生每 4 人分为一组,每组选一位负责人。

⑤学生根据指导老师讲解的操作要领和示范,分组分别用六种堆垛方式进行操作训练。

(3)检查标准。

检查标准	考评标准	分值	实际得分
入库货物地面堆垛	码垛作业操作程序正确	40	
	每种垛形形状规范、整齐、牢固	30	
	码垛操作熟练	20	
	场地 5S 管理	10	
合计		100	

2. 第二批货物托盘码垛任务实施

(1)工具准备。

①空纸箱 260 只,其中 100 只用笔标注为力士香皂,60 只标注为洁银牙膏,100 只标注为雕牌洗衣粉。

②手推车 1 辆。

③平托盘 6 个。

(2)完成步骤。

①实训指导老师分别讲解四种托盘装盘码垛方式的操作要领(见备注),每讲一种码垛方式时,就出示该方式的码垛示意图(码垛示意图可通过多媒体演示)。

②指导老师讲解完操作要领后,进行现场装盘示范,每示范完一种码垛方式,结合该垛形,给学生分析该码垛方式的优缺点。

③将学生每 4 人分为一组,每组选一位负责人。

④学生根据指导老师讲解的操作要领和示范,分组分别用四种码垛方式进行操作训练。

(3)检查标准。

检查标准	考评标准	分值	实际得分
托盘装盘码垛	垛形、垛宽、垛长、垛高正确确定	20	
	码垛速度	30	
	稳定性与安全性	20	
	整齐与规范性	20	
	场地 5S 管理	10	
合计		100	

(4)备注:

①六种地面堆垛方法的优缺点如下:

a. 重叠式。其又称直堆法,逐件逐层向上重叠堆码,为一件压一件的堆码方式。该方法较方便作业、计数,但稳定性差。适用于袋装货物、箱装货物以及平板、片式货物。

b. 纵横交错式。每层货物都改变方向向上堆放。该方法较为稳定,但操作不便。适用于管材、捆装、长箱等货物。

c. 仰伏相间式。对上、下两面有大小判别凹凸的货物,如槽钢、钢轨、箩筐等,将货物仰放一层,再反一面伏放一层,仰伏相间相扣。该垛极为稳定,但操作不便。

d. 压缝式。将底层并排摆放,上层放在下层的两件货物之间,上、下层件数的关系分为“2 顶 1”“3 顶 2”“4 顶 3”“5 顶 4”等。

e. 通风式。货物在堆码时,每件相邻的货物之间都要留有空隙,以便通风。此法适用于需要通风量较大的货物堆垛。

f. 栽柱式。码放货物前在货垛两侧栽上木柱或钢棒,然后将货物平码在柱与柱之间,几层后用铁丝将相对两边的柱栓连,再往上摆放货物。此法适用于棒材、管材等长条状货物。

②四种托盘码垛方式的操作要领及优缺点如图 3 – 20 所示。

堆码方式	图　示	原　理	优　点	缺　点
重叠式	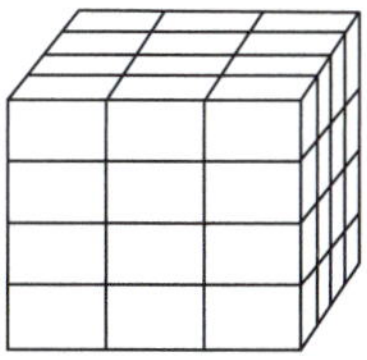	各层码放方式相同，上下对应，层与层之间不交错堆码	操作简单，工人操作速度快，包装物四个角和边重叠垂直、承压能力大	层与层之间缺少咬台，稳定性差，容易发生塌垛
纵横交错式	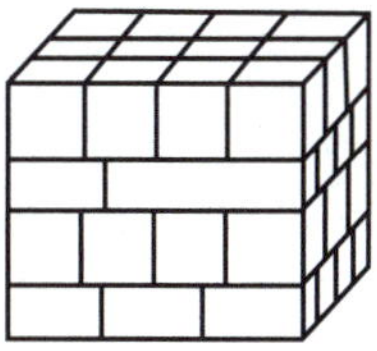	相邻两层货品的摆放旋转90°，一层为横向放置，另一层为纵向放置，层次之间交错堆码	操作相对简单，层次之间有一定的咬合效果，稳定性比重叠式好	咬合强度不够，稳定性不够好
旋转交错式	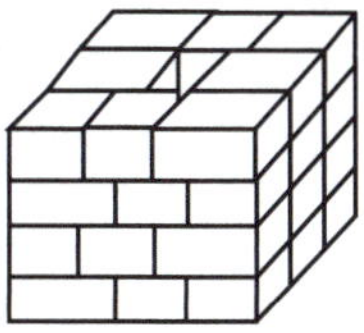	第一层相邻的两个包装体都互为90°，两层之间的堆码相差180°	相邻两层之间咬合交叉，托盘货品稳定性较高，不容易塌垛	堆码难度大，中间形成空穴，降低托盘承载能力
正反交错式		同一层中，不同列货品以90°垂直码放，相邻两层货物码放形式旋转180°	不同层间咬合强度较高，相邻层次之间不重逢，稳定性较高	操作较麻烦、人工操作速度慢

图3－20　四种托盘码垛方式比较

【拓展任务】

2017年5月11日，苏州JX储运有限公司新到一批物资，全部为纸箱包装，纸箱规格及相应数量如表3－13所示。现在仓库里只有五个托盘。

表3－13　一批物资入库任务单

入库任务单						
入库任务单编号：R20130609		计划入库时间：到货当日				
序号	商品名称	包装规格/mm（长×宽×高）	单　价/（元·箱$^{-1}$）	重量/kg	生产日期	入库/箱
1	五月花卷筒纸	570×380×220	300	45	2017.5.8	18
2	娃哈哈矿泉水	350×350×245	300	30	2017.5.8	17
3	康佳水	380×285×200	300	15	2017.5.8	26
供应商：	上海宝山百货公司					
说明：	A类货物放货架第一层，B类货物放货架第二层，C类货物放货架第三层					

请以仓管员身份，完成以下任务：

（1）画出托盘码放示意图，并说明托盘数量、每个托盘层数以及奇偶数层货物数量。

(2)编制托盘使用情况表。

说明如下:

(1)托盘码放示意图绘制规定:

①用 Word 绘图功能绘制示意图。

②画出托盘码放的奇数层俯视图和偶数层俯视图。

③在图上标出托盘的长、宽尺寸(以 mm 为单位)。

④用文字说明堆码后的层数。

⑤用文字说明此类商品所需托盘的个数。

⑥将托盘上的货物以浅灰色填涂。

⑦托盘码放时,货物包装物边缘不允许超出托盘边缘 20 mm。

(2)托盘信息:

每个托盘参考尺寸:L1 200 × W1 000 × H150。

每个托盘重量:20kg/个。

租用每个托盘价格为 10 元/个。

每组最多可租赁 6 个托盘。

(3)重型(托盘)货架规格:

配送中心内有 1 排重型货架,该货架有 4 列 3 层。

第 2 层、第 3 层中每个货位承重不超过 500 kg。

货位参考尺寸(尺寸均为内径尺寸):

第一层:L1 200 × W1 000 × H900(mm)。

第二层:L1 200 × W1 000 × H1 000(mm)。

第三层:L1 200 × W1 000 × H1 000(mm)。

根据 A、B、C 分类之后,确定出康佳水应放置在货架第一层;娃哈哈矿泉水应放置在货架第二层;五月花卷筒纸应放置在货架第三层。

(4)托盘货物码盘高度规定:

重型货架每个货位上的托盘,其存放的货物高度与上层货架距离不得小于 150 mm。

(5)托盘码放示意图如图 3-21 所示。

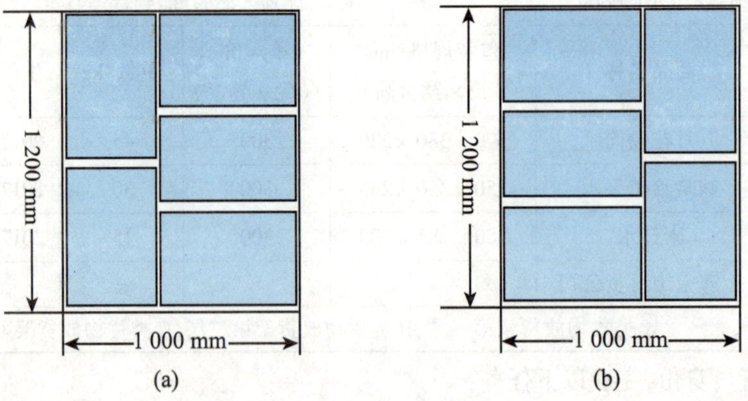

图 3-21 托盘码放示意图

(a)奇数层俯视图;(b)偶数层俯视图

(6)托盘使用情况样表见表3-14。

表3-14 托盘使用情况样表

序号	商品名称	入库/箱	托盘使用情况/个	备注
1				
2				
3				
总计	——	——		

任务三 物品的装卸搬运操作

【任务目标】

1. 熟练使用手动液压托盘搬运车进行搬运和准确定位操作。
2. 熟练使用手动液压堆高车或半自动堆高车进行装卸搬运操作。
3. 熟练使用平衡重式叉车进行装卸搬运操作。

【任务引入】

2017年5月14日上午,张涛和仓管员小马合作完成了客户苏州LH有限公司的最新一批货物的入库理货作业,放置在理货区等待入库上架。信息员小周已为这批货物分配好了储位,具体的储位分配情况见表3-15。根据储位分配单,吸尘器、电熨斗、蒸汽拖把分别要入到托盘货架区的B00101、B00102、B00103储位上。后续的工作就是要库工操作搬运设备将货物从理货区搬运到对应的储位,完成入库上架作业。不巧的是今天库工小贾生病请假,于是仓储主管小侯将这项重任交给了张涛。请以张涛的名义,完成这批货物的入库上架任务。具体子任务如下:

1. 子任务A——手动液压托盘搬运车操作任务

运用手动液压搬运车将这批货物从理货区搬运(平行移动)到货架的货物交接处。

2. 子任务B——半自动堆高车操作任务

运用半自动堆高车将这批货物从货架的货物交接处上架(上下移动)到目标储位上。

表3-15 储位分配表

储位分配表							
操作编码:0000000000156258							
作业单号		20170514006					
位置	货品编码	货品名称	批次	应放	实放	单位	备注
托盘货架区B00101	9487880767613	吸尘器	20170514	28	26	箱	

续表

储位分配表							
操作编码:000000000156258							
作业单号		20170514006					
位置	货品编码	货品名称	批次	应放	实放	单位	备注
托盘货架区 B00102	9487880767616	电熨斗	20170514	45	43	箱	
托盘货架区 B00103	9487880767617	蒸汽拖把	20170514	20	20	箱	

【知识链接】

一、装卸搬运的概念

装卸搬运是指对仓储物资在空间的垂直举放、水平移动的物理性活动。具体来说，装卸是指将物品装载到运输、搬运设备上，从运输、搬运设备上卸下，以及相应的拆码和堆码作业；搬运则是在同一场所内，对物品进行较短距离的水平移动。装卸搬运是仓储的基本作业环节，在仓储中占最大的劳动作业量。从货物进入仓库的查验、接收、检验、堆码，到出库时的整理、备料、清点、发运，以及涉及的流通加工无不伴随着装卸搬运作业。

装卸搬运作业不仅是繁重的工作，是仓储中最大劳动投入的项目，而且也是仓储物残损的高发环节。做好装卸和搬运作业，不仅有利于降低仓储成本，还能大幅度降低仓储风险。装卸搬运需要耗用较多的时间，也是影响仓储周转效率的重要因素。

二、搬运的方法

（一）人力搬运

人力搬运分为直接采用人力负重搬运和人力设备搬运。直接采用人力负重搬运只适用于堆码、拆码、上架、装拆箱、打码成组等作业，或者应急作业。人力负重能力小、人体容易受伤害、作业不稳定、计量不准、持续时间极短，因而效率低、容易产生差损，正常的作业安排不应依赖人力负重搬运作业。

人力设备搬运则是较为常见的方法，如手推车、人力拖车、手动提升机、手动液压托盘搬运车等。采用人力设备搬运注意控制搬运距离，不能进行长距离搬运；每次搬运负荷控制在适当的范围，如手推车不得超过 500 kg；搬运线路地面平坦，避免在坡度大的场地进行搬运。

（二）叉车搬运

叉车搬运是仓库近距离搬运的主要方法，直接利用叉车的水平移动能力进行搬运。叉车搬运分为直接对大型货物搬运和利用货板、托盘打码搬运。由于叉车具有提升能力，所以能直接进行装卸、搬运、堆垛、上架作业。叉车自重量小，作业较不稳定，容易发生货物滑落，尤其是在地面不平坦的转弯处作业时，更不稳定。

（三）拖车搬运

其是指利用机动拖车和平板车相结合的搬运，一般适用于较远距离、地面不平坦的场地搬运。拖车搬运量较大,可适用于任何货物,包括集装箱的搬运。但拖车搬运需要装卸车作业,只有在两端直接装卸作业时才有效率。

(四)输送带搬运

其是指利用输送带将货物从装卸场传输到仓库的搬运方法,可以实现不间断搬运,是效率较高的搬运方式,且搬运质量最佳。现今的散装货物库场搬运基本上都使用输送带搬运。输送带是自动化仓库的最重要的设备。由于输送带固定安装,只能在特定场合使用。输送带的一次载货量较小,不适合重大件货物搬运。

基本搬运设备见图3-22。

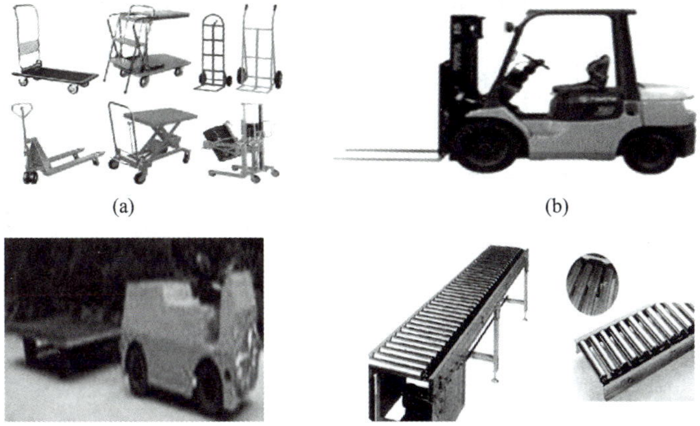

(a)　(b)　(c)　(d)

图3-22　基本搬运设备

(a)人力搬运;(b)叉车搬运;(c)拖车搬运;(d)输送带搬运

三、装卸搬运作业的合理化措施

装卸搬运合理化是装卸搬运工作的基本原则。装卸搬运合理化表现在以下几个方面。

(一)消除无效装卸搬运

应提高装卸搬运的纯度,只装卸搬运必要的物品,如减少倒搬次数。装卸搬运作业次数增多不仅浪费人力、物力,还增加物品损坏的可能性;避免过度包装,筛去杂质,减少无效负荷;提高设备的装载效率等。

(二)提高装卸搬运活性

装卸搬运的活性是指将物品进行装卸搬运的难易程度,用装卸搬运活性指数0、1、2、3、4来表示。物品散乱地堆放在地面上的状态,活性指数用0来表示;物品被捆扎、装箱、装袋、包装后的状态,活性指数用1来表示;包装后并垫高存放的物品状态,活性指数用2来表示;包装物品被挂在起重设备的吊钩上或摆放在运输工具上的状态,活性指数用3来表示;物品正处于装卸搬运的状态,活性指数用4来表示(图3-23)。包装后并垫高存放的物品(如堆放在托盘上),较散放于地面上的物品易于装卸搬运。因此,在堆放物品时,事先要考虑到物品装卸作业的方便性。

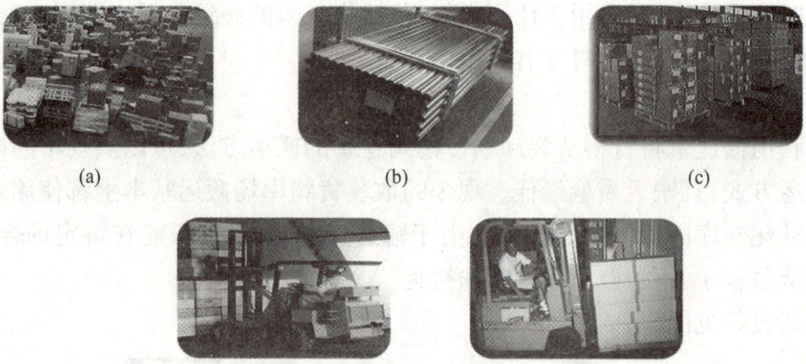

图 3-23　物品装卸搬运活性

(a)0 级;(b)1 级;(c)2 级;(d)3 级;(e)4 级

(三)利用重力的作用

应减少人体的上下搬运活动,设法利用重力的作用移动物品,如使物品在倾斜的辊道运输机、跳板上,在重力的作用下移动。

(四)合理利用机械

为了减轻劳动强度,提高生产率,提高作业的安全性、服务性和适应性,应合理利用机械设备完成各种装卸搬运活动。

(五)集装单元化原则

将零散的物品归整为统一格式的集装单元,称为集装单元化。其优点是由于搬运单位变大,可提高机械作业效率;搬运方便、灵活性好;负载的大小均衡,有利于实行作业标准化,还可避免物品的损伤。

(六)保持物流的均衡顺畅

物品处理量波动大,会增加装卸搬运作业组织的难度。因为装卸搬运活动是支持、保障性活动,所以必须妥善安排,尽量避免出现忙闲不均的现象。

(七)提高综合效果

在物流过程中,运输、仓储、包装、装卸搬运等各环节的改善,必须考虑综合效果,不能只考虑单方面的利益。

【任务实施】

1. 子任务 A——手动液压托盘搬运车操作任务的实施

(1)工具准备。

手动液压托盘搬运车 2 台、托盘若干、纸箱若干。

(2)完成步骤。

①指导老师介绍手动液压托盘搬运车的工作原理,手动液压托盘搬运车是搬运作业工具中最简便、最有效、最常见的人力装卸搬运工具。

②指导老师示范操作一遍。

③学生分组开始训练,教师作点评。

a. 检查舵柄。舵柄的作用是控制液压系统的启动。开启舵柄后,液压系统可以产生压力;释放舵柄后,液压系统的压力也随之消失。检查舵柄是否已经放下。

b. 检查完毕后，提起舵柄，使货叉下降，便于叉取托盘。提起舵柄的方法如图 3－24 所示。

图 3－24　提起舵柄的方法

c. 将货叉推入托盘槽内。货叉推入托盘槽内时，手柄应与地面或货叉保持垂直。同时，手臂伸直，两手同时抓住手柄的两端。具体如图 3－25 所示。

图 3－25　将液压托盘车货叉推入托盘槽内

d. 启动液压设备。货叉插入托盘槽后，上下摇动手柄，启动液压系统，使货叉上升，上升到离地面无摩擦的距离后即可移动。具体如图 3－26 所示。

图 3－26　启动液压设备

e. 移动货物。移动货物的时候，为了使用方便和视线不被货物挡住，应用手拉着叉车，而不是推。运送到位后，提起舵柄，使货叉下降。具体操作如图 3－27 所示。

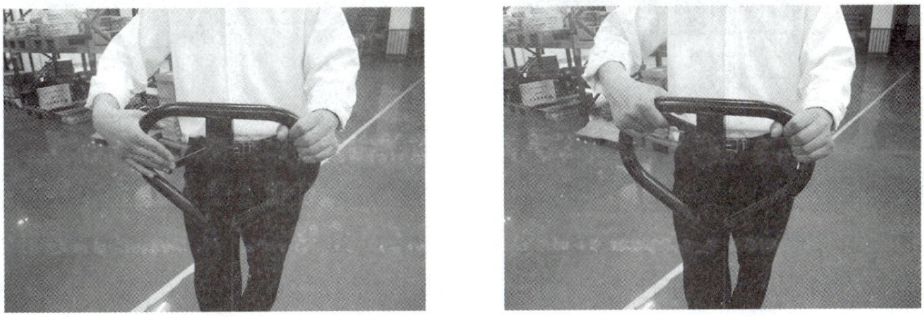

图 3－27　移动货物示意图

f. 将货物放到目标位置。将货物搬运到进货暂存区的目标位置，等待验收。

(3)考评标准。

检查标准	考评标准	分值	实际得分
手动液压托盘搬运车操作	操作程序正确	40	
	搬运操作时间符合要求	30	
	搬运操作完成质量好	30	
合计		100	

2. 子任务 B——半自动堆高车操作任务的实施

(1)工具准备。

手动液压堆高车或半自动堆高车 2 台、托盘若干、纸箱若干。

(2)完成步骤。

①指导老师介绍手动液压堆高车原理。

②指导老师示范操作手动液压堆高车。

③学生分组开始训练，教师作点评。

a. 检查设备是否安全、原件是否有损坏。

b. 手抓扶手，推叉车到目标货位的对应位置上(图 3－28)。

c. 检查阀门是否向右拧紧，拧紧后才能向上运动(图 3－29)。

图 3－28 推叉车到目标货位的对应位置上

图 3－29 检查阀门是否向右拧紧

d. 脚踩踏板，抬高货叉到目标位置，再将货叉插入目标托盘里(图 3－30)。

e. 脚踩踏板，抬高货叉使托盘距离货架下梁 5～10 cm 左右(注意：托盘上的货物不要与货架上梁接触)，见图 3－31。

图 3－30 将货叉插入托盘的操作示范

图 3－31 将托盘推入货位的操作示范

f. 托盘离开货架。阀门左拧松开，货叉缓缓落下离地面 20～30 cm 左右(图 3－32)。

g. 移动叉车到目的地，阀门左拧松开，货叉缓缓落地。

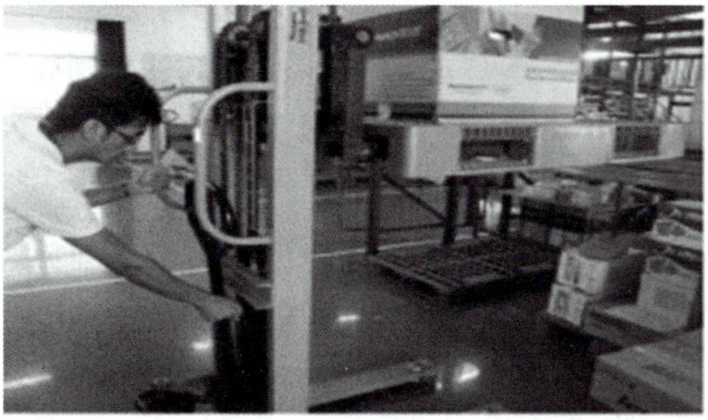

图 3－32 上架完成后的设备操作示范

(3)检查标准。

检查标准	考评标准	分值	实际得分
半自动堆高车操作	操作程序正确	40	
	搬运操作时间符合要求	30	
	搬运操作完成质量好	30	
合计		100	

【拓展任务】

进入学院练习区(20 m×20 m 的操场或空地一块),独立进行平衡重式叉车起步、直线行驶能力、“8”桩能力及“工”字桩能力操作。叉车练习区平面图如图 3－33 所示。

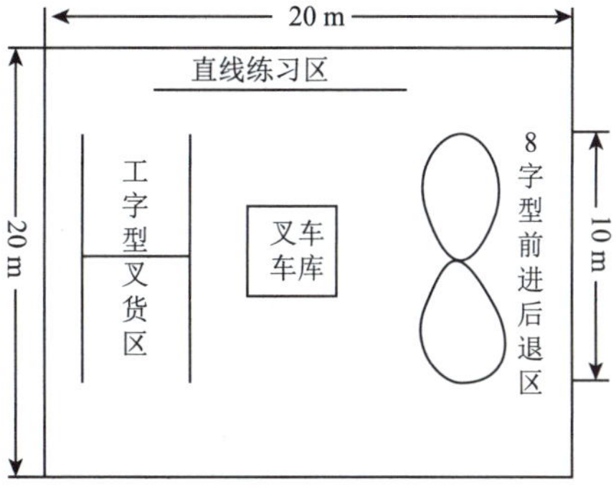

图 3－33 叉车练习平面图

建议任务实施步骤:

(1)工具准备。

1.5 吨电动叉车或柴油叉车 1 辆、托盘若干、纸箱若干。

(2)完成步骤。

①指导老师介绍电动叉车的工作原理、驾驶员基本要求、安全行车规范和叉车维护保养。

②指导老师示范操作一遍:检查车辆、起步、行驶、装卸。

③学生实际操作,在教师“一对一”的指导下,学生按照电动叉车操作规范进行叉车操作

训练。

a. 在操场的一侧用黄漆画一条15 m长的直线；在操场的中间用黄漆画一个车库桩位代表叉车车库，在距离车库桩位5 m远处画一条长10 m的“8”字路线；在操场的另一侧用黄漆画一个上横为10 m、中间一竖为7 m、下横为10 m的“工”字路线叉货桩位。

b. 在操场一侧用黄漆画的直线处练习叉车起步，然后再练习直线行驶，熟练后再将起步和直线行走连贯起来，在3分钟的时间里一次性完成15 m的行驶里程。

c. 在操场中间用黄漆画的车库桩位练习出入车库，然后练习前进“8”字和后退“8”字，练习熟练后，从车库桩位处出发，在5分钟内完成“8”字进退，然后回到车库桩位处。

d. 在操场另一侧用黄漆画的“工”字路线叉货桩位处分别练习叉货、搬货过桩，待练习熟练后，在5分钟内完成叉货、搬货过桩两个动作。

(3)检查标准。

检查标准	考评标准	分值	实际得分
平衡重式叉车操作	起步、直线行驶时转向盘、离合器踏板、制动踏板操作熟练，方法正确，行走线路直，在规定的时间内完成	20	
	“8”桩操作按规定线路行驶，车胎不压线，在规定的时间内完成	35	
	“工”字桩能力操作按规定线路行驶，车胎不压线，在规定的时间内完成	45	
合计		100	

项目四

在库作业管理

【能力目标】

1. 具有对货位和商品进行编码的能力。
2. 具有依据商品保管要求制定商品保管方案的能力。
3. 具有使用消防器材的操作能力。
4. 具有独立或与他人合作完成盘点作业的能力。
5. 具有运用库存管理法进行库存控制的能力。

【知识目标】

1. 了解商品储存规划中分区分类的意义及方法。
2. 掌握商品保管要求及养护条件。
3. 掌握盘点作业的程序及方法。
4. 掌握 ABC 库存管理法的步骤和管理措施。
5. 掌握定量订货法和定期订货法的基本原理和决策思路。

【案例导入】

2017 年 6 月 1 日下午下班前,仓储部王经理领着张涛来到 2 号仓库主管小侯旁边,小侯此时像往常一样,正在对 2 号仓库的各项在库业务进行依次检查(包括储位编码检查、储存条件检查、仓库安全检查、盘点异常问题检查等)。王经理告知小侯按照计划张涛本月被安排到在库管理组工作,让小侯对张涛好好进行业务培训。小侯停下手边的工作,欣然接受任务,并立刻对张涛进行现场培训。他告知张涛库内管理就是商品入库后直到出库前这段时间内对商品进行的管理,是对储位规划、商品保养、货位盘点以及库存控制等业务的协调和组织,他希望张涛在一个月内力争熟悉在库管理的相关业务。最后,小侯要求张涛一个月后要回答以下四个问题:

(1)2 号仓库储位编码方法是怎样的? 2 号仓库货品编码方法有哪些?

(2)2 号仓库货物储存要求有哪些? 2 号安全检查内容是什么?

(3)2 号仓库盘点的流程是怎样的? 盘点出现异常问题,将如何处理?

(4)2 号仓库库存控制方法有哪些? 这些方法的适用条件是怎样的?

【案例思考】

为了提高学生在库保管能力,需要培养学生分区分类、货物编码、盘点操作和库存控制的能力。为此,本项目围绕此案例对应设计了四个任务,其中第一个任务设置了两个分任务，第二个任务设置了两个分任务，第四个任务设置了三个分任务。

(1)商品货位选择。

①仓储货位编号操作。

②商品编号操作。

(2)商品的保管养护。

①商品的保管方案制定。

②制定 A 公司仓储物品的安全管理制度。

(3)库内盘点操作。

(4)库存控制。

①ABC 库存管理策略制定。

②定量订货法库存控制策略制定。

③定期订货法库存控制策略制定。

任务一　商品货位选择

为了使学生能顺利做好储位管理工作，需要学生了解货位编码和商品编码的方法以及适用条件，并且具备运用这些方法进行实际编码的技能。为此，本任务中设计了两个分任务。

分任务一　储位分配操作

【任务目标】

使学生具备仓库编号和货位编号的基本操作能力。

【任务引入】

为了扩大公司的发展规模，苏州 JX 储运有限公司加盖一间仓库用于储存客户的商品，这个仓库是公司建造的第 5 个仓库，故称为 5 号仓库。新仓库的规划重任落到了规划科小李的身上，小李代表公司于 2017 年 6 月 1 日购置了货架 4 组和标准托盘（长为 1 000 mm、宽为 1 200 mm、高为 160 mm）若干，其中每组货架有两层承重梁，每层有两个货位。2017 年 7 月 1 日，公司客服小安收到了客户大润发集团苏州分公司发来的传真，称 7 月 2 日上午将有一批货送到公司的 5 号仓库（入库货物明细见表 4 - 1）。小安需要根据入库传真内容提前在仓储管理系统中分配好储位，这样才能进行后续的入库订单录入、入库验收、入库理货、入库上架等作业。小安该如何完成这批货物的储位分配呢？请大家以小安的名义完成这项任务。任务具体分解为以下两项工作：

(1)利用四位地址法对货架进行储位编码，并使用 Office 办公软件绘制出货架储位编码示意图，要求将编码标注在货架上。

(2)将入库商品进行储位分配，并使用 Office 办公软件绘制出货架储位分配示意图。

表 4－1　入库货物明细表

序号	商品名称	包装规格/mm （长×宽×高）	单价/(元·箱$^{-1}$)	重量/kg	入库数量/箱
1	大王牌大豆酶粉	495×395×320	420	35	36
2	蜂圣牌干粉片	395×295×275	260	16	30
3	诚诚油炸花生	395×245×265	180	30	24

说明：

（1）要求将托盘堆码放置在合理的储位上，并标注出该种货品的名称。

（2）根据 A、B、C 分类之后，确定出大王牌大豆酶粉应放置在货架第一层；蜂圣牌干粉片应放置在货架第二层；诚诚油炸花生应放置在货架第三层。

【知识链接】

物品经过验收入库后，便进入物品的在库作业管理阶段。它是仓储作业管理的核心环节，也是物品出库作业的基础。物品的在库作业管理主要指对在库物品进行合理的保存和经济的管理。其具体内容包括：货位合理安排；货位编号；物品的保管、盘点和库存管理等。通过物品的在库科学管理，不仅能保持物品原有使用价值和价值，还可以增加物品的使用价值和价值，保证后续作业畅通。

一、物品分区分类

仓库分区分类保管是仓库对储存商品进行科学管理的一种方法。仓库分区是根据仓库的建筑、设备等条件，将库房、货架、垛场划分为若干保管商品的区域，以适应商品储存的需要。商品分类是按商品大类、性质和它的连带性划分若干类，分类集中存放，以便收发货和保管业务的进行。

仓储商品实行分区分类，要以安全、优质、挖潜、多储、低耗为原则，在“三一致”（商品性能一致、养护一致、消防一致）的前提下进行管理。综合考虑，仓储的分区分类目前有五种方式。

（一）按照商品种类和性质来分区分类

这是仓库普遍采用的分区分类方法。此方法有两种方式，一是按照业务部门商品经营的分类，来进行仓库储存商品的分区分类。例如某企业经营有冰箱、洗衣机、空调、彩电等产品。考虑到他们的商品保管条件是一致的，再结合各部门经营产品所需的仓容、周转期、收发所需的设备条件，就可以对该仓库进行分区。该仓库共四层，每层面积为 2 000 平方米，一层是收发区及临时存放区；二层存放冰箱、洗衣机；三层存放空调；四层存放彩电。另外一种是按照商品的自然属性来划分，例如将怕热、怕潮、怕光、怕通风等多种不同性质的商品集中起来，安排在合适的储存场所。

（二）按照商品发往地区来分区分类

此方法主要适用于中转流通型仓库或待运仓库。具体做法是先按照交通工具划分公路、铁路、航空、水路等，然后按照到达站、港的路线划分。这种分区分类方法，虽然不区分商品种类，但应注意，对于危险品、相互影响以及运价不同的商品应分别堆放。如某企业是经营干线快运的物流公司，旗下在福州有一间仓库作为中转货物用。它的仓库分区就是按照客户发往地区及所经过的路线来设置仓库分区，将仓库划分成 18 个出货区间，比如 1 号去厦门，从福州到厦门沿途及延伸线的客户（莆田、泉州、漳州）的货都临时存放在 1 号库区，等待货车装载后送出；2 号去上海，3 号去北京，4 号去武汉，5 号去西安……

（三）按照商品危险性质来分区分类

此方法主要适用于化学危险品仓库。根据危险品本身的易燃、易爆、有毒等性质，以及不同的灭火方法等情况来分区分类储存保管。

（四）按照不同客户储存的商品来分区分类

这种方法比较适用于在仓库客户数量较少，且储存商品比较单一的情况下按照不同客户储存商品来划分仓储区。

（五）按照方便作业和安全作业来分区分类

从商品周转率的角度考虑，将周转率高的商品放置在离通道较近的区域，方便进出货作业；将周转率低的商品放置在离通道较远的区域。从商品安全性的角度考虑，将需要安全保卫级别高的商品如贵重物品放置在封闭的安全性能高的区域。

此外仓库分区分类还要及时摸清商品出库规律，及时调整货区和货位；做好日常统计空仓和商品进出中货位平衡工作，腾出空仓，备足仓位；通常在仓库划分区域时，要预留一定面积作为机动保管区。机动货区一般按照库房堆货面积的大小，留出 5% ~10% 的储区。

二、货位编号

货位编号是商品保管业务不可缺少的管理措施之一。它在商品分区分类储存的基础上，将库房、料棚、货场、货架、货垛按地点、通道等位置顺序统一编列号码，并做出明显标志（图 4－1、图 4－2、图 4－3、图 4－4）。

图 4－1　仓库编号

图 4－2　库房内货位编号

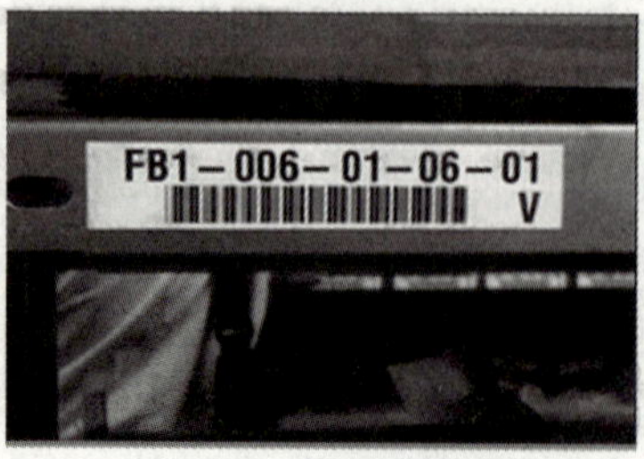

图 4－3　库房内货架编号

图 4－4　货场内货位编号

(一)仓库编号

1. 货场编号

货场编号有两种方法,一是以进入仓库正门的方向,左面单号、右面双号的顺序排列,如图4-5所示;二是进入仓库正门的方向按货场远近,自左而右的顺序排列,如图4-6所示。

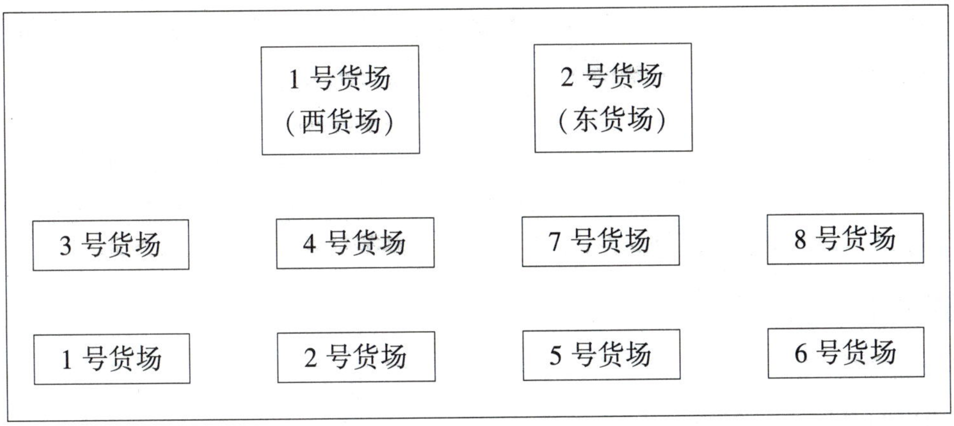

图4-5 左单右双的编号方法

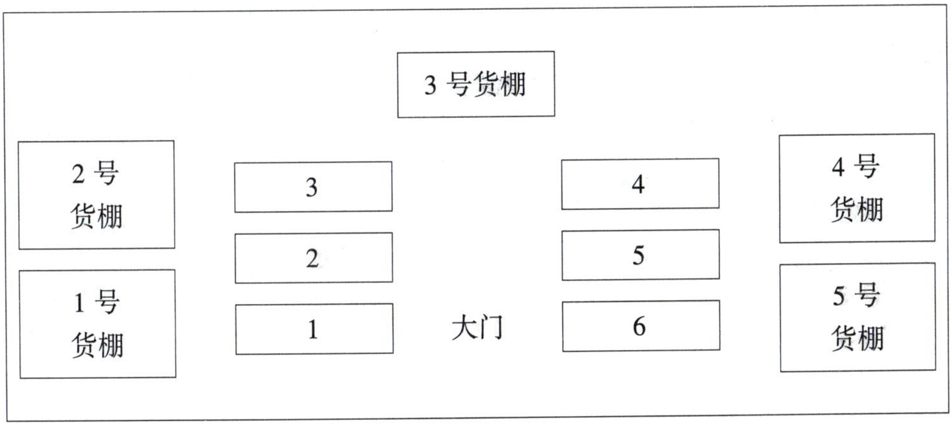

图4-6 自左而右的编号方法

2. 货棚、库房编号

货棚、库房编号的方法与货场编号基本相同。

3. 多层库房的楼层、仓间编号

对多层库房的编号,必须区别库房的楼层。在同一楼层有两间以上仓间时,楼层仓间的编号,一般以正楼梯上楼的方向,采取左单右双或自左而右的编号方法,多采用三位编号法。

现假定1号库房是多层库房,有单梯平列仓间、多梯排列仓间等不同构造的类型,那么,其楼层、仓间的编号方法分别可为:一号库房是四个楼层,正楼梯的左右各有两间平列仓间,正楼梯向上,四层楼左面仓间编号为141和143,右面仓间编号为142和144。同时标明:个位数指仓间编号,十位数指楼层编号。如142编号表示1号库房4层楼2号仓间;111编号表示1号库房底层1号仓间。

(二)货位编号

1. 库房内货位编号

根据库内业务情况,按照库内主干支干道分布,划分为若干货位,按顺序以各种简明符号与数字,来编制货区、货位的号码,并标于明显位置。

2. 货架上货位编号

在收发零星物品及进行拼装作业的仓库,往往在一个仓库有许多货架,每个货架有许多格,作为存货的货位。可先按一个仓库内的货架进行编号,然后再对每个货架的货位按层、位进行编号。通常采用的是“四位定号”,即第一位表示库序号;第二位表示货架号;第三位表示货架层号;第四位表示货位号;顺序应从上到下、从左到右、从里到外。

3. 货场货位编号

货场货位编号常见的方法有两种:一种是在整个货场内先安排编号,然后再按各排货位顺序编上货位号;另一种是不分排号,直接按货位顺序编号。对于集装箱堆场,应对每个箱位进行编号,并画出箱门和四角位置标记。

【任务实施】

1. 完成步骤

(1)将学生分成5~6组,每组5~6人。

(2)各组进行讨论,绘制货架储位示意图。按照如下步骤绘制:

①根据给出的货架信息,绘制货架示意图。

②利用四位地址法,对货架进行储位编码,并标注在货架上。

(3)各组进行讨论,在上图基础上进一步绘制货架储位分配示意图。按照如下步骤绘制:

①分析计算出这批货物需要的托盘数量,从而确定需占用的储位数量。

②绘制托盘堆码主视图。

③根据储位分配原则,将4个货架分类,确定出不同货架主要放置的货品种类。

④将已绘制完成的托盘堆码主视图放置在合理的储位上,并在货物上方或中间标注出该种货品的名称。

(4)小组派代表上台汇报,介绍绘制思路和方法,教师点评。

提示:绘制货架样例如图4-7所示。

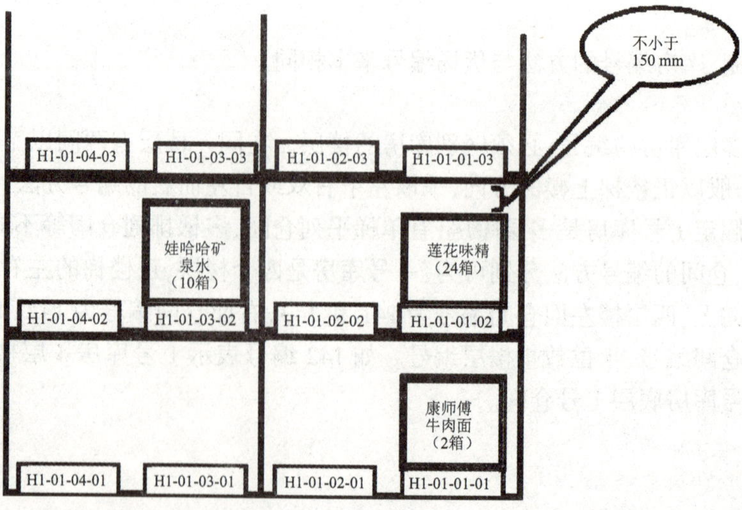

图4-7 货架储位分配示意图

2. 检查标准

检查标准	考评标准	分值	实际得分
仓储货位编号操作	绘制的货架储位编码示意图规范、合理	50	
	绘制的货架储位分配示意图规范、合理	50	
合计		100	

【拓展任务】

本地仓储中心拥有平房仓库 2 大间，露天货场 2 个，简易货棚 2 个，4 层楼房仓库 1 栋，每层 10 个仓间，其中货棚、货场主要用于堆存货物，平房仓库和楼房仓库里面均放置货架，主要提供装潢建筑材料和日用百货的存储服务。试结合该公司储存商品的特点为该公司的仓库、地面货位和货架货位进行编号，并画出草图。

要求：为货场、货棚、库房编号时，可在平面图上直接画出标号，其中楼房仓库要另外画出仓库主视图，再在主视图上标出仓间编号。仓储中心平面图见图 4－8。

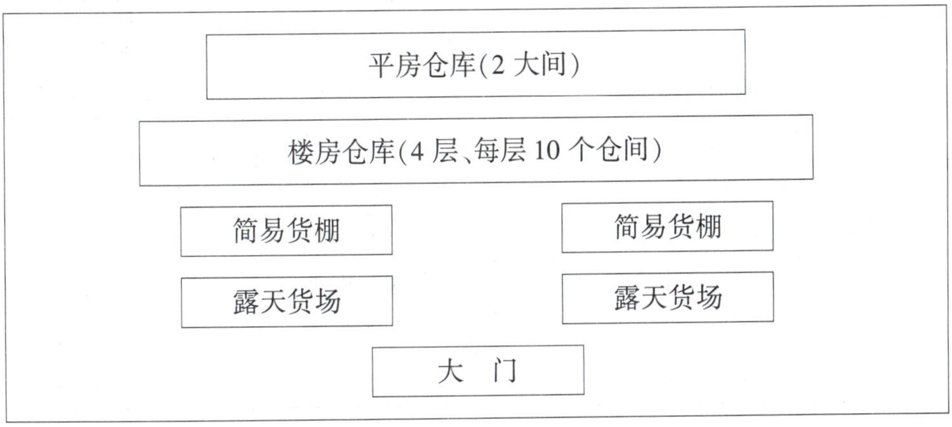

图 4－8　仓储中心平面图

分任务二　商品编号操作

【任务目标】

培养、提高学生商品编号的技巧。

【任务引入】

2017 年 6 月 5 日苏州 JX 储运有限公司 2 号仓库接收了苏州 LH 有限公司的一批商品，具体品种如表 4－2 所示。苏州 JX 储运有限公司每天储存客户的货品种类达上千种，为了有效管理，公司准备为每种商品编制一个代号。因为张涛这个月从入库管理组转到了在库管理组，于是 2 号仓库主管小侯将这项工作交给了张涛。那么张涛将如何对这批货品进行编号呢？请以张涛的名义，分别用流水号法、数字分段法、分组编号法、实际意义法、后数位编号法和暗示编号法等六种方法对该批商品进行编号。

表 4-2　某物流中心订购商品一览表

序号	商品名称	规格	包装
1	统一葱爆牛肉面	150 克/碗	10 碗/箱
2	康师傅红烧牛肉面	150 克/碗	10 碗/箱
3	康师傅红烧牛肉干拌面	150 克/碗	10 碗/箱
4	福满多浓香牛肉面	150 克/碗	10 碗/箱
5	农心泡椒牛肉面	150 克/碗	10 碗/箱
6	农心香菇牛肉面	150 克/碗	10 碗/箱
7	狮王牙膏	100 克/支	100 支/箱
8	高露洁牙膏(酸性)	150 克/支	80 支/箱
9	高露洁牙膏(碱性)	150 克/支	80 支/箱
10	佳洁士牙膏	120 克/支	90 支/箱
11	中华牙膏	120 克/支	90 支/箱
12	黑人牙膏	70 克/支	110 支/箱
13	黑妹牙膏	90 克/支	100 支/箱
14	安利牙膏	100 克/支	100 支/箱
15	洁银牙膏(水果香型)	80 克/支	120 支/箱
16	洁银牙膏(留兰香型)	80 克/支	120 支/箱
17	可口可乐	1.5 升/瓶	8 瓶/箱
18	百事可乐	1.5 升/瓶	8 瓶/箱
19	七喜饮料	1.5 升/瓶	8 瓶/箱

【知识链接】

为了保证仓储作业准确而迅速地进行,必须对商品进行清楚有效的编码,这是极其重要的。只有每种商品都有地址和姓名,商品存取才能迅速而准确,并可通过计算机进行高效和标准化的管理。

一、商品编号

所谓货品编号(Symbolizationor Stocknumber),就是将货品按其分类内容,加以有次序的编排,用简明的文字、符号或数字,代替货品的名称、类别及其他有关资料的一种方式。仓储物流中心在进货后,商品本身大部分皆已有商品号码及条形码,但有时为了物流管理及存货控制,配合自己的物流作业信息系统,要为商品编一个货品代号及物流条形码,以方便储位管理系统运作,并能掌握货品的动向。

（一）商品编号的作用

（1）提高商品资料的准确性。商品编号使商品的领用、发放、盘点、储存、保管、账目等一切管理事务性的工作均有编号可查，商品管理有序，准确率高。

（2）提高商品管理的效率。用编号代替文字记录，简单省事，提高效率，更有利于计算机系统的管理，方便进行处理、检索、分析、查询。

（3）降低商品库存，降低成本。商品编号有利于商品库存的控制，有利于防止呆滞废料，并提高商品活动的工作效率，减少资金积压，降低成本。

（4）防止各种商品舞弊事件的发生。商品编号有利于商品收支两条线管理，对商品进出容易跟踪，商品记录也非常准确。商品储存保管有序，可以减少或防止商品舞弊事件的发生。

（二）商品编号的原则

（1）简单性。商品编号的目的就是化繁为简，所以，商品编号使用各种文字、符号、字母、数字时应尽量简单明了，便于记忆、查询、阅读、抄写等，并减少错误概率。

（2）完整性。商品编号时，所有的商品都要有对应的编号，这样编号才完整。

（3）对应性。一个编号只对应一项商品，商品编号具备单一性，一一对应。

（4）规律、易记性。应选择有规律、易记忆的方法，有暗示和联想作用，便于记忆。

（5）可拓展性。商品编号要考虑未来新产品、新材料发展扩充的情况，要留有一定的余地，使新材料也有对应的唯一编号。

（6）分类延展性。对于复杂的商品编号系统，进行大分类后，还要进行细分类。在对各分类编号时，应注意字母或数字的可延展性。

（7）计算机的易处理性。编号应便于计算机查询、输入和检索。

二、货物编号方法

货物编号大致可分为下列六种方法。

（一）流水号编号法

流水号编号法是最简单的编号法，从 1 开始按数字顺序一直往下编，属于延展式方法。但要配合编号索引，否则无法直接了解编号意义。例如，以 1 代表原料类；以 2 代表五金类；以 3 代表电子类；以 4 代表包装材料类等。

（二）数字分段法

把数字分段，每一段代表一类货物的共同特性，如表 4－3 所示。

表 4－3　货物数字分段列表

类别	塑胶类	五金类	电子类	包材类	化工类	其他类
分配号码	01—15	16—30	31—45	46—60	61—75	76—90

（三）分组编号法

此编号法依货物的特性分成多个数字组，每一数字组代表此项货物的一种特性，例如第一数字组代表货物的类别，第二数字组代表货物的形状，第三数字组代表货物的供应商，第四数字组代表货物的尺寸，至于每一个数字组的位数为多少视实际需要而定。此方法至今仍普遍使用，如表4－4所示。

表4－4 货物分组编号列表

货物	类别	形状	供应商	尺寸	意义
编号 075006110	07				饮料
		5			圆筒
			006		统一
				110	4×9×15

（四）按实际意义编号法

在编号时，用部分或全部编号代表货物的重量、尺寸、距离、产能或其他特性。此方法有一特点：根据编号即能了解货物的内容，如表4－5所示。

表4－5 货物实际意义编号列表

编号	货物名称
FO4915 B1	FO 表示 Food，食品类
	4915 表示 4×9×15，尺寸大小
	B 表示 B 区，货品所在储区
	1 表示第一排料架

（五）后数位编号法

用编号最后的数字，对同类货物做进一步的细分，也就是从数字的层级关系来看出货物的归属类别，如表4－6所示。

表4－6 货物后数位编号列表

编号	货品	编号	货品
520	饮料	531.1	箱装休闲食品
530	食品	531.11	洋芋片
531	休闲食品	531.12	鱿鱼丝

（六）暗示编号法

用数字与文字的组合来编号，编号本身暗示货物的内容，这种方法的优点是容易记忆，但又不易让外人了解。例如，编号BY005WB10，如表4－7所示。

表4－7 货物暗示编号表

货物名称	尺寸	颜色与型式	供应商
BY	005	WB	10

注：BY—脚踏车（bicycle）；005—大小型号5号；W—白色（white）；B—小孩型（boy's）；10—供应商号码

【任务实施】

1. 完成步骤

(1)指导老师讲解六种编号方法的操作要领及各种方法的优缺点。

(2)教师布置编号任务。要求每组学生对商品采用六种方法编号,将结果填写在 A4 纸上,并备注编号方法。

(3)将学生分成 5 ~6 组,每组 7 ~8 人。

(4)学生对上述商品进行编号。

(5)选取各组代表汇报编号结果,在此基础上教师进行点评。

2. 检查标准

检查标准	考评标准	分值	实际得分
储位分配操作	流水号法编号正确	15	
	数字分段法编号正确	15	
	分组编号法编号正确	15	
	按实际意义法编号正确	15	
	后数位编号法编号正确	15	
	暗示编号法编号正确	15	
	编号图整洁、明了	10	
合计		100	

任务二 物品的在库保管

为了提高学生商品保管养护的能力,需要学生了解不同特性物品适宜的储存条件和安全管理要求,具有提出科学、有效的保管方案和安全管理方案的能力,同时会熟练操作仓库里的消防设施设备。为此,本任务中设计了两个分任务。

分任务一 商品的保管方案制定

【任务目标】

能根据不同性质的商品制定合理的商品保管方案。

【任务引入】

2017 年 6 月 10 日,苏州 JX 储运有限公司与苏州 LH 超市有限公司签订了为期 2 年的家电仓储配送合同。合同里约定的相关仓储条件如表 4 – 8 所示。公司规定,针对大客户货品,需要首先制定货物日常保管养护方案,再根据方案严格进行商品保管养护。因为苏州 LH 超市有限公司是大客户,所以,6 月 12 日仓储部王经理将这个方案制定任务委派给了 2 号仓库主管小侯。张涛作为小侯的助手也被要求参与这项工作。那么,小侯将如何制定这个商品保管养护方案呢？请大家以小侯的名义根据合同约定条件，为苏州 LH 超市有限公司设计一个储存保管方案。

表 4－8 仓储合同中约定的仓储相关条件

相关条件	可供选择
商品规格要求	外观尺寸、堆码层数要求、地坪承载能力
仓库自然状况	平仓、楼仓、立仓
堆码方式	地面直接堆码、货架
装卸搬运方式	托盘、单件
装卸搬运设备	手工、叉车、堆高机

【知识链接】

商品的养护是指对商品进行保养和维护工作。商品养护是防止储存商品质量变化的重要措施，是仓储保管中一项经常性的工作。

一、商品在库保管的基本任务

商品在养护过程中应遵循“以防为主、以治为辅、防治结合”的储存养护原则。要做到早防、早治，将防与治渗透到整个商品储存养护过程中。因此，需要运用科学合理的技术，不断实践，找到符合规律的、行之有效的养护措施，搞好商品储存养护工作。

（一）把好入库验收关

物品入库前可能会出现受潮、沾污、锈蚀、生霉、损坏等现象。所以，只有在验收时严格把关，及时发现问题，进行维护保养，才能避免造成不必要的损失。

（二）安排适当的保管场所

由于各种物品的性能有别，对其所需的储存场所和条件就有不同的要求，安排不当就会使物品受损变质，甚至报废。所以，必须根据物品本身的性能特点选择存放场所。

（三）妥善的码垛、苫垫、密封

码垛要根据商品的形状、重量及其耐压程度，选择不同的方法码垛，以防损坏。物品码垛前要垫垛，以保证通风和防潮。露天存放的物品，还要进行苫垫。有些物品吸湿性强、精密度高，存放时还要逐件、逐垛、逐架或整库密封，保证物品不受潮、不变形和不变质。

（四）加强物品的维护保养

要根据物品的性能、特点进行日常的维护保养工作，防止和消除各种因素对物品的侵害。具体任务包括：控制好仓库的温湿度；防止仓储商品霉腐；金属物品防锈、除锈；防止仓库虫害；在库货物安全管理；搞好仓库清洁卫生。

（五）加强日常检查

要贯彻“以防为主、防治结合”的原则，加强对储存物品的经常性检查，真正做到防患于未然。检查中及时发现问题，掌握物品的变化情况，及时采取有效措施。

（六）异常问题处理

在检查时如果发现问题，要彻底调查清楚，分析原因，并根据产生异状的原因及时采取措施，进行防治和处理。凡属于储存条件和保管措施上的问题，应主动改善储存条件；凡属商品生产工厂方面的问题，应联系委托单位，协商处理，积极配合解决；如有因仓库保管不善而引起的问题，应承担相应的责任。

（七）出库复查

仓库对所有库存商品，特别是一些储存期较长、数量较大的商品，在库时不可能翻堆、倒垛，件件检查，出库时就可以查看垛内、垛底的包装及商品有无异状，以便及时采取措施。

二、商品的养护措施

为了防止商品的质量发生变化，就需要在了解商品物理性质、化学性质和生化性质的基础上，在温湿度控制、防腐防霉、防虫鼠害、防锈等方面，确定科学合理的养护措施。

（一）温湿度控制

1. 温度、湿度

（1）空气温度。

空气温度是指空气的冷热程度，又叫气温。库房内的温度叫库温，储存物品的温度叫垛温。气温对库温有直接影响。温度的表示方法主要有两种：一是摄氏温度，以“℃”表示；二是华氏温度，以“F”表示。

（2）空气湿度。

空气湿度是指空气中水蒸气含量的多少。常以绝对湿度、饱和湿度和相对湿度来表示。

① 绝对湿度。

绝对湿度是指单位体积空气中，实际所含水蒸气的重量，即每立方米的空气中所含的水汽量。空气中的水蒸气含量愈多，密度就愈大，蒸气压亦愈大。

②饱和湿度。

饱和湿度是指在一定气压、气温的条件下，单位体积空气中所含有的最大水蒸气重量。空气中水蒸气超过饱和湿度时，剩余的水蒸气凝成水珠附在冷的物体上，这种现象称为“水凇”，其对物品的储存是很不利的。

③相对湿度。

相对湿度是指空气中实际含有水蒸气量与当时温度下饱和水蒸气量的百分比。它表示在一定温度下，空气中的水蒸气距离该温度时的饱和水蒸气量的程度。相对湿度愈大，说明空气越潮湿，反之则越干燥。因此，湿度是表示空气的干湿程度。在仓库温湿度管理中，检查库房的湿度大小，主要是观测相对湿度的大小。

绝对湿度、饱和湿度和相对湿度三者的关系，可用下式表示：

$$相对湿度 = (绝对湿度/饱和湿度) \times 100\%$$

当含有水蒸气的热空气进入库房，遇到冷的物体（如金屑、地面等），冷物体周围的湿空气温度降到零点，则空气中的水蒸气就会凝结在冷物体表面，俗称商品“出汗”。引起金属生锈的相对湿度的范围，称为金属生锈的临界湿度。铁的临界湿度为65%～70%，钢的临界湿度为70%～80%。因此，不管采用什么防潮措施，都应使库房内的相对湿度降到金属的临界湿度以下。

2. 温湿度的控制方法

商品在储存养护过程中，仓库中的温湿度影响是很大的。因此，在养护过程中，要根据商品的特性和储存要求,结合仓库中温度和湿度的变化规律调节库房的温湿度。具体可采用的措施有:通风、密封、人工吸潮、降温、气幕隔潮等。

(二)虫鼠害防治

仓库保管员需要掌握仓库内害虫的来源、特性、种类与危害方式。常见害虫感染途径及预防方法如表4-9所示。

表4-9 常见害虫感染途径及预防方法

感染途径	途径说明	预防方法	防治方法
货物内潜伏	货物入库前已有害虫潜伏其中	做好入库前的检疫工作,确保入库货物不携带害虫及虫卵	可以使用驱避剂、杀虫剂、熏蒸剂等药物对货物直接杀虫;不能直接在货物上使用药剂的采用高、低温杀虫,以及辐射防治等
包装内隐藏	仓库包装内藏有害虫	对重复利用的包装物进行定期消毒	使用驱避剂、杀虫剂、熏蒸剂等药物对包装进行消毒
运输工具感染	运输工具运过带有害虫的货物,害虫潜伏在运输工具中,感染其他商品	注意运输工具的消毒	使用驱避剂、杀虫剂、熏蒸剂等药物对车厢进行消毒
仓库内隐藏	害虫潜伏在仓库建筑的缝隙及各种器具中	做好库房内、外环境的清洁工作	对库房定期进行消毒
临垛之间相互感染	当某一货垛感染了害虫,害虫可能爬到临近的货垛	对已经感染了害虫的货垛及时隔离	对感染害虫的货垛使用驱避剂、杀虫剂、熏蒸剂等药物杀虫

(三)霉腐的防治

物品发生霉变会造成物品的使用价值降低甚至丧失使用价值,造成重大损失。霉变现象的产生是由于霉菌的滋生与繁殖及随之而来代谢物对物品造成的破坏与沾污。防治霉菌的方法是通过药剂毒杀霉菌和改变其生存环境来抑制其生长和繁殖能力,具体包括:化学药剂防霉、气相防霉、气调防霉、低温冷藏防霉、干燥防霉及利用紫外线、微波、红外线、辐射等防霉技术。

(四)锈蚀的防治

金属物品在库期间会受到周围介质的化学作用或电化学作用而引起破坏,即引起金属锈蚀的关键因素是水分和空气中的氧。金属锈蚀的防治措施包括:密封法防锈蚀、涂油法防锈蚀及化学药剂除锈蚀法等。

【任务实施】

1. 完成步骤

(1)将学生分成5～6组,每组7～8人。

(2)各组上网查资料,熟悉家电产品、日化用品、袋装食品及蔬菜等四类商品的特性。

(3)各组分析四类商品容易发生什么反应,比如家电产品的老化、锈蚀、霉腐;日化用品的氧化、挥发、分解;食品的霉腐、虫蛀;蔬菜的呼吸作用、后熟作用等。

(4)小组讨论,制定商品保管养护方案。

①设计最常规的通用保管养护方法。

a. 控制温度、湿度:查阅每种商品的温湿度控制范围,制定相应的控制标准。

b. 常规的卫生管理:注意防尘和保持清洁。

②设计针对不同产品特性进行区别保管的方法。

a. 家电产品要防锈蚀、霉腐,必要时也要防虫害。要采用适合家电类保管的措施。

b. 日化用品主要在防氧化、挥发和分解方面,应注意防止日晒,包装要严密等。

c. 食品类要防霉腐、虫蛀,设计方案时要注意不污染食品本身。

d. 蔬菜主要需保鲜,应防止腐烂变质,要注意温湿度和清洁度控制,考虑合适的包装。

备注1:可在小组内分工,组内成员分别设计不同产品的养护方案,然后小组共同讨论修订。

备注2:设计方案时,要考虑其经济性和实用性,应采用先进的技术,同时也要注意节约成本。

(5)各组派1名代表上台介绍小组报告,小组内其余同学补充或接受其他组同学提问。

(6)教师点评,并加以总结。

2. 检查标准

检查标准	考评标准	分值	实际得分
商品的保管方案制定	提交的网址(2～3个)和参考文献(5篇)适用性强	40	
	商品的保管方案全面、合理	60	
合计		100	

分任务二　制定仓储安全管理制度

【任务目标】

1. 会制定仓储安全管理制度。
2. 会制定仓储消防安全制度。

【任务引入】

苏州JX储运有限公司的2号仓库主管小侯在完成了苏州LH超市有限公司保管养护方

案后的第二天,接到仓储部王经理分配的新任务,王经理提出公司的安全管理制度还是5年前制定的旧制度,已经无法适应公司的规模和现代化要求,需要重新修订。王经理要求小侯趁热打铁承担这个工作,也要求作为小侯助手的张涛一起参与这项工作。那么,小侯将如何制定仓库安全管理制度呢?请大家以小侯的名义完成以下两项工作:

(1)制定仓储安全管理制度。

(2)制定仓储消防安全制度。

【知识链接】

在仓储工作中存在着一些不安全因素,如在装卸、搬运笨重物资时有被碰撞的危险;在操作电气设备时有触电的危险;在搬运和保管危险物资时有中毒、爆炸的危险等。因此,对储存着大量物资的仓库来说,安全具有其特殊的意义,必须认真研究和分析产生各种不安全因素的原因,并采取有效措施,保证仓储工作安全进行。

一、仓储安全工作的主要内容

安全工作贯穿于物资储存保管作业的各个环节。从物资验收、堆码、保管、保养、运输、装卸到物资的出库,任何环节都离不开安全工作。归纳起来,可分为以下几方面:

(1)保卫、警卫工作。其是指物资储运的治安、警卫方面的工作,如防盗、防破坏等。

(2)消防工作。其是指物资储存中的防火、灭火等工作。

(3)安全操作技术。其是指在进行物资装卸、搬运、堆码、存储等作业时的安全技术问题。

(4)安全运输。其是指车辆安全运行及燃料油的安全贮存。

(5)有毒有害和危险品的安全技术。其是指对有毒有害及危险品的安全保管、保养和装卸、搬运中的安全操作技术等。

二、物流仓库的消防工作

认真贯彻执行"以防为主、以消为辅、消防结合"的方针,采取积极有效的措施,加强防范,消除火灾隐患,杜绝火灾的发生,保证储存物资的安全。

(一)防火措施

防火的基本原则是提高警惕,防止破坏,严格遵守各项安全操作规程和安全保卫制度,消除火灾隐患。具体措施有:

(1)加强对全体职工的安全防火教育。

(2)在规定禁止明火的工地和库区内,严禁观火和吸烟。库区要有"禁止吸烟"的明显字样,严禁携带火种进入库内。

(3)若要在库内或库外进行明火作业,必须经保卫部门批准并保证在安全条件下作业。作业完毕,应彻底消灭明火残迹,防止死灰复燃。

(4)做好库内电线、电气设备的维修、检查,防止短路或超负荷运转。

(5)仓库应安装避雷器装置,库内必须有防火通道。

(6)库房周围不准堆放柴草及易燃、易爆物品。仓库应定期检查,并铲除库房四周杂草。

(7)对物资一定要根据性质不同分开存放;并要按灭火方法不同分开存放。对危险品仓库还要注意库房的通风,保持设备容器的完整性、可靠性、密封性,防止渗漏,及时消除遗留在地面的危险品。

(8)每个职工都应熟记火警电话,以便发生火情时及时通知消防部门。

(二)灭火方法

必须根据当时火灾现场的环境和需要,采取合适的灭火方法。

(1)隔离法。其是指将燃烧物与其周围的可燃物隔离或把周围的可燃物移开,把火控制在一定范围内的灭火方法。

(2)窒息法。阻止空气流入燃烧区域,使其周围空气中的氧浓度低于维持物质燃烧的浓度,从而使燃烧物得不到足够的氧气而中止燃烧。如用不燃烧的砂子、石棉布、浸透水的毛毯等覆盖在燃烧物上。

(3)冷却法。其是指冷却燃烧区的温度,使其温度下降到可燃物质的燃点以下而使火熄灭的灭火方法。如用水冷却火源。

(4)拆除法(破坏法)。其是指用人力拆除部分建筑进行灭火的方法。当火场毗连的一小部分建筑物不能用水灭火时,可以用挠钩、斧、铲等拆除建筑物的构架,并用拆除的泥土、瓦、石等压复火势,亦能使火熄灭。

(5)分散法。其是将燃烧区和火场附近尚未燃烧的可燃物搬走,用分散可燃物的方法,以破坏燃烧条件的一种灭火方法。

(6)化学中断法。其是指用化学物品使可燃气体转化的方法来阻止火焰燃烧、连锁反应的进行,从而使火熄灭的灭火方法。如用“1211”灭火机、干粉灭火器等。

(三)常见灭火器种类

(1)泡沫灭火机。它是通过筒内酸性溶液与碱性溶液混合后发生化学反应,喷射出泡沫,覆盖在燃烧物表面上,隔绝空气起到灭火作用的工具。泡沫灭火机适用于扑救油脂类、石油产品及一般固体物质的初起火灾。

(2)酸碱灭火机。酸碱灭火机利用浓硫酸和碳酸氢钠两种药液混合后喷射出来的液体扑灭火焰。其适用于扑救竹、木、棉、毛、草、纸等一般可燃物质的初起火灾,但不宜用于油类、忌水、忌酸物质及电气设备的火灾。

(3)干粉灭火机。干粉灭火机是以高压二氧化碳作为动力,喷射干粉灭火剂的灭火工具。其适用于扑救石油及其产品、可燃气体和电气设备的初起火灾。

(4)二氧化碳灭火机。它主要适用于扑救贵重设备、档案资料、仪器仪表、600V以下的电器及油脂的火灾。二氧化碳灭火,不导电、不损害物质、不留污迹,但在室外效果欠佳。

(5)“1211”灭火机。“1211”灭火机是一种轻便、高效的灭火器材,适用于扑救油类、精密机械设备、仪表、电子仪器、文物、图书、档案等贵重物品的初起火灾。

【任务实施】

1. 完成步骤

(1)将学生分成5~6组,每组5~6人。

(2)各组讨论,上网查资料,分组制定仓储安全管理制度。仓储安全管理制度制定框架要求如下:

①总则:说明为何原因、欲达到什么目的、根据哪些规定制定此管理制度。

②组织管理和岗位职任:说明由哪个部门负责此项管理,并落实直接责任人。

③保卫制度:说明门卫、值班等人员的工作职责和管理要求。

④人员经理:说明对外来人员如何进行管理等。

⑤设备管理:说明设备的安装、设置、使用、检修等必须遵照哪些规定。

⑥作业管理:说明作业过程中应注意的安全事项。

⑦防盗管理:说明对现金、贵重物品、门窗等的管理要求及保安人员的工作要求等。

⑧安全防范奖惩制度:责任落实到人,进行奖优罚劣。

以上可视企业和产品情况酌情选取其中的几点或全部,必要时还要加上要害部位的安全保卫制度,以及发生突发事件时的报告程序和应急预案。

(3)各组讨论,上网查资料,分组制定仓储消防安全制度。仓储消防安全制定框架要求如下:

①组织管理和岗位责任:说明由哪个部门负责此项管理,并落实直接责任人。

②作业管理:说明运输、储存等作业过程中应注意的防火事项。

③火源管理:说明对明火、电器、烟花爆竹等的管理要求。

④消防设施和器材管理:说明应设置的消防设施、专人管理和检查要求等。

⑤消防安全奖惩制度:责任落实到人,进行奖优罚劣。

(4)每组派1名代表上台介绍小组报告,小组其余同学补充或接受别组同学提问。

(5)教师点评,并加以总结。

2.检查标准

检查标准	考评标准	分值	实际得分
制定仓储物品的安全管理制度	提交的网址(2~3个)和参考文献(5篇)适用性强	10	
	仓储物品的安全管理制度全面、合理	40	
	仓储物品的消防安全制度全面、合理	50	
合计		100	

【拓展任务】

某手机制造企业在苏州设有产品仓库,面积为1 000平方米,单层钢筋混凝土结构,要求模拟该仓库职员对灭火器材进行模拟操作。

1.工具准备

干粉灭火器若干。

2.完成步骤(建议)

(1)教师带学生到学院仓储实训基地,示范演示灭火器操作。

(2)学生每组进行实际演练。

①拔下保险鞘。

②一手紧握喷管。

③另一手捏紧压把。

④喷射对准火焰根部扫射。

(3)教师点评。

备注:干粉灭火器的灭火原理:

干粉灭火器内充装的是干粉灭火剂。干粉灭火剂是用于灭火的干燥且易于流动的微细粉末,由具有灭火效能的无机盐和少量的添加剂经干燥、粉碎、混合而成的微细固体粉末组成。它是一种在消防中得到广泛应用的灭火剂,且主要用于灭火器中。除扑救金属火灾的专用干粉化学灭火剂外,干粉灭火剂一般分为 BC 干粉灭火剂和 ABC 干粉灭火剂两大类。如碳酸氢钠干粉、改性钠盐干粉、钾盐干粉、磷酸二氢铵干粉、磷酸氢二铵干粉、磷酸干粉和氨基干粉灭火剂等。干粉灭火剂主要通过在加压气体作用下喷出的粉雾与火焰接触、混合时发生的物理、化学作用灭火:一是靠干粉中的无机盐的挥发性分解物,与燃烧过程中燃料所产生的自由基或活性基团发生化学抑制和副催化作用,使燃烧的链反应中断而灭火;二是靠干粉的粉末落在可燃物表面,发生化学反应,并在高温作用下形成一层玻璃状覆盖层,从而隔绝氧,进而窒息灭火。另外,还有部分稀释氧和冷却作用。

3. 检查标准

检查标准	考评标准	分值	实际得分
消防器材使用	提交的网址(2~3个)和参考文献(5篇)适用性强	20	
	消防器材操作的熟练程度	80	
合计		100	

任务三 库内盘点操作

【任务目标】

掌握库存盘点的操作,会对盘点盈亏进行及时处理。

【任务引入】

为了科学管理仓库商品,需要准确计算仓库商品实际损益情况,苏州 JX 储运有限公司规定每半年要对仓库进行一次全面盘点。2017 年 6 月 28 日上午 8:30,仓储部王经理召集公司所有仓库主管开会,告知大家将于 2017 年 7 月 1 日进行全面盘点,各仓库主管负责实际盘点工作的推动。2 号仓库主管小侯回到仓库后立刻着手进行盘点任务的组织与安排,张涛作为仓库的一名员工,也参与了这次盘点任务。那么,小侯将如何带领大家完成这次任务呢?请以小侯的名义,组织和安排好这次 2 号仓库的盘点工作。

【知识链接】

商品在库房中因不断地被搬动和进出库,其库存账面数量容易与实际数量不符。有些物品因存放时间过久或储存措施不当而变质、丢失等,造成损失。为了有效地掌握货品在库数量,需对在库货品的数量进行清点,即盘点作业。商品盘点是保证储存货物达到账、货、卡完全相符的重要措施之一。仓库的盘点能够确保货品在库数量的真实性及各种货品的完整性。

一、盘点作业的目的

(一)确定现存量

由于多记、误记和漏记会使库存资料记录不实;由于损坏、丢失、验收和发货清点有误,会造成库存量不实;有时盘点方法不当,产生误盘、重盘和漏盘时,也会使库存不实,为此,必须确认现存数量。

(二)确认企业损益

企业的损益与总库存金额有极其密切的关系,而库存金额与库存量及单价成正比,为准确计算出企业的实际损益,必须进行盘点。

(三)核实管理成效

通过盘点,可以发现呆滞品和废品及呆、废品处理情况、存货周转率以及保养、保管、维修情况,从而采取相应的改善措施。

二、仓库盘点的方法

(一)账面盘点

账面盘点就是将每种商品分别设立存货账卡,将每天出、入库商品的数量及单价记录在电子计算机或账簿的存货账卡上,连续计算汇总出账面上的库存结余数量及库存金额。

(二)现货盘点

现货盘点亦称实地盘点,就是实际去储存场所清点商品的数量,再依商品单价计算出实际库存金额。现货盘点法按时间频率的不同又可分为期末盘点和循环盘点。期末盘点是指在会计计算期期末统一清点所有商品的方法;循环盘点是指在每天、每周清点一部分商品,一个循环周期将每种商品至少清点一次的方法。

1.期末盘点法

期末盘点是将所有商品一次点完,因此工作量大、要求严格。通常采取分区、分组的方式进行,其目的是明确责任,防止重复盘点和漏盘。分区就是将整个储存区域划分成每一个责任区,不同的区由专门的小组负责盘点。因此,一个小组通常至少需要三个人:一人负责清点数量并填写盘点单;另一人复查数量并登记复查结果;第三人负责核对前两次盘点数量是否一致,对不一致的结果进行检查。待所有盘点结束后,再与电子计算机或账面反映的数量核对。

2.循环盘点法

循环盘点通常是对价值高或重要的商品进行盘点的一种方法。因为这些商品属于重要物品，对库存条件的要求比较高，一旦出现差错，不但会大大影响仓库的经济效益，而且有损企业的形象。因此，在仓储管理过程中，要对物品按其重要程度进行科学的分类，对重要的物品进行重点管理，加强盘点，防止出现差错。由于循环盘点只对少量商品盘点，所以通常只需保管人员自行对库存资料进行盘点即可，发现问题及时处理。

目前，国内多数配送中心都使用电子计算机来处理库存账务，当账面库存数与实际库存数发生差异时，很难断定是记账有误还是实际盘点出现错误。所以，可以采取账面盘点与现货盘点相结合的方法进行盘点。

三、仓库盘点的程序

一般情况下，盘点作业可按以下程序进行，具体见图 4－9。

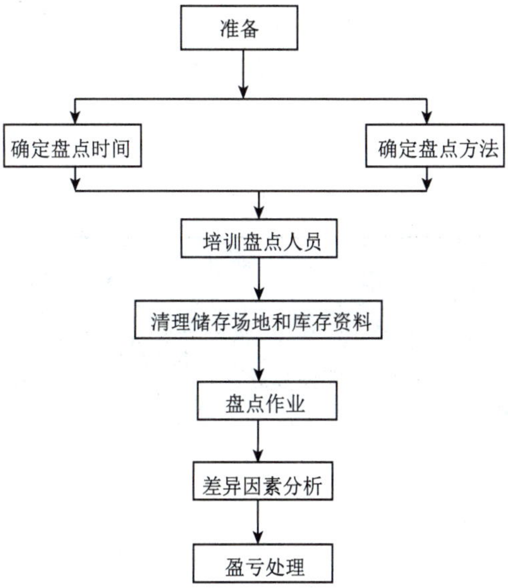

图 4－9 仓库盘点的程序

（一）盘点前的准备工作

盘点前的准备工作是否充分，关系到盘点作业能否顺利进行。准备工作主要包括以下内容。

1. 盘点人员确定

盘点人员的确定主要是选定总盘人、主盘人、会点人、协点人以及抽查人。

总盘人——负责盘点工作的总指挥，督导盘点工作的进行及异常事项的裁决。

主盘人——负责实际盘点工作的推动。

会点（初盘）人——负责数量点计。

填表人——负责填写盘点人的数量记录。

核对（复盘）人——与盘点人分段核对填表人的填写情况，确保数据准确性。

协点人——负责盘点时，料品搬运及整理工作。

抽查（监控）人——由总经理派员担任，负责盘点过程的抽查监督。

2. 盘点工具准备

盘点时如果采用盘点机盘点，需检查盘点机是否正常运行；如果采用人工方式盘点，则需要准备盘存单(表4－10)、盘点表(表4－11)、红色和蓝色圆珠笔等工具。

表4－10 盘存单

编号： 填表人： 盘点日期：

货物编号	货物名称	货物规格	单位	账面数量	盘点数量	盘点人	复盘数量	复盘人

主盘人： 盘点人： 复盘人：

第一联：仓管联 第二联：财务联

表4－11 盘点表

盘点范围： 盘点时间： 年 月 日

责任人签字	盘点项目	数量							
	品种	入库	出库	账面数量	实际盘点数	差量	批次	票号	出库率
备注说明									

主盘人： 盘点人： 复盘人：

第一联：仓管联 第二联：财务联

(二)确定盘点时间

1. 盘点频率的确定

从理论上讲，在条件允许的情况下，盘点的次数越多越好，但每一次盘点，都要耗费大量的人力、物力和财力，因此应根据实际情况确定盘点的时间。货物周转频率比较低的企业，可以半年或一年进行一次货物盘点。货物周转量大的企业和库存品种比较多的企业，可以根据物品的性质、价值大小、流动速度、重要程度来分别确定不同的盘点时间。盘点时间间隔可以是每天、每周、每月、每季、每年盘点一次不等。如可按ABC分类法将货物分为A、B、C不同的等级，分别制定相应的盘点周期，重要的A类物品每天或每周盘点一次，一般的B类物品每两周或三周盘点一次，重要性最低的C类物品可以每个月甚至更长时间盘点一次。

2. 盘点时间的确定

一般情况下，盘点的时间选择在：

(1)财务决算前夕。通过盘点决算损益，以查清财务状况。

(2)淡季进行。因淡季储货较少，业务不太频繁，盘点较为容易，投入资源较少，且人力调动也较为方便。

(三)确定盘点方法

不同的储存场所对盘点的要求不尽相同，盘点方法也会有所差异，为尽可能快速、准确地完成盘点作业，必须根据实际需要确定盘点方法。

(四)培训盘点人员

为使盘点工作顺利进行，每当定期盘点时，必须抽调人手增援。对于从各部门抽调来的人手，必须加以组织分配，并进行短期的培训，使每一位人员在盘点工作中能够大致了解工作内容并履行其应尽的职责。

首先是认识仓库的培训。重点培训复盘人员和监盘人员。复盘人员和监盘人员大多对货物不太熟悉，因此可以分配易于认识的货物、加强培训以及每次盘点内容最好相同或相当接近，以免他们认识不到位。

其次是盘点方法的培训。企业的盘点程序与盘点方法经会议通过后，即成为制度。参加初盘、复盘、抽盘/监盘的人员必须根据盘点管理程序加以培训，必须对盘点的程序、盘点的方法、盘点使用的表单等整个过程充分了解，这样盘点工作才能得心应手。

(五)清理盘点现场

盘点工作开始时，首先要对储存场所及库存商品进行一次清理。清理工作主要包括以下内容：

(1)对尚未办理入库手续的商品，应标明不在盘点之列。

(2)对已办理出库手续的商品，要提前通知有关部门，运到相应的配送区域。

(3)账卡、单据、资料均应整理后统一结清。

(4)整理商品堆垛、货架等，使其整齐有序，以便于清点计数。

(5)检查计量器具，使其误差符合规定要求。

(6)确定在途运输商品是否属于盘点范围。

(六)盘点作业

1. 设置盘点工作办公室

盘点工作办公室一般由总盘人负责，具体的工作由主盘人执行。办公室主要负责盘点发放，盘点工具准备，核实盘点表是否符合规定以及协调盘点相关事宜。在盘点前将仓库或盘点区域划分为几个区域，确保各区域之间不重合、没有空白。

2. 人员报到明确任务，领取盘点单

参加盘点人员前往办公室签字报到，明确本次的盘点任务和完成时间，领取盘点资料和工具。在实地进行盘点时，一般由仓储部相关人员或经管部门人员负责初盘，财务等相关部门主要负责复盘、抽盘等工作。

3. 盘点进行

盘点人员对仓库商品按照盘点方法、程序和盘点区域进行实物点数。初盘人对实物盘点后，将初盘的结果填入盘点单，并签字；复盘人对实物进行核对盘点后，将实际盘点数量填入盘点单，在表上签字后结束点数作业。

4. 监盘人抽点

监盘人对盘点的品项进行检查，对检查有问题的商品必须重新盘点。

5. 回收盘点单

所有完成的盘点单，经过盘点人员审核并完成所有手续后，汇总到盘点办公室。

6. 填写盘点表

盘点表填写人员在填写时应复诵盘点人员所读的各项物资名称和数量。对于写错需要更正的行次，必须用直尺划去，并在审核栏写“更正第×行”，然后请监盘人员在更正的行次签名即可。

7. 盘点结果核对

将盘点所得的库存货物的实际数量与库存账目进行核对。

（七）差异因素追查

若发现账物不符，且差异超过容许的误差时，应查明差异产生的原因，并填写盘点盈亏汇总表（表4－12）。差异产生的原因是多方面的，具体包括以下几个方面：

（1）账物处理系统的管理制度和流程不完善，导致货物数据不准确。

（2）盘点时发生漏盘、重盘、错盘等现象，导致数据不准确。

（3）盘点前数据资料未结清，使账面数据不准确。

（4）出入库作业时产生误差。

（5）盘点人员在盘点过程中的过失，如货物损坏、丢失等。

（6）其他。

表4－12 盘点盈亏汇总表

品名	规格	账面资料		实盘资料		盘盈		盘亏		差异原因	对策
		数量	价值	数量	价值						

总经理： 财务部经理： 仓储部经理： 制表人：

备注：第一联是仓库依据此单登记卡片，第二联是财务账联。

（八）盘盈、盘亏处理

盘点工作完成以后，所发生的差错、呆滞、变质、盈亏、损耗等结果，应迅速予以处理，并防止以后再发生。

（1）依据管理绩效，对分管人员进行奖惩。

（2）对废次品、不良品减价的部分，应视为盘亏。

（3）对存货周转率低、占用金额过大的库存物品应设法降低库存量。

（4）呆滞品比率过大，应设法研究，致力于降低呆滞品。可采取打折出售、与其他公司以以物易物的方式相互交换、修改再利用、调拨给其他单位利用等措施进行处理。

(5)商品除了盘点时产生数量的盈亏之外,有些商品在价格上会产生增减,这些差异经主管审核后,必须利用商品盘点盈亏及价格增减更正表进行修改。

【任务实施】

1. 前期准备

(1)确定实训场地:学院仓储实训室或学院超市。

(2)准备好红色和蓝色笔。

2. 完成步骤

(1)教师对盘点方法、程序、盘点资料准备等工作进行介绍。

(2)将学生分组,每6人分为一组,每组再分为两小组,每小组为3人。每小组选出1名负责人,负责人分配任务,安排初盘人、复盘人和监盘人。其中初盘人代表仓管人员、复盘人代表财务人员、监盘人代表仓储经理选派的人员。

(3)各组制作盘点表、盘点盈亏表,其中盘点表2份,盘点盈亏表1份(课前准备)。

(4)各组分两小组各3人到实训区进行现场实物盘点,将盘点结果记录在盘点表上。

区域分配参考:

第一组两小组区域——G4-1,G4-2;第二组两小组区域——G5-1,G5-2。

第三组两小组区域——G6-1,G6-2;第四组两小组区域——G7-1,G7-2。

第五组两小组区域——G8-1,G8-2;第六组两小组区域——G9-1,G9-2。

(5)各组将两小组盘点表进行汇总,与系统数据表(教师事先提供)对比,完成盘点盈亏表的填制。

盘盈用蓝色字体记录、盘亏用红色字体记录。

(6)各组对分配区域内的盘点问题进行分析,形成《库存盘点分析报告》。

盘点问题分析前要与仓储管理员或超市工作人员进行交流,了解账实不同的原因。

撰写分析报告的内容要求:

①盘点情况介绍(盘点目的、时间、地点、方法)。

②盘点结果及问题。

③盘点问题原因分析。

④问题解决对策建议。

3. 检查标准

检查标准	考评标准	分值	实际得分
库内盘点操作	盘点完成时间符合要求	30	
	盘点完成质量好	40	
	盈亏处理报告科学、合理	30	
合计		100	

【拓展任务】

某制造型企业为了加强企业内部控制，制定了现场盘点的规章制度，制度中规定盘点流程要经过十个环节，具体如下：

(1)存货会计在盘点前三天向生产部、仓库、销售部及财务部下发盘点通知。

(2)生产部及仓库的盘点协调人在收到计划的一天内去存货会计处签字领取带序号的盘点小票。

(3)生产部及仓库的盘点协调人在盘点前一天将小票交给生产部及仓库人员并签收。

(4)根据盘点计划上规定的时间，所有车间及仓库停止生产及物料领用，开始盘点，将盘存数写在盘点小票上并签字确认。

盘点完毕后，生产部及仓库的盘点协调人应立即通知财务部进行抽查盘点，抽查范围由存货会计确定。如果抽查差错率超过一定范围，则现场全部重新盘点。

(5)生产部及仓库的盘点协调人根据回收的盘点小票在盘点完成后的第二个工作日，完成存货盘点汇总表。

(6)生产部及仓库经理检查盘点汇总表。

控制点1：如果盘点汇总表上各物料数量和部门内部物料流水账一致或在允许的误差范围内，或已找出差异原因并制定了解决办法，则签字后将盘点汇总表交存货会计。否则，将盘点汇总表退回盘点协调人。

(7)存货会计在盘点结束后的第二个工作日收到盘点小票后，要做以下工作：

①清点盘点小票数量，确保发出数与回收数一致。

②按物料编号汇总盘点小票，并与盘点汇总表核对。

③将实际盘点数与会计系统中的账面数核对。

④编写盘点分析报告。

(8)财务部经理检查盘点分析报告。

控制点2：如果分析报告对差异原因进行了正确分析，并提出了跟踪解决方法，则签字后交财务总监。若未达到以上要求，则将分析报告退给存货会计。

(9)财务总监批准盘点分析报告。

控制点3：如果分析报告对差异原因进行了正确分析，并提出了跟踪解决方法，则签字批准。若未达到以上要求，则将分析报告退给存货会计。

(10)对盘点中出现的问题跟踪处理，并在下次报告中说明结果。

你作为一名仓储主管，现要求制作一份盘点流程。

说明：盘点流程表版式见表4-13，表中要展示出各环节操作内容、设置的相关岗位、相关单据流转过程。

表 4－13　盘点流程表

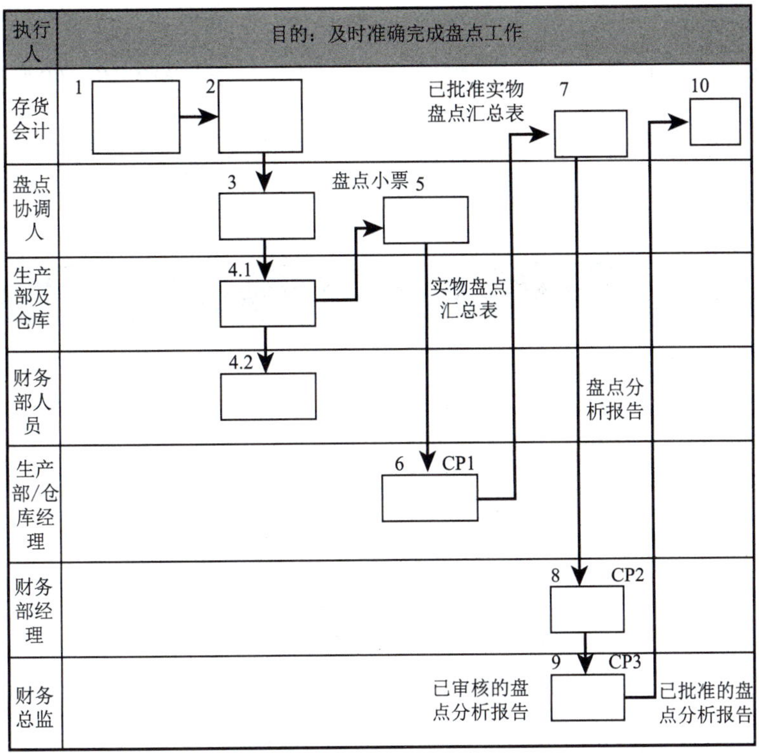

任务四　库存控制

为了培养学生合理进行库存控制的能力，需要学生了解库存控制的方法和适用条件，并能针对实际案例进行分析，制定出科学的库存管理方案。库存控制方法通常有三种：一是 ABC 管理法；二是定量管理法；三是定期管理法。为此，本任务中设计了三个分任务。

分任务一　ABC 库存管理策略制定

【任务目标】

1. 让学生明确划分重点和非重点仓储货物的标准。
2. 会对不同种类物品采取不同的库存控制手段。

【任务引入】

苏州 JX 储运有限公司经过了全面盘点之后，2 号仓库主管小侯发现许多商品存货周转率很低，有些物品几乎成为呆滞品。小侯决定采用 ABC 分析法对客户存货进行分类管理，以提高客户存货周转率。于是小侯委托商务部信息员进行信息采集，整理出 2016 年 7 月 1 日至 2017 年 6 月 30 日期间所有客户货物的出库作业报表。小侯于 2017 年 7 月 10 日收到这些报表后立刻转发给张涛，并将这个任务（对客户存货进行 ABC 分析工作）委派给张涛去完成，并告知张涛确定 ABC 货品的标准为：A 类存货年出库金额占总出库金额的 60% ~ 80%；B 类存货年出库金额占总出库金额的 20% ~30%；C 类存货的年出库金额占总出库金额的 5% ~15%。

请以张涛的名义，以苏州 LH 有限公司的家电产品为例，对该客户库存物品进行 ABC 分析，以便为后期的分类管理做好准备。苏州 LH 有限公司的年出库报表如表 4－14 所示。

表 4－14 苏州 LH 有限公司家电库存年出库报表

商品名称	货物单价/元	出库量	出库金额/万元
格力空调	10 000 以上	10	12
海尔冰箱	5 001 ~10 000	17	13
TCL 电视机	4 001 ~5 000	15	6.5
博世咖啡机	3 001 ~4 000	22	7
小天鹅洗衣机	2 001 ~3 000	27	6.5
老板油烟机	1 001 ~2 000	45	5
美的电饭煲	0 ~1 000	64	2
合计	—	200	52

【知识链接】

库存控制是指在保障供应的前提下，使库存物品的数量最少而进行有效管理的技术经济措施。从现代物流管理的仓储角度看，持有库存可以使企业获得规模经济性以及好的服务水平，但库存是企业付出的高代价投资。因此，库存管理是仓储管理领域所面临的重要问题。

一、库存的含义及类型

（一）库存的含义

库存是指在仓库中处于暂时停滞状态、用于未来的、有经济价值的物资。广义的库存还包括处于制造加工状态和运输状态的物品。通俗地说，库存是指企业在生产经营过程中为了将来的耗用或者在销售过程中为了将来的销售而储备的资源。制造型企业的库存一般分为原材料、备件、低值易耗品、在制品、产成品；流通型企业的库存是指用于销售的有形商品及用于管理的低值易耗品。

库存从属性上看，具有两重性。一方面，库存是生产和生活的前提条件，没有库存人们就不能维持正常、均衡的生产和生活；另一方面，库存又是生产和生活的负担，是一种资金占用，要支付多种费用，不仅要负担常规的货物保管费用，还要承担库存损失和库存风险。因此，库存不能没有，也不能过多，应当在满足社会需要的前提下，库存越少越好。

（二）库存的类型

库存按其作用和功能可以分为三类。

1. 基本库存

基本库存是在正常的生产经营环境下，企业为满足日常消耗而建立的库存。

2. 安全库存

安全库存是指为了防止不确定因素（如突发性大量订货或供应商延期交货）的作用影响订货需求而准备的缓冲库存。根据资料显示，这种缓冲库存大约占零售业库存的三分之一。

3. 中转库存

中转库存是指正在转移或等待转移的、装在运输工具上的存货。中转库存也可以不划在库存范围内，但它越来越引起企业的注意。目前，在企业的生产经营中，中转库存越来越重视小批量、高频率的运输和递送，企业积极开展准时化战略，使中转库存在总存货中所占的比例逐渐增大。

二、库存合理化

（一）库存成本的构成

要进行库存控制，首先需要了解库存成本的构成以及库存成本的特点。

1. 订货成本

订货成本是指企业为了实现一次订货而进行的各种活动的费用，包括处理订货的差旅费、订货手续费、通信费、招待费等。

订货成本的特点是在一次订货中，订货成本与订货量的多少无关；总订货成本与订货次数有关，订货次数越多，总订货成本越高。

2. 保管成本

保管成本是指在保管过程中为保管物品而发生的全部费用，包括：入库、出库时的装卸、搬运、堆码、检验费用；保管用具用料费用；仓库房租、水、电费用；保管人员的工资费用；保管过程中的货损货差；保管物品占用资金的银行利息等。

保管成本的确定一般有两种方法，一种是直接计算单位物品的保管成本；另一种是先计算保管费率，然后再乘以库存物品的价值（一般指物品的单价）。

保管成本的特点是，保管成本与被保管物品的数量的多少和保管时间的长短有关。

保管物品的数量越多，保管时间越长，所承担的保管费用也就越高。

3. 缺货成本

缺货成本是指因存货不足而造成的损失，包括由于材料供应中断造成的停工损失，丧失销售机会的损失等。

缺货成本的确定与企业是否允许出现存货短缺的不同情况而定。若允许缺货，则缺货成本便与存货数量反向相关；若不允许缺货，则缺货成本为零。

4. 进货成本与购买成本

进货成本是指在进货途中为进货所花费的全部支出，即运杂费，包括运费、包装费、装卸费、租赁费等。购买成本即购买货物的原价。它们的特点是当订货的数量、订货的地点确定以后，总的购买成本和总的进货成本就是确定不变的，不会随着进货批量的变化而变化。也就是说,进货成本、购买成本与订货数量无关,批量大小不会影响其总进货成本和总的购买成本。我们把这种与订货批量无关的成本称为固定成本,而把那些与批量有关的成本称为变动成本。因此,进货成本与购买成本是固定成本,而订货成本、保管成本、缺货成本是变动成本。

(二)库存合理化

库存合理化就是在满足用户需求的前提下,以最经济的方法和手段,使库存费用、订货费用、缺货损失之和保持在最小的状态。既要处理好订货次数和订货数量之间的效益背反问题,又要处理好用户的需求问题。

实现库存合理化的控制方法主要有三种,即 ABC 库存管理法、定量定货管理法和定期定货管理法。

三、ABC 分类库存管理法

(一)ABC 分类法的基本原理

ABC 分类法是库存管理中常用的分析方法,也是经济工作中的一种基本工作和认识方法。ABC 分类法在一定程度上可压缩企业库存总量,节约资金占用,优化库存结构,节省管理精力,因此其在企业管理中广为应用。

一般来说,企业的存货品种较多,有些企业的存货甚至达到数万种,其需求量和单价各不相同,年占用金额也各不相同。在进行存货管理时,若都采用平均的控制力度,既不科学也不经济,对那些年占用金额大的库存品,由于其占用企业的资金较大,对企业经营的影响也较大,所以需要进行特别的重视和管理;而对占用企业资金不大的存货,可作一般控制,ABC 分类法就是在此基础上产生的。

ABC 分类法是根据库存品的年占用金额的大小,把库存品划分为 A、B、C 三类,分别实行重点控制、一般控制、按总额控制的存货管理方法。其中,A 类存货的年占用金额占总库存金额的 60% ~80%,其品种数却只占总库存数的 5% ~15%;B 类存货的年占用金额占总库存金额的 20% ~30%,其品种数却占总库存品种数的 20% ~30%;C 类存货的年占用金额占总库存金额的 5% ~15%,其品种数却占总库存品种数的 60% ~80%,如图 4 -10 所示。

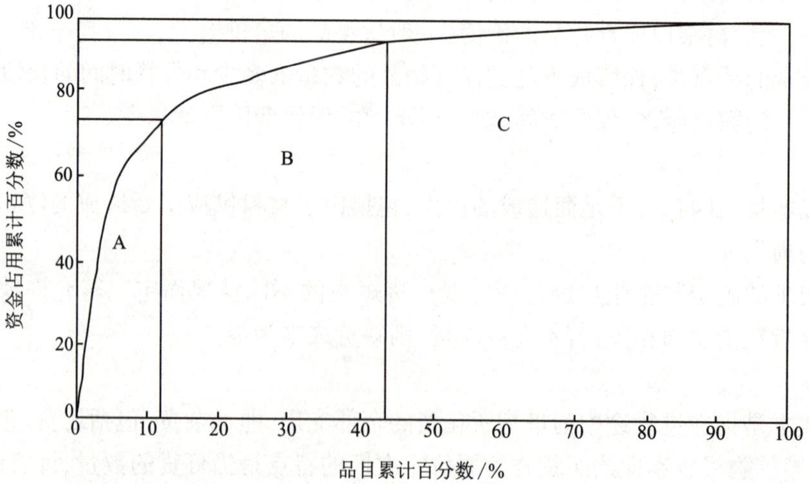

图 4 -10 ABC 分类法

（二）ABC 三类存货的确定

ABC 三类存货的划分主要有两个标准:金额标准和品种数量标准。其中,金额标准是最基本的,品种数量标准仅作参考。

ABC 分类的一般步骤如下:

第一步,列出企业全部存货的明细表,计算各种库存品的年占用金额。

第二步,将库存品按年占用金额从大到小进行排列。

第三步,计算各种库存品年占用金额与全部库存金额的比例,并进行累计。

第四步,按照 ABC 分类的基本原理进行分类,确定 A、B、C 三类存货。当金额百分比累计达 70% 左右时,以上存货视为 A 类;百分比为 70% ~90% 时,视为 B 类;其余视为 C 类。

第五步,绘制 ABC 分类图。以库存品种数百分比为横坐标,以累计占用金额百分比为纵坐标,在坐标图上取点,并连接各点,绘成 ABC 曲线。

（三）ABC 三类存货库存的控制

ABC 分类明确了重点,可以对不同类别的存货按不同要求进行管理和控制,具体方法如下:

(1)A 类库存品。这类库存品品种虽然较少,但其占用的金额较大,是日常控制的重点,需要最严格的管理。必须对这类库存品保持完整的库存记录,建立完善的库存盘存制度,掌握该类存货的收、发、结存情况,严格按各种科学的方法计算确定每个品种的经济订货量、保险储备量,严格控制库存水平,防止缺货。

(2)B 类库存品。这类库存品属于一般的品种,对它的管理介于 A 类和 C 类之间。原则上也要求计算经济批量和保险储备量,但不必像 A 类存货那样严格,通常的做法是将若干物品合并一起订购。

(3)C 类库存品。这类库存品的种类数虽多,但占用的金额较少,管理办法较简单,不必专门计算存货量,视企业情况规定存货量的上下限,也可适当增加每次订货量,实行简易控制。比如对这类库存品通常订购 6 个月或 1 年的需求量,期间不需要保持完整的库存记录。

（四）ABC 分类法的应用举例

某小型企业拥有 10 项库存品,各种库存品的年需求量、单价如表 4 – 15 所示,为了加强库存品的管理,企业计划采用 ABC 库存管理法。假如企业决定按 20% 的 A 类物品、30% 的 B 类物品、50% 的 C 类物品来建立 ABC 库存分析系统。问:该企业应如何进行分类?

根据表 4 – 15 列出了各种存货品的金额,并进行了大小排列,计算各种库存品的金额百分比和数量百分比,然后进行分类,如表 4 – 16 所示。

根据 ABC 分类,进一步编制 ABC 分类表,如表 4 – 17 所示。

表 4 – 15　某企业库存需求情况表

库存品名称	年需求量/kg	单价/元	金额/元
a	9 000	8	72 000
b	95 000	8	760 000
c	4 000	4	16 000

续表

库存品名称	年需求量/kg	单价/元	金额/元
d	500 000	4	200 000
e	1 000	10	10 000
f	125 000	5	625 000
g	20 000	5	100 000
h	20 000	8	160 000
i	5 000	5	25 000
j	2 500	7	17 500
合计			1 985 500

表 4－16 计算表

库存品名称	金额/元	累计金额/元	累计百分比/%	类别
b	760 000	760 000	38.2	A
f	625 000	1 385 000	69.7	A
d	200 000	1 585 000	79.8	B
h	160 000	1 745 000	87.9	B
g	100 000	1 845 000	92.9	B
a	72 000	1 917 000	96.5	C
i	25 000	1 942 000	97.8	C
j	17 500	1 959 500	98.7	C
c	16 000	1 975 500	99.5	C
e	10 000	1 985 500	100	C

表 4－17 ABC 分类表

类别	品种数	该类库存品占全部库存品品种的百分比/%	每一类的金额/元	该类库存品金额占全部库存金额的百分比/%
A	2	20	1 385 000	69.7
B	3	30	460 000	23.2
C	5	50	140 500	7.1
合计	10	100	1 985 500	100

【任务实施】

1. 完成步骤

(1)全班分为若干组,每 3 人为一组,互相进行讨论。

(2)收集和处理数据。

(3)制作 ABC 分析表,并画出 ABC 分析图。

(4)提出对不同类别物品的处理方法和意见。

(5)教师点评。

2. 检查标准

检查标准	考评标准	分值	实际得分
ABC 库存控制管理	计算准确性	40	
	分析图规范性	30	
	管理控制意见	30	
合计		100	

分任务二　定量订货法库存控制策略制定

【任务目标】

使学生能分析定量订货法的应用情形,懂得定量订货法相关参数的计算。

【任务引入】

苏州 JX 储运有限公司为了提高利润,公司业务功能不断扩大。自 2016 年 7 月以来,公司在原有的为客户提供存货和配送服务的基础上,增加了贸易批发功能,对市场上紧缺物资进行预测、采购和销售,这批物资是公司自营商品,目前存储在 2 号仓库内。经过一年的运营,仓储部王经理决定采用科学控制方法以降低这些物资的库存成本。原则是对价值低但周转量大的物资,采用定量订货法控制库存;对供应源相似的物资,采用定期订货法控制库存。2017 年 7 月 15 日,仓储部王经理委托 2 号仓库主管小侯按照上述原则对库内所有适合定量订货法的商品进行分析,以确定这些商品的最优批量和最佳订购点。这项工作需要一定的数据核算能力,小侯将这个任务交给张涛去完成。

请以张涛的名义,以其中一种商品——康师傅牛肉面为例,依据相关信息完成这项工作。具体信息如下:康师傅牛肉面年需求量为 1 000 箱,订购成本为每次 10 元,每年每箱的持有成本为 0.5 元,试计算康师傅牛肉面每次订购的最佳数量为多少。已知:康师傅牛肉面在过去的三个月中的实际需求量分别为:四月份 90 箱,五月份 86 箱,三月份 88 箱。最大订货提前期为 2 个月,缺货概率根据经验统计为 4% ,求康师傅牛肉面的订货点(最低库存量)。

【知识链接】

一、定量订货法原理

定量订货法是指当库存量下降到预定的最低库存(订货点)时,按规定数量(一般以经济批量 EOQ 为标准)进行订货补充的一种库存控制方法。其原理如图 4 - 11 所示。

假设实施订货点控制技术之前,已确定好了订货点为 Q_K,订货量为 Q^*。其中 Q_K由两部分构成，一部分是安全库存 Q_S，另一部分是提前期平均需求量 $\bar{Q}_L$，$Q_S = Q_K - \bar{Q}_L$，或 $Q_K = Q_S + \bar{Q}_L$。在系统开始运转时，从 0 时刻开始，每天检查库存，假设在第一个周期，随着销售的进行，库存量以 R_1 的速度下降，当库存下降到 Q_K 时，就发出订货信息，订货批量为 Q^*。随后进入订货进货提前期 T_{K1}。提前期 T_{K1} 结束时，消耗的库存物资数量为 D_{L1}，使库存水平下降到最低。这时所订货物批量 Q^* 到达，实际库存量立即上升一个 Q^*，达到高库存，然后进入第二个周期的销售。这样不断循环下去。

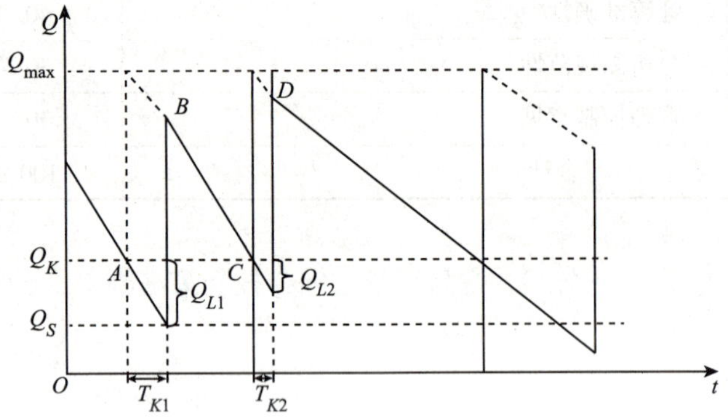

图 4-11　定量订货法的运行模型

定量订货法需要解决的关键问题：

(1)确定订货点，解决什么时候订货。

(2)确定订货批量，解决一次订货多少。

(3)确定订货如何具体实施，以及库存系统的基本库存、安全库存、周转率。

二、订货点的确定

在定量订货法中，发出订货时仓库里该品种保有的实际库存量叫作订货点。它是直接控制库存水平的关键。

(1)在需求和订货提前期确定的情况下，不需要设置安全库存，可直接求出订货点。公式如下：

订货点 = 每个订货提前期的需求量
= 每天需求量 × 订货提前期(天)
= (全年需求量/360) × 订货提前期(天)

(2)在需求和订货提前期都不确定的情况下，安全库存的设置是必要的。公式如下：

订货点 = 每个订货提前期的需求量 + 安全库存
= (每天需求量 × 最大订货提前期) + 安全库存

$$\text{安全库存} = K \times \sqrt{\text{最大订货提前期} \times \text{需求变动值}}$$

其中 K 为安全系数。安全系数可根据缺货概率查安全系数表(表 4-18)得到；最大订货提前期根据以往数据得到；需求变动值可用下列方法求得。

$$\text{需求变动值} = \sqrt{\frac{\Sigma(y_i - \bar{y})^2}{n}}$$

式中，y_i——各期需求量实际值；

$\bar{y}$——各期需求量实际均值。

表 4-18　安全系数表

缺货概率/%	30.0	27.4	25.0	20.0	16.0	15.0	13.6
安全系数值	0.54	0.60	0.68	0.84	1.00	1.04	1.10
缺货概率/%	11.5	10.0	8.1	6.7	5.5	5.0	4.0
安全系数值	1.20	1.28	1.40	1.50	1.60	1.65	1.75
缺货概率/%	3.6	2.9	2.3	2.0	1.4	1.0	
安全系数值	1.80	1.90	2.00	2.05	2.20	2.33	

例：某商品在过去三个月中的实际需求量分别为：一月份 126 箱，二月份 110 箱，三月份 127 箱。最大订货提前期为 2 个月，缺货概率根据经验统计为 5%，求该商品的订货点。

解：平均月需求量 =（126 + 110 + 127）/3 = 121（箱）

缺货概率为 5%，查表得：安全系数 = 1.65

$$需求变动值 = \sqrt{\frac{(126-121)^2+(110-121)^2+(127-121)^2}{3}}$$

$$=7.79$$

安全库存 = $1.65 \times \sqrt{2} \times 7.79 \approx 19$（箱）

订货点 = $121 \times 2 + 19 = 261$（箱）

三、订货批量的确定

在定量订货中，对每一个具体的品种而言，每次订货批量都是相同的，所以对每个品种都要制定一个订货批量，通常以经济批量作为订货批量。经济订货批量模型是最基本的订货模型，它是按照库存总费用最小的原则来决定订货量。其计算公式为：

$$Q^* = EOQ = \sqrt{\frac{2DS}{C}}$$

式中：Q^*——经济订货批量；

S——单次订货费用；

D——库存物料的年需求率；

C——单位商品年保管费。

全年订货次数：$N = D/Q^*$。

每次订货间隔时间：$t = 365/N$。

例：长城公司是生产某机械器具的制造企业，依计划每年需采购 A 零件 10 000 个，每次订货成本是 100 元，每个 A 零件每年的保管仓储成本是 8 元。求 A 零件的经济订货批量，每年的订货次数和每次的订货之间的间隔时间。

解：经济批量为

$$Q^* = \sqrt{\frac{2 \times 10\ 000 \times 100}{8}} = 500(\text{个})$$

每年的订货次数 $N = D/Q^* = 10\ 000/500 = 20$(次/年)

每次订货间隔时间 = 365/20 = 18.25(天)。

四、定量订货法的应用范围

在下列情况下可以考虑采用定量订货法系统模型进行库存控制。

(1)所储物资(存货)具备进行连续检查的条件。并非所有的物资都能很方便地随时对其进行检查,具备进行连续检查条件是选用连续检查控制方式的前提条件。

(2)价值虽低但需求数量大的物资以及价格昂贵物质。这些均是需要重点控制的物资,应该考虑采用连续检查控制方式控制。前者是因为此类物资价低量大,采用连续检查控制方式的一些较易实施的方案可以简化控制程序;后者是因为连续检查控制方式可以及时收集库存信息,较灵活地优化库存控制与管理。

(3)易于采购的物资。采用连续检查控制方式,订货的时间无法确定,因此连续检查控制方式适用于市场上随时可以采购到的物资。

【任务实施】

1. 工具准备

准备计算的相关资料和计算器等。

2. 完成步骤

(1)教师指导学生掌握定量订货法中确定最优批量的方法,指出最优批量的计算公式为:

$$Q^* = \text{EOQ} = \sqrt{\frac{2DS}{C}}$$

(2)教师指导学生掌握定量订货法中确定最佳订货点的方法,指出最佳订货点的计算公式为:订货点 =(每天需求量 × 最大订货提前期)+ 安全库存。

(3)让学生独立核算,计算出最优批量、订货点。

(4)学生汇报,老师讲评。

3. 检查标准

检查标准	考评标准	分值	实际得分
定量订货法库存控制策略	完成速度	20	
	具体计算过程	40	
	计算准确性	40	
合计		100	

分任务三 定期订货法库存控制策略制定

【任务目标】

使学生能分析定期订货法的应用情形,懂得定期订货法相关参数的计算。

【任务引入】

2017 年 7 月 20 日，仓储部王经理委托 2 号仓库主管小侯继续按照上述库存控制原则对库内所有适合定期订货法的商品进行分析，以确定这些商品的最优订货周期和最佳订货批量。考虑到工作的延续性，小侯将这个任务交给张涛去完成。

请以张涛的名义，以其中一种商品——太仓肉松为例，依据相关信息完成这项工作。具体信息如下：太仓肉松需求量为每年 20 000 箱，价格为每箱 100 元，每次订货的订货成本为 500 元，年持有成本率为价格的 20%，则各次订货之间的最优检查间隔期为多长时间？在确定最优间隔期后，假设明天就是订货时间，今天在库房内检查时，发现现有库存量为 1 400 箱，已订未到物资 500 箱，已经售出但尚未提货的物资 300 箱，平均订货提前期为 3 天，平均库存需求量为每天 140 箱，安全库存为 400 箱，问明天应该订多少箱？

【知识链接】

一、定期订货法的原理

定期订货法的原理是预先确定一个订货周期 T^* 和一个最高库存量 Q_{max}，周期性检查库存，发出订货。订货批量的大小应使订货后的“名义”库存量达到额定的最高库存量 Q_{max}。定期订货法的运行模型如图 4 – 12 所示。

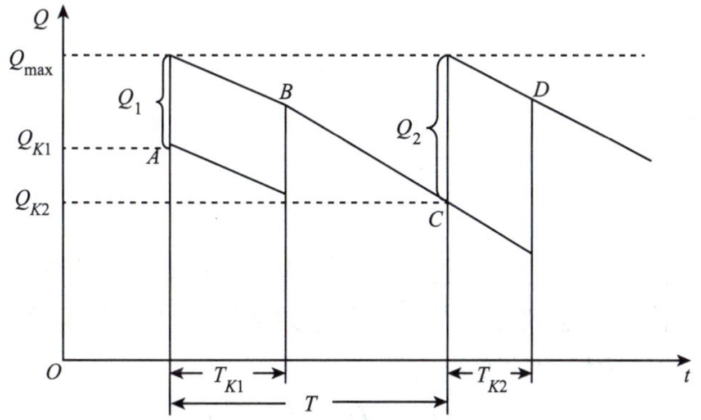

图 4 – 12 定期订货法的运行模型

定期订货法需要解决的关键问题是：

（1）确定订货周期，解决间隔多长时间订货。

（2）确定最高库存量 Q_{max}，解决企业库存量的最高库控制线是多少。

（3）确定订货量，解决一次订货多少。

二、订货周期的确定

在定期订货法中，订货点实际上就是订货周期，其间隔时间总是相等的。它直接决定最高库存量的大小，即库存水平的高低，进而也决定了库存成本的多少。从费用角度出发，如果要使总费用达到最小，我们可以采用经济订货周期方法来确定。其公式如下：

$$T^* = \sqrt{\frac{2S}{CD}}$$

式中,T^*——经济订货周期;

S——单次订货费用;

D——库存商品的年需求率;

C——单位商品年储存成本。

例:某仓库 C 商品需求量为 16 000 箱,单位商品年保管费用为 20 元,每次订货成本为 400 元,求经济订货周期。

解:经济订货周期为

$$T^* = \sqrt{\frac{2 \times 400}{20 \times 16\ 000}} = \frac{1}{20}(\text{年}) \approx 18(\text{天})$$

三、最高库存量的确定

定期订货法的最高库存量可以满足期间内的库存需求。以所用期间的库存需求量为基础,考虑到随机发生的不确定库存需求,再设置一定的安全库存,这样就可以简化地计算出最高库存量。公式如下:

$$Q_{\max} = \bar{R}(T + \bar{T}_K) + Q_s$$

式中:$Q_{\max}$——最高库存量;

$\bar{R}$——单位时间内库存商品需求量平均值;

T——订货周期;

$\bar{T}_K$——平均订货提前期;

Q_s——安全库存。

四、订货批量

定期订货法没有固定不变的订货批量,每个周期订货量的大小等于该周期的最高库存量与实际库存量的差值。考虑到订货点时的在途到货量和已发出出货指令尚未出货的待出货数量,则每次订货的订货量的计算公式为

$$Q_i = Q_{\max} - Q_{Ni} - Q_{Ki} + Q_{Mi}$$

式中:Q_i——第 i 次订货的订货量;

$Q_{\max}$——最高库存量;

Q_{Ni}——第 N_i 次订货点的在途到货量;

Q_{Ki}——第 K_i 次订货点的实际库存量;

Q_{Mi}——第 M_i 次订货点的待出库货数量。

例:某仓库 A 商品订货周期为 8 天,平均订货提前期为 3 天,平均库存需求量为每天 120 箱,安全库存量为 360 箱,另外某次订货时在途到货量为 600 箱,实际库存量为 1 500 箱,待出库货物数量为 500 箱,试计算该仓库 A 商品最高库存量和该次订货时的订货批量。

解:最高库存量为

$$Q_{\max} = \bar{R}(T + \bar{T}_K) + Q_s = 120 \times (18 + 3) + 360 = 2\ 880(\text{箱})$$

订货批量为

$$Q_i = Q_{\max} - Q_{Ni} - Q_{Ki} + Q_{Mi} = 2\ 880 - 600 - 1\ 500 + 500 = 1\ 280(箱)$$

五、定期订货法的应用范围

具有下列特点的物品可以考虑采用固定间隔期系统实行库存控制。

(1)需要定期盘点和定期采购或生产的物资。这些物资主要指成批需要的各种原材料、配件、毛坯和零配件等。在编制上述物资的采购计划时通常均要考虑现有库存的情况,由于计划是定期制定并执行的,因此,这些物资需要定期盘点和定期采购。

(2)具有相同供应源的物资。此处具有相同供应源的物资是指同一供应商生产或产地在同一地区的物资。由于物资来源的相似性,采用定期采购策略,不仅能够节约订货和运输费用,而且可以获得一定的价格折扣,降低购货成本。另外,还可以保证统一采购的顺利进行。

(3)供货渠道较少或供货来自物流企业的物资。其库存管理可采用定期管理系统进行控制。

【任务实施】

1. 工具准备

准备计算的相关资料和计算器等。

2. 完成步骤

(1)教师指导学生掌握定期订货法的确定定货周期的方法,指出订货周期计算公式为

$$T^* = \sqrt{\frac{2S}{CD}}$$

(2)教师指导学生掌握定期订货法中确定每次订货量的方法,指出每次订货量计算公式为

每次订货量 = 允许的最大库存量 - (现有库存量 + 在途量 - 已经销售但未出库的量)

(3)让学生独立核算,计算出最优周期、第一次订货量。

3. 检查标准

检查标准	考评标准	分值	实际得分
定期订货法库存控制策略	完成速度	20	
	具体计算过程	40	
	计算准确性	40	
合计		100	

【拓展任务】

苏州 JX 储运有限公司有两个大客户,分别是 TC 联华超市和 SZ 大润发超市。公司每天都收到这两个大客户发来的出货需求订单,公司的销售员接到订单后,通知库存控制专员,库存控制专员检查仓库库存数量,确定出货量,并作出是否进行补货的决策。一旦需要补货,即通知采购员,由采购员向供应商发出进货订单。假设该公司销售员、库存控制

员和采购员为同一人(以后简称库存控制专员),并且已知JX储运有限公司目前库存为30个单位,公司库存专员向供应商订货周期固定为$T=4$,订货提前期也为$T_k=4$。请以库存控制专员的身份根据每天的客户需求作出补充订货决策,决策结果请填写在决策表中。

任务实施建议:

1. 工具准备

决策表若干、订单表若干、麻将筛子若干。

2. 角色分配

每三人分为一组,其中一人担任JX储运有限公司库存控制专员,1人担任TC联华超市采购人员,1人担任SZ大润发超市采购人员。

3. 实施步骤

(1)TC联华超市采购员抛筛子,得到一个数,这个数代表采购订单数,填在订单表"顾客订货量"上,交给公司库存控制专员。

(2)SZ大润发采购员抛筛子,得到一个数,填在订单表"顾客订货量"上,交给公司库存控制专员。

(3)JX储运有限公司库存控制专员把两个顾客的订货量相加之和,填在自己决策表的"顾客订货量"上,然后将订单表分别还给两个顾客。

(4)JX储运有限公司库存控制专员继续填写决策表中剩余的项目"出库量""库存量""向供应商订货量"等 。

(5)各组将决策表中的Q值及计算过程写在黑板上。

(6)选小组代表阐述作出"向供应商订货量"栏目决策的思路。

(7)教师点评和总结。

4. 说明

(1)JX储运有限公司对库存控制专员工作业绩的评价以库存控制策略评价值Q来表示。Q值计算公式为

$$Q = 0.6 \times 平均库存量 + 1.0 \times 总缺货量$$

(2)Q值越小,说明库存控制专业的工作业绩越好。计算Q值时,平均库存量从第1天算起。

(3)决策表总共决策天数为60天,表中所有栏目由企业库存专员填写,但最左边"向供应商订货量"可以由小组讨论,形成思路后填写。

(4)60天内,两客户订货量之和在7以上的频率应该在50%左右。

5. 决策表和订单表参考样本

JX 储运有限公司对库存控制决策表

条件:(1)订货周期 I=4 天;(2)供应商 4 天的交货期。　　第一组

	1	2	3	4	5	6
天数	向供应商订货量	入库量	顾客订货量(2—12)	库存	出库量	缺少货物量
0				30		
1						
2						
3						
4						
5						
6						
7						
8						
9						
10						

TC 联华超市订单表

	1	2		1	2
天数	顾客订货量(1—6)	出库量	天数	顾客订货量(1—6)	出库量
0			32		
1			33		
2			34		
3			35		
4			36		
5			37		
6			38		
7			39		
8			40		
9			41		
10			42		

项目五
出库作业管理

【能力目标】

1. 具有绘制订单处理员岗位操作流程图的能力。
2. 具有人工摘取式拣货作业和人工播种式拣货作业的操作能力。
3. 具有补货作业操作的能力。
4. 具有独立或与他人合作完成出库交接的能力。
5. 具有熟练使用打包机操作的能力。
6. 具有根据货品性能特点进行车辆合理装载的能力。
7. 具有应用直线式、分送式方法进行配送线路选择的能力。

【知识目标】

1. 理解订单处理的基本步骤。
2. 理解分拣配货作业类型和拣选策略。
3. 熟练掌握补货作业的操作步骤。
4. 理解流通加工的定义和几种典型的流通加工作业。
5. 掌握包装的含义和分类。
6. 掌握出库交接业务的内容。
7. 掌握配送运输的基本作业程序。
8. 掌握配送车辆积载技术。
9. 掌握直送式配送线路选择和分送式配送线路选择方法。

【案例导入】

2017年8月5日下午,苏州JX储运有限公司收到苏州LH有限公司的出库通知单,仓储部王经理领着张涛来到2号仓库主管小侯旁边,告知小侯张涛本月应该进入出库管理组工作了,让小侯好好指导。小侯像以往一样,对张涛进行出库业务的介绍,他说:“出库作业是仓储配送作业管理的最后一步,也是仓储配送管理的重要环节。你想要全面认识仓库的出库作业,就必须要对仓库的出库流程有大概的了解。我们2号仓库的出库作业流程图挂在仓库入口处的墙上(图5-1),你去学习一下。”张涛认真研究了一下出库流程图,有点似懂非懂。于是,张涛请求小侯介绍一下流程图的含义,小侯介绍说:“这个流程图中整个流程是从收到客户的订单开始,首先将订单按其性质进行‘订单处理’,之后根据处理后的订单信息,进行‘拣货’;拣货完成后,一旦发现拣货区所剩余的存货量过低,则必须由储存区进行‘补货’;从仓库中拣选出来的货品经过配货、复核、包装、交接之后即可准备发货;等到货物

‘装载上车’之后，就可选择路线向客户进行‘送货’。在出库过程中，根据客户要求或配送对象的特点，有时需要在未配货之前先对货物进行‘流通加工’，以求提高配送质量，更好地满足用户需要。”张涛听后表示明白了。于是，小侯告知张涛本月会安排他参与出库作业各个环节的操作，让他做好作业记录，并要求他回答以下四个问题：

(1)本公司出库流程是怎样的？如何编制流程图？对客户订单如何进行有效性分析？

(2)本公司拣货方式有哪几种类型？各种方式有什么区别？

(3)本公司补货作业流程是怎样的？流通加工作业流程是怎样的？

(4)本公司车辆积载的核算原理是什么？送货的线路选择方法有哪些？

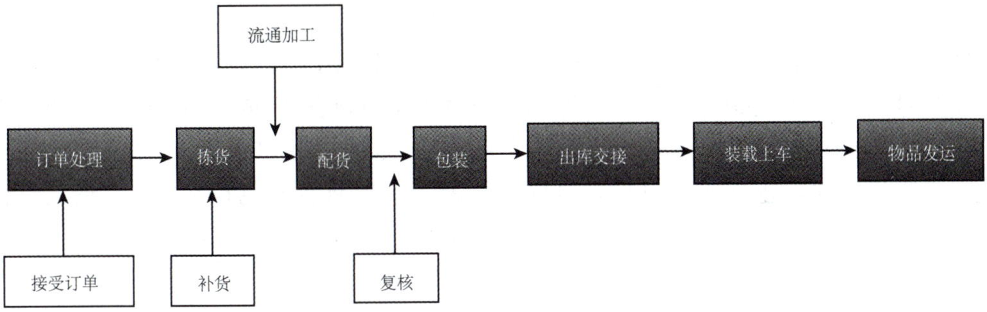

图 5－1　2 号仓库出库流程图

【案例思考】

为了使学生掌握出库业务的一般程序和要求，需要学生进行出库过程中的订单处理、分拣配货、补货、流通加工、包装、交接、转载和线路选择等环节的操作练习，以提高仓储作业的效率。为此，本项目围绕此案例对应设计了八个任务，其中第二个任务又设置了两个分任务。

(1)订单处理操作流程图绘制。

(2)人工分拣配货作业。

①人工摘取式拣配货。

②人工播种式拣配货。

(3)补货作业操作。

(4)流通加工操作。

(5)包装作业操作。

(6)出库复核与交接业务操作。

(7)车辆积载方案制定。

(8)车辆配送线路方案制定。

任务一 订单处理操作流程图绘制

【任务目标】

使学生能够熟悉订单处理的流程,会对订单进行确认。

【任务引入】

2017 年 8 月 5 日下午,苏州 JX 储运有限公司收到苏州 LH 有限公司的出库通知单,要求其在 8 月 6 日下午 3:00 左右按照出库单上的商品详细列表,完成商品的出库作业。作为苏州 JX 储运有限公司客服部的订单处理专员小林在接到出库通知单后,必须在规定的时间内完成出库订单的处理,并将出库的信息传递给 2 号仓库,保证货物正常出库。请以小林的名义,为这笔订单绘制一份订单处理流程图。出库通知单如表 5 - 1 所示。

表 5 - 1 出库通知单

作业计划单号:							
仓库名称:2 号仓库					客户名称:苏州 LH 有限公司		
采购订单号:20170805			客户指令号:2017080503			日期:2017 年 8 月 5 日	
序号	物品编号	名称	单位	产品规格	申请数量	实发数量	备注
1	000050278	汇源果汁	瓶	1×12	26 瓶		
2	000050279	果粒橙	瓶	1×24	32 瓶		
3	000050280	特仑苏	盒	1×24	48 瓶		
4	000050281	妙恋	瓶	1×12	16 瓶		
5	000050282	农夫山泉	瓶	1×24	72 瓶		

【知识链接】

一、订单处理的含义

由接到客户订货开始至准备着手拣货之间的作业阶段,称为订单处理,通常包括订单的资料确认、存货查询、单据处理等内容。

仓储企业或配送中心出库作业的一个核心业务流程是订单处理。订单处理是实现企业顾客服务目标最重要的影响因素。改善订单处理过程,缩短订单处理周期,提供订单处理全程跟踪信息,可以大大提高顾客服务水平与顾客满意度,同时也能够降低库存水平,在提高顾客服务水平的同时降低物流总成本,使企业获得竞争优势。

二、订单处理的基本步骤

准确、完备、快速的信息处理与信息传递是现代物流管理发展的主要驱动力。物流信息系统是改善包括订单处理在内的物流管理过程的重要工具，而订单处理则是其核心部分。

订单处理分人工和计算机两种形式。人工处理具有较大弹性，但只适合少量的订单处理，一旦订单数量较多，处理将变得缓慢且容易出错。计算机处理速度快、效率高、成本低，适合大量的订单处理，因此，目前主要采取后一种形式。订单处理的基本内容及步骤如下。

（一）接受订货

接单作业为订单处理的第一步骤，随着流通环境及科技的发展，接受客户订货的方式也逐渐由传统的人工下单、接单，演变为计算机直接接收订货信息的电子订货方式。

（二）订单确认

接受订单后，需对其进行确认。其主要内容包括以下几点。

1. 确认货物数量及日期

接受订单后就需对货物数量及日期进行确认。货物数量及日期的确认是对订货资料项目的基本检查，即检查品名、数量、送货日期等是否有遗漏、笔误或不符合公司要求的情形，尤其当送货时间有问题或出货时间已延迟时，更需与客户再次确认订单内容或更正运送时间。

2. 确认客户信用

不论是何种订单，接受订单后都要查核客户的财务状况，以确定其是否有能力支付该订单的账款。通常的做法是检查客户的应收账款是否已超过其信用额度。

3. 确认订单形态

在接受订货业务上，表现为具有多种订单的交易形态，所以物流中心应对不同的订单形态采取不同的交易及处理方式。

4. 确认订货价格

不同的客户、不同的订购量，可能有不同的价格，输入价格时系统应加以检核。若输入的价格不符（输入错误或因业务员降价强接单等），系统应加以锁定，以便主管审核。

5. 确认加工包装

客户对于订购的商品，是否有特殊的包装、分装或贴标等要求，或是有关赠品的包装等资料都要详细确认记录。

（三）设定订单号码

每一订单都要有其单独的订单号码，号码由控制单位或成本单位指定，除了便于计算成本以外，还可用于制造、配送等一切有关工作，且所有工作说明单及进度报告均应附此号码。

（四）建立客户档案

客户档案应包括如下内容：客户名称、代号、等级等；客户信用额度；客户销售付款及折扣率的条件；开发或负责此客户的业务员资料；客户配送区域；客户收账地址；客户点配送路径顺序；客户点适合的送货车辆形态；客户点卸货特性；客户配送要求；延迟订单。

（五）存货查询及依订单分配存货

输入客户订货商品名称、代号时，系统就查对存货档的相关资料，检查此商品是否缺货。如果缺货则提供商品资料或此缺货商品已采购但未入库信息，这些便于接单人员与客户协调是否改订替代品或是否允许延后出货等，从而提高人员的接单率及接单处理效率。

订货资料输入系统确认无误后，最主要的处理作业在于如何将大量的订货资料，做最有效的汇总分类、调拨库存，以便后续的物流作业能有效地进行。

（六）计算拣取的标准时间

订单处理人员要事先掌握每一个订单或每批订单可能花费的拣取时间，以便有计划地安排出货过程，因此，要计算订单拣取的标准时间：

(1)计算拣取每一单元货物的标准时间，且将它设定于电脑记录标准时间档，将此个别单元的拣取时间记录下来，可以很容易地推导出整个标准时间。

(2)有了单元的拣取标准时间后，便可依每品项订购数量（多少单元）再配合每品项的寻找时间，来计算每批订单拣取的标准时间。

(3)根据每一订单或每批订单的订货品项及前面算出的整批订单的拣取标准时间，依订单实际情况排定出货时间及拣货顺序。

（七）整理存货状况

整理前面已由存货状况进行了存货的分配，但对于这些已分配存货的订单，应如何安排出货时间及拣货先后顺序，通常会再依客户需求、拣取标准时间及内部工作负荷来拟定。

（八）分配后存货不足的处理

若现有存货数量无法满足客户需求，客户又不愿意以替代品替代时，则应按照客户意愿与公司政策来决定应对方式。

（九）订单资料处理输出

订单资料经由上述处理后，即可开始打印一些出货单据（如分拣单与分货单），以展开后续的物流作业。

分拣单与分货单是为了提供商品出库指示资料，并作为配货的依据。拣货单与分货单的形式需配合配送中心的配货策略及配货作业方式来加以设计，以提供详细且有效率的配货信息，便于配货的进行。拣货单与分货单的格式如表5－2和表5－3所示。

表5－2 拣货单

编号：

<table>
<tr><td colspan="2">拣货单编号</td><td colspan="3"></td><td colspan="2">用户订单编号</td><td colspan="2"></td></tr>
<tr><td colspan="2">用户名称</td><td colspan="7"></td></tr>
<tr><td colspan="2">拣货时间</td><td colspan="3">年 月 日 时 分至 时 分</td><td colspan="2">拣货人</td><td colspan="2"></td></tr>
<tr><td colspan="2">核查时间</td><td colspan="3">年 月 日 时 分至 时 分</td><td colspan="2">核查人</td><td colspan="2"></td></tr>
<tr><td rowspan="2">序号</td><td rowspan="2">储位编号</td><td rowspan="2">商品编号</td><td rowspan="2">规格型号</td><td rowspan="2">商品编码</td><td colspan="3">数量（包装单位）</td><td rowspan="2">备注</td></tr>
<tr><td>托盘</td><td>箱</td><td>单件</td></tr>
<tr><td></td><td></td><td></td><td></td><td></td><td></td><td></td><td></td><td></td></tr>
<tr><td></td><td></td><td></td><td></td><td></td><td></td><td></td><td></td><td></td></tr>
<tr><td></td><td></td><td></td><td></td><td></td><td></td><td></td><td></td><td></td></tr>
</table>

表 5－3　分货单

编号：

<table>
<tr><td colspan="2">分货单编号</td><td colspan="4"></td><td></td><td colspan="3" rowspan="2">数量(包装单位)</td></tr>
<tr><td colspan="2">商品名称</td><td colspan="4"></td><td></td></tr>
<tr><td colspan="2">规格型号</td><td colspan="4"></td><td>托盘</td><td colspan="2">箱</td><td>单件</td></tr>
<tr><td colspan="2">商品编码</td><td colspan="4"></td><td></td><td colspan="2"></td><td></td></tr>
<tr><td colspan="2">生产厂家</td><td colspan="3"></td><td>储位编码</td><td colspan="4"></td></tr>
<tr><td colspan="2">分货时间</td><td colspan="3">年 月　日　时　分至　时　分</td><td>分货人</td><td colspan="4"></td></tr>
<tr><td colspan="2">核查时间</td><td colspan="3">年 月　日　时　分至　时　分</td><td>核查人</td><td colspan="4"></td></tr>
<tr><td rowspan="2">序号</td><td rowspan="2">订单编号</td><td rowspan="2">用户名称</td><td colspan="2">数量(包装单位)</td><td></td><td colspan="2" rowspan="2">出货货位</td><td colspan="2" rowspan="2">备注</td></tr>
<tr><td>托盘</td><td>箱</td><td>单件</td></tr>
<tr><td></td><td></td><td></td><td colspan="3"></td><td colspan="2"></td><td colspan="2"></td></tr>
<tr><td></td><td></td><td></td><td colspan="3"></td><td colspan="2"></td><td colspan="2"></td></tr>
<tr><td></td><td></td><td></td><td colspan="3"></td><td colspan="2"></td><td colspan="2"></td></tr>
</table>

拣货单与分货单的打印应考虑商品储位，依据储位前后相关顺序打印，以减少人员重复往返，同时拣货、分货数量及单位也要详细标示。

【任务实施】

1. 完成步骤

(1)指导老师向学生讲解订单处理专员的主要工作职责。

(2)将学生分组，每六人一组。

(3)小组自主学习书中介绍的订单处理流程，讨论后绘制订单处理流程图。

(4)各组将流程图贴在墙上展示。

第一组选出一名代表在流程图前为第二组的 5 名成员进行讲解，本组其余 5 名成员到第二组的流程图前听第二组代表讲解，其余组别依此方式进行操作。各组成员在听取别组介绍的过程中与本组制作的流程图进行比较，并交流意见。

(5)选出一名学生代表其所在组上台介绍流程图的含义。

(6)教师点评并总结。

注：制作流程图格式规格：流程图要根据课本中阐述的顺序来绘制，每个环节内容可用相应的符号表示。流程图符号规格如图 5－2 所示。

符号	名称	意义
	准备作业(Start)	流程图开始
	处理(Process)	处理程序

续表

符号	名称	意义
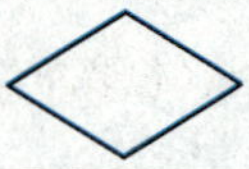	决策(Decision)	不同方案选择
	终止(End)	流程图终止
	路径(Path)	指示路径方向
	文件(Document)	输入或输出文件
	已定义处理(Predefined Process)	使用某一已定义之处理程序
	连接(Connector)	流程图向另一流程图之出口; 或从另一地方之入口
	批注(Comment)	表示附注说明之用

图 5－2 编制流程图符号规格

2. 检查标准

检查标准	考评标准	分值	实际得分
订单处理员岗位操作流程图绘制	绘制的流程图内容全面、正确	40	
	工作流程的先后顺序正确	40	
	流程图布局合理、图面简洁	20	
合计		100	

【拓展任务】

JX 储运有限公司收到四个客户订单(图 5－3)后,客服部需要根据客户档案(图 5－4 至图 5－7)和订单信息对四个客户订单进行有效性判断,对确定的无效订单予以锁定,陈述理由,主管签字并标注日期。请以客服部的名义判断这四个客户订单是否有效。

判定客户订单有效性的相关标准如下:

(1)判定订单有效性的标准:累计应收账款超过信用额度 7%,其订单为无效订单。

(2)累计应收账款的核算方法:累计应收账款 = 订单合计金额 + 客户档案应收账款。

达华超市采购订单						
订单编号：D201705123701				订货时间：2017. 5. 12		
序号	商品名称	单位	单价/元	订购数量	金额/元	备注
1	婴儿纸尿裤	箱	100	5	500	
2	可乐年糕	箱	100	4	400	
3	农夫山泉饮用天然水 380mL	瓶	100	2	200	
4	芬达橙味汽水 600mL	瓶	50	9	450	
5	王老吉凉茶植物饮料 310mL	瓶	50	1	50	
6	雀巢优活 550mL	瓶	50	1	50	
7	小茗同学冷泡冰橘绿茶 480mL	瓶	50	2	100	
8	美汁源 10% 果粒橙 450mL	瓶	50	2	100	
9	脉动维生素饮料蜜桃味 600mL	瓶	50	2	100	
10	伊藤园浓茶绿茶饮料 500mL	瓶	50	1	50	
11	乐虎氨基酸维生素功能饮料 250mL	瓶	50	1	50	
	合计	–	–	30	2 050	

好德超市采购订单						
订单编号：D201705123702				订货时间：2017. 5. 12		
序号	商品名称	单位	单价/元	订购数量	金额/元	备注
1	幸福方便面	箱	100	4	400	
2	可乐年糕	箱	100	2	200	
3	诚诚油炸花生仁	箱	100	1	100	
4	雅比沙拉酱	箱	100	1	100	
5	农夫山泉饮用天然水 380mL	瓶	50	1	50	
6	芬达橙味汽水 600mL	瓶	50	2	100	
7	王老吉凉茶植物饮料 310mL	瓶	50	1	50	
8	雀巢优活 550mL	瓶	50	1	50	
9	小茗同学冷泡冰橘绿茶 480mL	瓶	50	2	100	
10	美汁源 10% 果粒橙 450mL	瓶	50	1	50	
11	脉动维生素饮料蜜桃味 600mL	瓶	50	2	100	
12	伊藤园浓茶绿茶饮料 500mL	瓶	50	1	50	
13	乐虎氨基酸维生素功能饮料 250mL	瓶	50	1	50	
	合计	–	–	20	1 400	

图 5–3　四个客户订单

苏新超市采购订单						
订单编号：D201705123704				订货时间：2017.5.12		
序号	商品名称	单位	单价/元	订购数量	金额/元	备注
1	婴儿美奶粉	箱	100	7	700	
2	可乐年糕	箱	100	2	200	
3	兴华苦杏仁	箱	100	1	100	
4	隆达葡萄籽油	箱	100	1	100	
5	农夫山泉饮用天然水 380mL	瓶	50	8	400	
6	龙志 3 号仙鹤尖匙	把	50	2	100	
7	清亮牙签牙线	包	50	2	100	
8	丫丫黑梳	包	50	2	100	
9	水晶刷	把	50	2	100	
10	清亮一次性雨衣	件	50	2	100	
11	机动车行驶驾驶证	本	50	2	100	
12	美目眼线贴	包	50	2	100	
13	澳娃 120 记号笔	支	50	2	100	
14	好帮手洗澡巾	个	50	2	100	
15	伊藤园浓茶绿茶饮料 500mL	瓶	50	2	100	
16	乐虎氨基酸维生素功能饮料 250mL	瓶	50	2	100	
	合计	–	–	41	2 600	

乐福超市采购订单						
订单编号：D201705123703				订货时间：2017.5.12		
序号	商品名称	单位	单价/元	订购数量	金额/元	备注
1	顺心奶嘴	箱	100	10	1 000	
2	可乐年糕	箱	100	3	300	
3	大王牌大豆酶解蛋白粉	箱	100	1	100	
4	梦阳奶粉	箱	100	1	100	
5	农夫山泉饮用天然水 550mL	瓶	50	2	100	
6	百岁山饮用天然矿泉水 348mL	瓶	50	2	100	
7	恒大冰泉 500mL	瓶	50	2	100	
8	康师傅包装饮用水 550mL	瓶	50	2	100	
9	小茗同学冷泡冰橘绿茶 480mL	瓶	50	1	50	
10	美汁源 10% 果粒橙 450mL	瓶	50	1	50	
11	脉动维生素饮料蜜桃味 600mL	瓶	50	1	50	

续表

乐福超市采购订单						
订单编号:D201705123703				订货时间:2017.5.12		
12	伊藤园浓茶绿茶饮料 500mL	瓶	50	1	50	
13	乐虎氨基酸维生素功能饮料 250mL	瓶	50	1	50	
	合计	–	–	28	2 150	

图 5－3　四个客户订单(续)

客户编号	2003020106						
公司名称	达华超市	助记码	DH				
法人代表	赵光明	家庭住址	苏州市×××	联系方式	0512×××		
证件类型	营业执照	证件编号	120213432567876	营销区域	苏州市区		
公司地址	苏州市×××	邮编	215×××	联系人	王彬		
办公电话	0512×××	家庭电话	0512×××	传真号码	0512×××		
电子邮箱	dahua@126.com	QQ 账号	505967892	MSN 账号	dahua@hotmail.com		
开户银行	招商银行	银行账号	93725289031384				
公司性质	民营	所属行业	零售	注册资金	300 万	经营范围	日用品、食品
信用额度	9 万元	忠诚度	一般	满意度	高	应收账款	8.95 万元
客户类型	普通	客户级别	B				
建档时间	2003 年 2 月	维护时间	2015 年 6 月				
WEB 主页	www.dahua.com						

图 5－4　JX 储运有限公司客户档案(达华超市)

客户编号	2008160902						
公司名称	好德超市	助记码	HD				
法人代表	薛瑾	家庭住址	苏州市×××	联系方式	0512×××		
证件类型	营业执照	证件编号	120108754377888	营销区域	苏州市		
公司地址	苏州市×××	邮编	215×××	联系人	范威		
办公电话	0512×××	家庭电话	0512×××	传真号码	0512×××		
电子邮箱	haode@eyou.com	QQ 账号	2115467907	MSN 账号	haode@msn.com		
开户银行	苏州银行	银行账号	5357899765569				
公司性质	民营	所属行业	零售业	注册资金	3 600 万	经营范围	食品、日用品
信用额度	190 万元	忠诚度	高	满意度	高	应收账款	178 万元
客户类型	伙伴型	客户级别	A				
建档时间	2008 年 8 月	维护时间	2015 年 4 月				
WEB 主页	www.haode.com						

图 5－5　JX 储运有限公司客户档案(好德超市)

<table>
<tr><td>客户编号</td><td colspan="10">2004030123</td></tr>
<tr><td>公司名称</td><td colspan="5">乐福超市</td><td>助记码</td><td colspan="4">LF</td></tr>
<tr><td>法人代表</td><td colspan="2">王永红</td><td colspan="2">家庭住址</td><td colspan="2">苏州市×××</td><td colspan="2">联系方式</td><td colspan="2">0512×××</td></tr>
<tr><td>证件类型</td><td colspan="2">营业执照</td><td colspan="2">证件编号</td><td colspan="2">120106754788763</td><td colspan="2">营销区域</td><td colspan="2">苏州市</td></tr>
<tr><td>公司地址</td><td colspan="4">苏州市×××</td><td>邮编</td><td>215×××</td><td colspan="2">联系人</td><td colspan="2">任程程</td></tr>
<tr><td>办公电话</td><td colspan="2">0512×××</td><td colspan="2">家庭电话</td><td colspan="2">0512×××</td><td colspan="2">传真号码</td><td colspan="2">0512×××</td></tr>
<tr><td>电子邮箱</td><td colspan="2">lefu@126.com</td><td colspan="2">QQ 账号</td><td colspan="2">8753885336</td><td colspan="2">MSN 账号</td><td colspan="2">lefu@msn.com</td></tr>
<tr><td>开户银行</td><td colspan="4">农村商业银行</td><td>银行账号</td><td colspan="5">86439896420427</td></tr>
<tr><td>公司性质</td><td>民营</td><td colspan="2">所属行业</td><td>零售业</td><td>注册资金</td><td colspan="2">1200 万</td><td colspan="2">经营范围</td><td>食品、办公用品</td></tr>
<tr><td>信用额度</td><td>150 万元</td><td colspan="2">忠诚度</td><td>高</td><td>满意度</td><td colspan="2">较高</td><td colspan="2">应收账款</td><td>142 万元</td></tr>
<tr><td>客户类型</td><td colspan="4">重点型</td><td>客户级别</td><td colspan="5">A</td></tr>
<tr><td>建档时间</td><td colspan="4">2006 年 5 月</td><td>维护时间</td><td colspan="5">2015 年 6 月</td></tr>
<tr><td>WEB 主页</td><td colspan="10">www.lefu.com</td></tr>
</table>

图 5－6　JX 储运有限公司客户档案(乐福超市)

<table>
<tr><td>客户编号</td><td colspan="10">2009012403</td></tr>
<tr><td>公司名称</td><td colspan="5">苏新超市</td><td>助记码</td><td colspan="4">SX</td></tr>
<tr><td>法人代表</td><td colspan="2">李文和</td><td colspan="2">家庭住址</td><td colspan="2">苏州市×××</td><td colspan="2">联系方式</td><td colspan="2">0512×××</td></tr>
<tr><td>证件类型</td><td colspan="2">营业执照</td><td colspan="2">证件编号</td><td colspan="2">120103789346338</td><td colspan="2">营销区域</td><td colspan="2">江苏地区</td></tr>
<tr><td>公司地址</td><td colspan="4">苏州市×××</td><td>邮编</td><td>215×××</td><td colspan="2">联系人</td><td colspan="2">李凯</td></tr>
<tr><td>办公电话</td><td colspan="2">0512×××</td><td colspan="2">家庭电话</td><td colspan="2">0512×××</td><td colspan="2">传真号码</td><td colspan="2">0512×××</td></tr>
<tr><td>电子邮箱</td><td colspan="2">suxin@163.com</td><td colspan="2">QQ 账号</td><td colspan="2">738496216</td><td colspan="2">MSN 账号</td><td colspan="2">suxin@msn.com</td></tr>
<tr><td>开户银行</td><td colspan="4">江苏银行</td><td>银行账号</td><td colspan="5">1566331510296580</td></tr>
<tr><td>公司性质</td><td>民营</td><td colspan="2">所属行业</td><td>零售</td><td>注册资金</td><td colspan="2">400 万</td><td colspan="2">经营范围</td><td>食品、日用百货</td></tr>
<tr><td>信用额度</td><td>160 万元</td><td colspan="2">忠诚度</td><td>较高</td><td>满意度</td><td colspan="2">高</td><td colspan="2">应收账款</td><td>152.5 万元</td></tr>
<tr><td>客户类型</td><td colspan="4">重点型</td><td>客户级别</td><td colspan="5">B</td></tr>
<tr><td>建档时间</td><td colspan="4">2009 年 1 月</td><td>维护时间</td><td colspan="5">2015 年 6 月</td></tr>
<tr><td>WEB 主页</td><td colspan="10">www.suxin.com.cn</td></tr>
</table>

图 5－7　JX 储运有限公司客户档案(苏新超市)

任务二　人工分拣配货作业

【任务目标】

1. 熟练掌握人工摘取式拣配货作业的操作步骤和作业方法。
2. 熟练掌握人工播种式拣配货作业的操作步骤和作业方法。

【任务引入】

(1)子任务 A——人工摘取式拣配货任务。

苏州 JX 储运有限公司于 2017 年 8 月 24 日下午 1 点前收到苏州 LH 有限公司的三个门店分别发来的出库订单，如表 5－4 至表 5－6 所示，客服部订单处理专员小林已经在仓储管理系统中经过了订单处理，并将产生的拣货单和送货单传递给了 2 号仓库。2 号仓库主管小侯收到小林传过来的信息后，需要安排人员根据拣货单进行拣货作业，张涛也参与了这项工作。请以张涛的名义，和大家一起在 8 月 25 日 8:00—9:00 的时间段内完成这三个门店商品的拣货任务。

表 5－4　门店 1 的订单

序号	品名	数量	规格	单位	送货时间	客户位置
1	小洋人(草莓味)	5	500 mL	瓶	8 月 25 日下午 1 点前	太仓市新东街 26 号
2	康师傅水煮牛肉面	6	143 g	桶		
3	雕牌洗洁精	1	500 g	瓶		

表 5－5　门店 2 的订单

序号	品名	数量	规格	单位	送货时间	客户位置
1	小洋人(菠萝味)	2	500 mL	瓶	8 月 25 日下午 1 点前	太仓市府南街 4 号
2	康师傅红烧牛肉面	8	143g	桶		
3	农夫山泉	1	550 mL	瓶		

表 5－6　门店 3 的订单

序号	品名	数量	规格	单位	送货时间	客户位置
1	小洋人(草莓味)	2	500 mL	瓶	8 月 25 日下午 1 点前	太仓市东仓路街 8 号
2	康师傅水煮牛肉面	5	143 g	桶		
3	农夫山泉	1	550 mL	瓶		

(2)子任务 B——人工播种式拣配货任务。

苏州 JX 储运有限公司于 2017 年 8 月 25 日下午 1 点前收到苏州 LH 有限公司的三个门店分别发来的出库订单，如表 5－7 至表 5－9 所示，客服部订单处理专员小林已经在仓储管理系统中经过了订单处理，并将产生的拣货单和送货单传递给了 2 号仓库。2 号仓库主管小侯收到小林传过来的信息后,需要安排人员根据拣货单进行拣货作业。请以小侯的名义,合理组织安排人员在 8 月 26 日 8:00—9:00 的时间段内完成这三个门店商品的拣货任务。

表 5-7 门店 1 的订单

序号	品名	数量	规格	单位	送货时间	客户位置
1	小洋人(草莓味)	4	500 mL	瓶	8 月 26 日下午 1 点	太仓市场新东街 26 号
2	康师傅水煮牛肉面	6	143 g	桶		
3	农夫山泉	1	550 mL	瓶		

表 5-8 门店 2 的订单

序号	品名	数量	规格	单位	送货时间	客户位置
1	小洋人(草莓味)	4	500 mL	瓶	8 月 26 日下午 1 点前	太仓市府南街 4 号
2	康师傅水煮牛肉面	6	143 g	桶		
3	银行存款日记账	1	50 g	包		

表 5-9 门店 3 的订单

序号	品名	数量	规格	单位	送货时间	客户位置
1	小洋人(草莓味)	2	500 mL	瓶	8 月 26 日下午 1 点前	太仓市东仓路街 8 号
2	康师傅水煮牛肉面	5	143 g	桶		
3	银行存款日记账	1	550 g	包		

【知识链接】

分拣配货作业是出库作业的中心环节。所谓分拣配货,是按照用户的订货要求,尽可能迅速、准确地将商品从其储位或其他区域拣取出来,并按用户分类集中、处理放置的作业过程。分拣配货作业在出库环节中不仅工作量大、工艺复杂,而且要求作业时间短、准确性高、服务质量好。因此,加强对拣货配货作业的管理非常重要。

一、拣选作业的方法

(一)拣取式分拣

拣取式分拣,又叫作摘取式分拣。它是指分拣人员或分拣工具巡回于各个储存点并将订单上所需货物取出,完成配货任务,货位相对固定,而分拣人员和分拣工具相对运动的方法。类似于人们进入果园,在一棵树上摘下成熟的果子后,再转到另一棵树前摘果,所以又形象地称之为摘果式或摘取式分拣配货法。

(二)分货式分拣

分货式分拣,又叫作播种式分拣。它是指分拣人员或分拣工具从储存点集中取出各个用户共同需要的货物,然后巡回于各用户的货位之间,将货物按用户需求量放在各用户的货位上,再取出下一种共同需求的商品,如此反复进行直至按用户需求将全部货物取出并分放完毕的方法。类似于农民播种时先准备几亩地的种子,再进行播种,所以形象地称之为播种式分拣配货法。

(三)总量分拣方法

其又称为批量分拣,是指将一天或半天的多个订单货物由作业者汇总起来进行分拣,然后将不同订单的货物分开作业的方法。

二、拣货策略

拣货策略是影响拣货作业效率的关键,它主要包括分区、订单分割、订单分批、分类四个因素,这四个因素相互作用可产生多个拣货策略。下面将逐一进行介绍。

(一)分区

分区就是将拣货作业场地作区域划分,图 5-8 所示为拣货分区示意图。

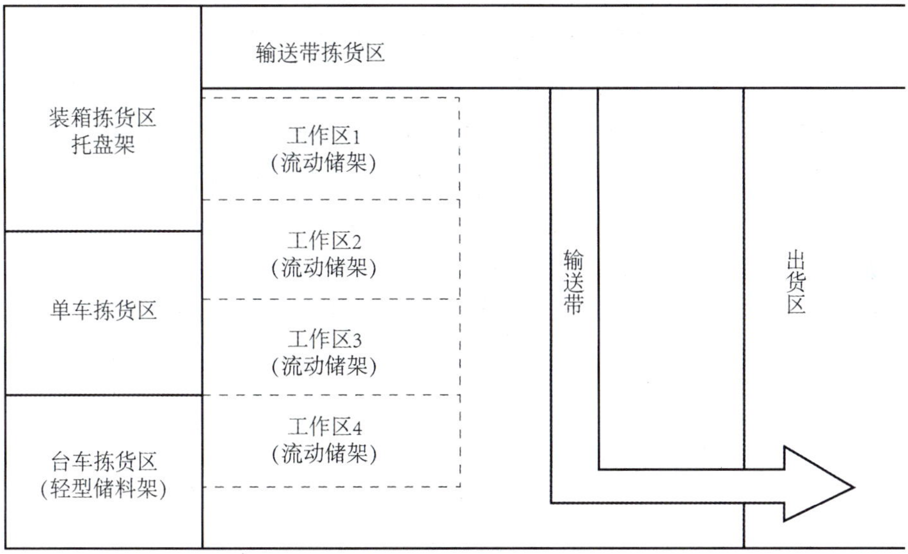

图 5-8 拣货分区示意图

按分区的原则不同分类,可分为以下三种:

(1)按拣货单位分区。将拣货作业场地按拣货单位划分,如箱装拣货区、单件拣货区、具有特殊性的冷冻品拣货区等,基本上这一分区与储存单位分区是相对应的。其目的在于将储存与拣货单位分类统一,以便拣取与搬运单元化和拣取作业单纯化。

(2)按拣货方式分区。不同的拣货单位分区中,依拣货方法及设备的不同,又可划分若干的分区。分区的原则通常按商品销售的 ABC 分类而来,如图 5-9 所示。按各品类的出货量大小及拣取次数的多少,各作 A、B、C 群组划分。再根据各群组的特征,决定合适的拣货设备及拣货方式。这种方式可将作业区单纯化、一致化,以减少不必要的重复行走所耗费的时间。

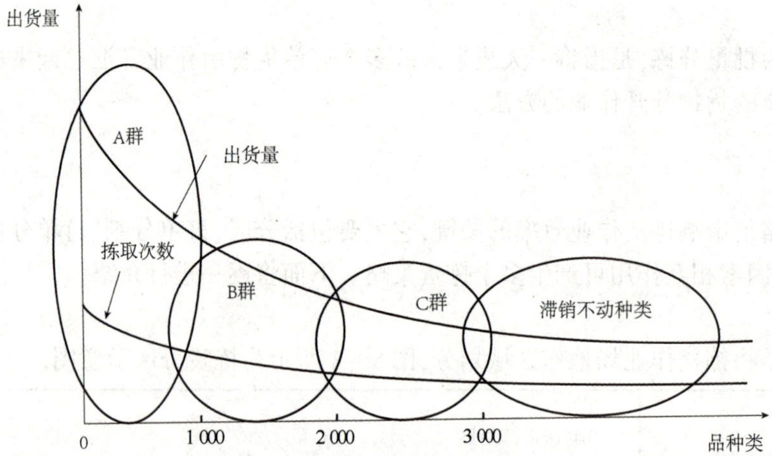

图 5－9 以物流量为基准的群组分区法

(3)按工作分区。在相同的拣货方式下,将拣货作业场地细分成不同的分区,由一个或一组固定的拣货人员负责拣取区域内的货物。这一策略的优点在于能减少拣货人员所需记忆的存货位置及移动距离,缩短拣货时间。同时也可配合订单分割策略,运用多组拣货人员在短时间内共同完成订单的拣取。接力式拣货就是工作分区下的产物,只是其订单不作分割或不分割至各工作分区,拣货人员以接力的方式来完成所有的拣货作业,如图 5－10 所示。

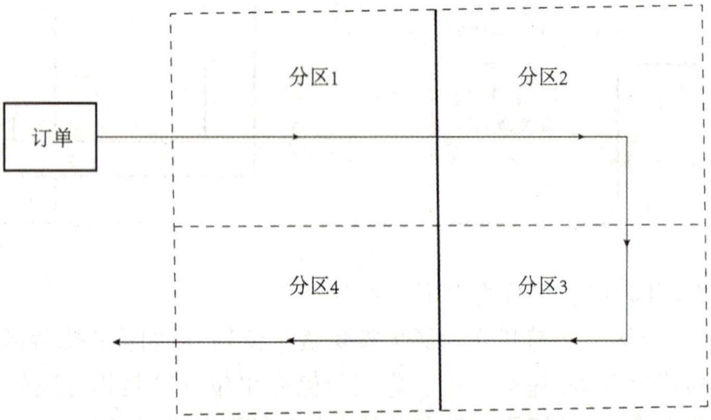

图 5－10 接力式拣货

(二)订单分割

当订单所订购的商品种类较多,或设计一个要求及时快速处理的拣货系统时,为了使其能在短时间内完成拣货处理,利用订单分割策略将订单切分成若干的子订单,交由不同的拣货人员同时进行拣货作业以加速拣货的完成。订单分割策略必须与分区策略配合运用,才能有效地发挥其优势。

(三)订单分批

订单分批是为了提高拣货作业效率而把多张订单集合成一批,进行批次拣取的作业。若先将每批次订单中的同一商品种类汇总拣取,然后把货品分类至每一顾客订单中,则形成批量拣取,这样不仅缩短了拣取时平均行走搬运的距离,也减少了储位重复寻找的时间,进而提高了拣货效率。订单分批方式有以下四种:

(1)总合计量分批。这种方式是合计拣货作业前所有累计的订单中每一商品项目的总量，再按这一总量进行拣取。这样便可将拣取路径缩减至最短，同时使储存区域也较为单纯化，但需要功能强大的分类系统来支持。此种方式适合于周期性配送，例如可将所有的订单在中午前搜集，在下午作汇总处理，隔日一早再进行拣取、分类工作。

(2)时窗分批。当订单要求紧急发货时，可利用此策略，开启短暂而固定的时窗，如五或十分钟，再将这一时窗中所有的订单做成一批，进行批量拣取。这一方式常与分区及订单分割联合运用，特别适合于到达间隔时间短而平均的订单形态，同时订购量及种类不宜太多。图5-11所示为分区时窗分批拣取的示意图，所开时窗长度为一小时。各拣货分区利用时窗分批同步作业时，会因分区工作量不平衡和时窗分批拣货量的不平衡产生作业的等待问题。因此，如果能将作业等待的时间缩短，将大幅度提高拣货的产出效率。这种分批方式较适合密集频繁的订单，且能应付紧急插单的需求。

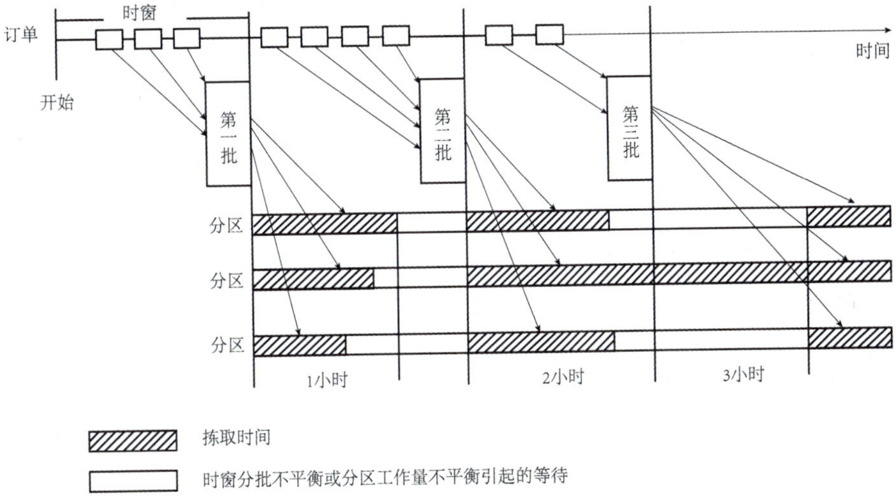

图5-11 分区时窗分批拣取

(3)固定订单量分批。订单分批按先到先处理的基本原则，当订单累计达到设定的数量时，开始进行拣货作业。这种方式偏重于维持较稳定的作业效率，但在处理速度上慢于时窗分批方式。图5-12所示为分区固定订单量分批拣取的示意图，固定订单量为4。当订单进入系统的累计数到达4时，集合成一批进行分区批量拣货作业。

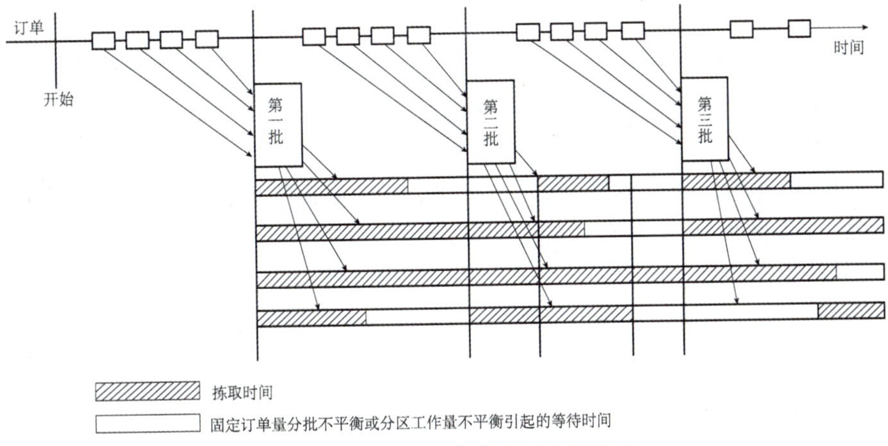

图5-12 分区定量分批拣取

(4)智慧型分批。订单输入计算机经处理后,将拣取路径相近的订单分成一批。采用这种分批方式的配送中心通常将前一天的订单汇总后,经过计算机处理在当日产生拣货单据,速度较快。

(四)分类

若采用分批拣货策略,随后必须有相配合的分类策略,通常把分类方式大致分成两类:

(1)拣货时分类。在拣取的同时将货物分类到各订单中,这种分类方式常与固定量分批或智慧型分批方式配合使用,因此,需使用计算机辅助台车作为拣货设备,以加快拣货速度。采用这种方式时,每批次客户订单量不宜过大。

(2)拣取后集中分类。即分批按合计总量拣取后,再进行集中分类。实际的做法一般有两种,一种是以人工作业为主,将货物搬运到空地上进行分类,但每批次订单量及货物数量不宜过大,不得超过人员负荷;另一种是利用分类输送系统进行集中分类,这是自动化的作业方式。当订单分批批量品种较多时,常使用后一种方式来完成集中分类工作。

以上四大类拣货策略因素可单独或联合运用于直接按订单拣取作业中。

【任务实施】

1. 子任务 A——人工摘取式拣配货任务实施

(1)工具准备。

①周转箱 3 个、手推车 2 辆、纸箱 3 个、胶带 1 卷、笔。

②若干货品、食品、洗化用品。

(2)完成步骤。

1)教师介绍拣货流程、要求和注意事项。

2)将学生分组,每 3 人分为一组,分别扮演信息员(或市场部员工)1 名,拣货员 1 名,复核员 1 名。

3)拣货准备:小组成员在课前制作“摘果式拣货单(摘取式拣货单)”(3 张)。

4)现场演练(角色扮演)。

①信息员根据客户订单填写摘取式拣货单,然后将拣货单交给拣货员。

②拣货员开始拣货。

a. 拣货人员根据拣货单上储位、货品的信息找到储位。

b. 拿取货品,确认拿取的货品是拣货单上显示要拣取的货品。

c. 确认无误后,每完成一种货品的拣取,就及时在拣货单相应货品右侧打钩。

d. 将拣出的货品放置在周转箱里面,再放置在手推车上。

③拣货员签名确认。

当 1 张拣货单的拣货任务完成后,拣货员在“拣货人”后面签名,然后将拣货单交给复核员,同时将货品(在手推车上)放到待验区等待复核。

④复核员复核给出评价。

复核员“以单对货”,根据拣货单进行现场核对,确认无误后签字。

5)教师进行现场指导,纠正学生在操作过程中的失误。

(3)检查标准。

检查标准	考评标准	分值	实际得分
人工摘取式拣货	自行设计的摘取式拣货单信息全面	25	
	拣货操作时间符合要求	25	
	拣货操作质量好	25	
	拣货操作程序正确	25	
合计		100	

2. 子任务B——人工播种式拣配货任务实施

(1)工具准备。

①周转箱3个、手推车2辆、纸箱3个、胶带1卷、笔。

②若干货品、食品、洗化用品。

(2)完成步骤。

1)教师介绍拣货流程、要求和注意事项。

2)将学生分组,每6人分为一组,分别扮演信息人员1名,拣货员2名,分货人员2名,复核员1名。

3)拣货准备:小组成员在课前制作"播种式拣货单(分货式拣货单)"(3张)。

4)教师带领学生进入学校仓储实训室进行现场演练(角色扮演)。

①信息员填写播种式拣货单,将拣货单交给拣货员。

②拣货人员拣取单品总量。

a. 拣货人员根据拣货单信息找到储位。

b. 取货品,确认拿取的货品是拣货单上显示要拣取的货品。

c. 确认无误后,在拣货单相应货品右侧打钩。

d. 拣出的货品放置在周转箱里面,再靠边放置在手推车上。

e. 当一张拣货单的拣货任务完成后,拣货员在其右下角的"拣货人"后面签名,然后将品种拣货单交给分货员。

③分货。

a. 分货员将货品搬运到待检验区。

b. 分货人员在储存区先划分出三个区域代表三个客户区,然后根据品种拣货单中分货栏目将货品逐一分配到对应门店的周转箱内。

c. 分货人员将品种拣货单交给复核员。

④复核员复核给出评价。

复核员依据品种拣货单进行复核,确认无误后签字。

5)教师进行现场指导,纠正学生在操作过程中的失误。

任务三 补货作业

【任务目标】

1. 熟练掌握补货作业的操作步骤。
2. 掌握补货作业的作业方法。

【任务引入】

2017 年 9 月 1 日下午,苏州 JX 储运有限公司 2 号仓库仓管员小夏在完成客户一批货物的备货后,发现存放于电子拣选区 D1020204 储位的农夫山泉矿泉水仅剩 8 个,库存量已经低于该货物的补货点(10 个)。小夏马上将这一情况汇报给 2 号仓库主管小侯。2017 年 9 月 2 日,仓管员小夏接到了仓库主管下达的补货指令,具体内容如表 5 – 10 及表 5 – 11 所示。请以小夏的名义,和大家一起完成此次农夫山泉矿泉水的补货任务。

表 5 – 10 补货指令单

仓库:苏州 JX 储运有限公司 2 号仓库 时间:2017 年 9 月 2 日
请仓管员按照下列指令完成补货作业: 请将 F 区的立体货架区农夫山泉矿泉水补货至 A 区的电子拣选区,并依据补货指令的提示,将其中一箱拆零补货上架至电子拣选区对应的储位。
备注

制单人:小侯 仓管员(签名)

表 5 – 11 补货信息表

货品名称	库房	源区域	源储位	待补货区	目标储位	补货点	最大库存	包装单位
农夫山泉矿泉水	2 号库	立体货架区	L1010406	电子拣选区	D1020204	10	24	瓶

【知识链接】

补货作业包括从保管区域将货品移到另一个为了做订单拣取的动管拣货区域,其目的是确保商品能保证质量按时送到指定的拣货区。

一、保管储区与动管储区

(一)保管储区

这是在入库作业时所使用的区域,因该区域的货品大多以中长期状态进行保管,所以称为保管储区。一般配送中心均以该区域作为最大且最主要的保管区域,货品在该区域均以较大的储存单位进行保管,该区域是整个配送中心的管理重点所在,为使保管区域的储放容量增大,就需要考虑如何运用空间弹性,以提升使用效率。为对其摆放方式、摆放位置及存量进行有效控制,应考虑储位的指派方式、储存策略等是否适宜,并选择合适的储放设备及搬运设备配合使用,以提高作业效率。

(二)动管储区

动管储区是指在拣货作业时所使用的拣货区域,该区域的货品大多在短时期内即将被拣取出货。由于货品在储位上流动频率很高,所以把该区域称为动管储区。

二、补货作业

补货作业的目的是保证拣货区有货可拣。通常是以托盘为单位,从货物保管区将货品移到另一个作为按订单拣取用的动管拣货区,然后将此移库作业做库存信息处理。

(一)补货方式

与拣货作业息息相关的是补货作业。补货作业的筹划必须满足两个前提,即"确保有货可配"和"将待配商品放置在存取都方便的位置"。

通常,在配送中心主要采用下列两种补货方式:

一是储存货架区与流利货架组成的存货、拣货、补货系统,如图 5-13 所示。

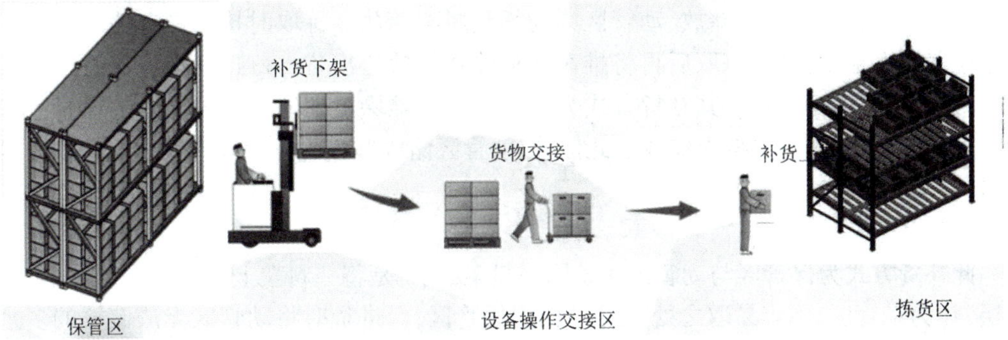

5-13　流利架式补货系统

二是将货架的上层作为储存区,下层作为拣货区,商品由上层货架向下层货架补货的系统,如图 5-14 所示。

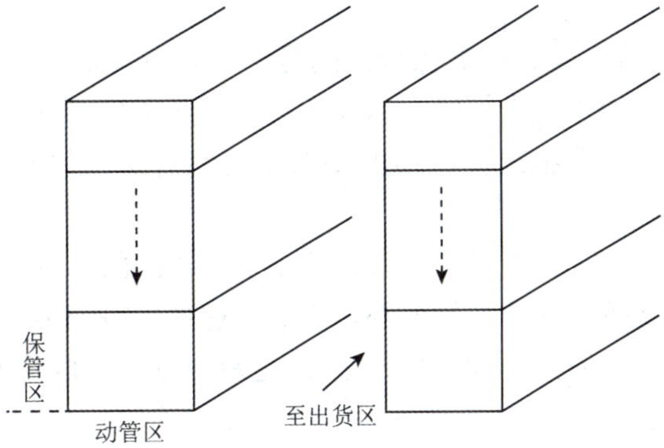

图 5-14　上下式补货系统

下面针对一般拣货安排指出一些可能的补货方式。

1. 整箱补货

整箱补货即由料架保管区补货至流动棚架的动管区。此补货方式中保管区为料架储放,动管拣货区为两面开放式的流动棚架,拣货时拣货员于流动棚架拣取区内取单品放入浅箱(篮)中,而后放至输送机运至出货区。而当拣取后若发现动管区的存货已处于水准之下则要进行补货。其补货方式为作业员至料架保管区取货箱,以手推车载箱至拣货区,由流动棚架之后方(非拣取面)补货。此保管动管区储放形态的补货方式较适合体积小且少批量、多品种出货的货品。

2. 整托盘补货(一)

整托盘补货(一)即由地板堆叠保管区补货至地板堆叠动管区。此补货方式保管区为以托盘为单位地板平置堆叠储放,动管区亦为以托盘为单位地板平置堆叠储放,其不同之处在于保管区面积较大,储放货品量较多,而动管区面积较小,储放货品量较少。拣取时拣货员于拣取区拣取托盘上的货箱,放至中央输送机出货,或者可使用堆垛机将托盘整个送至出货区(当拣取大量品项时)。而当拣取后若发现动管拣取区的存货处于水准之下,则要进行补货,其补货方式为作业员以堆垛机由托盘平置堆叠的保管区搬运至托盘平置堆叠的拣货动管区。此保管、动管区储放形态的补货方式较适合体积大或出货量多的货品。

3. 整托盘补货(二)

整托盘补货(二)即由地板堆叠保管区补货至托盘料架动管区。此补货方式保管区为以托盘为单位地板平置堆叠储放,动管区则为托盘料架储放。拣取时拣货员在拣取区搭乘牵引车拉着推车移动拣货,拣取后再将推车送至输送机轨道出货。一旦发现拣取后动管区的库存太低,则要进行补货。其补货方式为作业员使用堆垛机到地板平置堆叠的保管区搬回托盘,送至动管区托盘料架上储放。此保管、动管区储放形态的补货方式较适合体积中等或中量(以箱为单位)出货的货品。

4. 料架上层至料架下层的补货

此补货方式为保管区与动管区属于同一料架,也就是将一料架上的用手方便取之处(中下层)作为动管区,不容易取之处(上层)作为保管区,而进货时将动管区无法储放的多余货箱放至上层保管区。在动管拣取区进行拣货,而当动管区的存货处于水准之下时则可利用堆垛机将上层保管区的货品搬至下层动管区补货。此保管动管区储放形态的补货方式较适合体积不大、每品项存货量不高,且出货多属中小量(以箱为单位)的货品。

(二)补货时机

补货作业的发生与否主要看动管拣货区的货物是否符合需求,因此究竟何时补货要看动管拣货区的存量,以避免出现在拣货中途才发现动管区货量不足需要补货情况,进而影响整个拣货作业。通常,可采用批次补货、定时补货和随机补货三种方式。

1. 批次补货

在每天或每一批次拣取之前,经计算机计算出所需货品的总拣取量,再查看动管拣货区的货品量,计算差额并在拣货作业开始前补足货品。这种“一次补足”的补货原则,比较适用于一天内作业量变化不大、紧急追加订货不多,或是每一批次拣取量大、需事先掌握的情况。

2. 定时补货

将每天划分为若干个时段,补货人员在时段内检查动管拣货区货架上的货品存量,如果发现不足，则马上予以补足。这种“定时补足”的补货原则，较适用于分批拣货时间固定且处理紧急追加订货的时间也固定的情况。

3. 随机补货

这是一种指定专人从事补货作业的方式，这些人员随时巡查动管拣货区的分批存量，发现不足随时补货。此种“不定时补足”的补货原则，较适用于每批次拣取量不大、紧急追加订货较多，一天内作业量不易事先掌握的场合。

【任务实施】

1. 工具准备

半自动堆高车 1 辆；托盘 1 个；手动液压搬运车 1 辆；农夫山泉矿泉水 8 箱，每箱 24 瓶；弹簧刀；周转箱 3 个。

2. 完成步骤

（1）教师介绍补货作业流程、要求和注意事项。

（2）将学生每 3 人分为一组，分别担任客服 1 名、仓管员 1 名、仓库主管 1 名。

（3）补货准备：小组成员在课前制作一份补货单。

（4）教师带领学生进入学院仓储实训室进行现场演练（角色扮演）。

①产生补货表。

a. 客服在仓储管理系统中生成补货单。

b. 客服发放补货单给作业人员。

②补货。

a. 仓管员从设备存放区取出半自动堆高车，将其移动至源储位 L1010406 前，将储位上一托盘农夫山泉矿泉水下架，然后将货物暂存于托盘货架区作业通道口的设备交接区。

b. 仓管员从设备存放区取出手动液压搬运车，用搬运车将货物搬运至补货缓冲区等待补货。

c. 待补货托盘货物置于补货缓冲区后，仓管员从一整托盘农夫山泉矿泉水中取出一箱农夫山泉矿泉水（24 瓶），然后用弹簧刀将包装箱封口拆开。

d. 仓管员将包装箱拆开后，取出 12 瓶矿泉水摆放到电子拣选区的电子货架储位 D1020204 上，完成补货上架操作。

e. 补货完成后，仓管员要在补货单下方签字确认，标志着整个补货作业的完成。仓管员将签字确认的补货单交给仓库主管，经仓库主管确认后再交由客服存档，以备后期作业的查询。

③设备归位。

将补货作业过程中使用过的设备归位，剩余货品暂放在补货缓冲区或者重新搬运到储存区上架。

（5）教师进行现场指导，纠正学生在操作过程中的失误。

3. 检查标准

检查标准	考评标准	分值	实际得分
补货作业操作	自行设计的补货单信息全面	20	
	补货操作程序正确	20	
	补货操作时间符合要求	20	
	补货操作完成质量好	40	
合计		100	

任务四　流通加工与包装操作

【任务目标】

1. 使学生加深对流通加工作业的工作流程和工作职责的认识。
2. 了解模拟物料在流水线上的装配流程。

【任务引入】

国庆节马上要到了，苏州 LH 有限公司决定举办一场国庆节促销活动，凡在活动期间客户在门店购买一瓶青岛啤酒，赠送一瓶青岛啤酒。2017 年 9 月 15 日，苏州 LH 有限公司致电苏州 JX 储运有限公司客服，要求苏州 JX 储运有限公司按照促销活动重新加工包装 40 套促销商品，组装商品用带有“买一送一 · 安心喝到爽”字样的促销盒进行包装，每 10 套促销包装装在一个打包箱内。苏州 JX 储运有限公司客服小林收到苏州 LH 有限公司发来的需求信息后，根据要求制作了流通加工单。流通加工单如表 5 - 12 所示。2 号仓库主管小侯接到客服发来的流通加工单后，需要组织人员完成该批啤酒的流通加工任务，张涛也参与了这项工作。请以张涛的名义，和大家一起完成这批啤酒的流通加工任务。具体流程是先从储存区拣选出 80 瓶青岛啤酒；然后每 2 瓶装在一个促销盒里；再将 10 套促销包装盒装在一个打包箱内，并在外包装箱上贴上标签；最后，将这批货物入库上架。

表 5 - 12　苏州 JX 储运有限公司流通加工单

客户名称：苏州 LH 有限公司						
货物名称	批次	单位	数量	质量	源储区	源储位
青岛啤酒	2017	瓶	80	一级	立体货架区	L1010404
加工要求	每 2 瓶装一个“买一送一 · 安心喝到爽”促销包装 10 套促销包装盒装在一个打包箱内 外包装箱上贴上标签					
采购订单号	20170915108					
客户指令号	20170915109					

续表

客户名称:苏州 LH 有限公司						
货物名称	批次	单位	数量	质量	源储区	源储位
青岛啤酒	2017	瓶	80	一级	立体货架区	L1010404
库房名称	苏州 JX 储运有限公司 2 号仓库					
订单来源	电话					
紧急程度	一般					
加工类型	包装					
下达时间	2017 年 9 月 15 日					

【知识链接】

商品由仓储企业或配送中心送出之前可作流通加工处理,在仓储配送的各项作业中以流通加工最易提高货品的附加值。所谓流通加工,就是商品在从生产者向消费者流通过程中,为了增加附加价值、满足客户需求、促进销售而进行简单的组装、剪切、套裁、贴标签、刷标志、分装、检量、弯管、打孔等加工作业。目前,随着销售竞争的日益激烈和用户的个性化、多样化需求,流通加工越来越显示出不可替代的地位和作用。

一、流通加工的作用

为了有效利用空间,可能还要根据商品的性质(怕震、怕压、怕淹、怕湿)、形状、体积及重量等做出弹性调整。此外,对于商品的装卸方法也必须依照商品的性质、形状、重量、体积等来做具体决定。流通加工的作用如下。

(一)流通加工有效地完善了流通

流通加工在实现时间效用和场所效用这两个主要功能方面,确实不能与运输和保管相比,因而,流通加工不是物流的主要功能要素。另外,流通加工的普遍性也不能与运输、保管相比,流通加工不是对所有物流活动都是必需的,但这绝不是说流通加工不重要。流通加工具有补充、完善、提高与增强的作用,能起到运输、保管等其他功能要素无法起到的作用。所以,流通加工的地位可以描述为提高物流水平,促进流通向现代化发展。

(二)流通加工是物流的重要利润来源

流通加工是一种低投入、高产出的加工方式,往往以简单加工解决大问题。实践中,有的流通加工通过改变商品包装,使商品档次升级而充分实现其价值;有的流通加工可将产品利用率大幅提高 30% 甚至更多。这些都是采取一般方法以期提高生产率所难以做到的。实践证明,流通加工提供的利润并不亚于从运输和保管中挖掘的利润,因此流通加工是物流业的重要利润来源。

(三)流通加工在国民经济中也是重要的加工形式

流通加工在整个国民经济的组织和运行方面是一种重要的加工形式,对推动国民经济的发展、完善国民经济的产业结构具有一定的意义。

二、几种典型的流通加工作业

（一）钢材的流通加工

各种钢材(钢板、型钢、线材等)的长度、规格有时不完全适用于客户，如热轧厚钢板等板材最大交货长度可达7～12米，有的是成卷交货。对于使用钢板的用户来说，如果采用单独剪板、下料方式，设备闲置时间长、人员浪费大、不容易采用先进方法，那么采用集中剪板、集中下料方式，可以避免单独剪板、下料的一些弊端，提高材料利用率。

剪板加工是在固定地点设置剪板机进行下料加工或设置种种切割设备将大规格钢板裁小，或切裁成毛坯，降低销售起点，便利用户。钢板剪板及下料的流通加工，可以选择此加工方式，加工后钢材的晶体组织很少发生变化，可保证原来的交货状态，有利于进行高质量加工；加工精度高，可以减少废料、边角料，减少再进行机加工的切削量，既提高了再加工效率，又有利于减少消耗；由于集中加工可保证批量及生产的连续性，可以专门研究此项技术并采用先进设备，从而大幅度提高效率和降低成本；使用户能简化生产环节，提高生产水平。

和钢板的流通加工类似，还有薄板的切断、型钢的熔断、厚钢板的切割、线材切断等集中下料，线材冷拉加工等。为此，国外有专门进行钢材流通加工的钢材流通中心，不仅从事钢材的保管，而且进行大规模的设备投资，使其具备流通加工的能力。中国物资储运企业在20世纪80年代便开始了这项流通加工业务。中国储运股份有限公司近年与日本合作建立了钢材流通加工中心，利用现代剪裁设备从事钢板剪切和其他钢材的下料加工即钢板剪切流通加工。

如汽车、冰箱、冰柜、洗衣机等生产制造企业每天需要大量的钢板，除了大型汽车制造企业外，一般规模的生产企业如若自己单独剪切，难以解决因用料高峰和低谷的差异引起的设备忙闲不均和人员浪费问题，如果委托专业钢板剪切加工企业，则可以解决这个问题。专业钢板剪切加工企业能够利用专业剪切设备，按照用户设计的规格尺寸和形状进行套裁加工，精度高、速度快、废料少、成本低；专业钢板剪切加工企业在国外数量很多，大部分由流通企业经营。这种流通加工企业不仅提供剪切加工服务和配送服务，还出售加工原材料和加工后的成品。

（二）木材的流通加工

木材的流通加工可依据木材种类、地点等，决定加工方式。在木材产区可对原木进行流通加工，使之成为容易装载、易于运输的形状。

1. 磨制木屑、压缩输送

这是一种为了实现流通的加工。木材是容重轻的物资，在运输时占有相当大的容积，往往使车船满装但不能满载，同时，装车、捆扎也比较困难。从林区外送的原木中有相当一部分是造纸材料，木屑可以制成便于运输的形状，以供进一步加工，这样既可以提高原木利用率、出材率，也可以提高运输效率，具有相当可观的经济效益。例如，美国采取在林木生产地就地将原木磨成木屑，然后压缩使之成为容重较大、容易装运的形状，而后运至靠近消费地的造纸厂，取得了较好的效果。根据美国的经验，采取这种办法比直接运送原木节约一半的运费。

2. 集中开木下料

在流通加工点将原木锯截成各种规格的锯材，同时将碎木、碎屑集中加工成各种规格板,甚至还可进行打眼、凿孔等初级加工。过去用户直接使用原木,加工复杂、加工场地大、加工设备多,更严重的是资源浪费严重,木材平均利用率不到50%,平均出材率不到40%。实行集中下料、按用户要求供应规格料,可以使原木利用率提高到95%,出材率提高到72%左右,有相当好的经济效益。

(三)煤炭的流通加工

煤炭的流通加工有多种形式:除矸加工、煤浆加工、配煤加工等。

1. 除矸加工

其是以提高煤炭纯度为目的的加工形式。一般煤炭中混入的矸石有一定发热量,混入一些矸石是允许的,也是较经济的。但是,有时不允许煤炭中混入矸石,在运力十分紧张的地区要求充分利用运力、降低成本,多运“纯物质”,少运矸石,在这种情况下,可以采用除矸的流通加工方法排除矸石。除矸加工可提高煤炭运输效益和经济效益,减少运输能力浪费。

2. 煤浆加工

用运输工具载运煤炭,运输中损失浪费比较大,又容易发生火灾。采用管道运输是近代兴起的一种先进技术。采用管道运输方式运输煤浆,可以减少煤炭消耗,提高煤炭利用率。目前,某些发达国家已经开始投入运行,有些企业内部也采用这一方法进行燃料输送。

在流通的起始环节将煤炭磨成细粉,本身便有了一定的流动性,再用水调和成浆状,则具备了流动性,可以像其他液体一样进行管道输送。将煤炭制成煤浆采用管道输送是一种新兴的加工技术。这种方式不和现有运输系统争夺运力,输送连续、稳定、快速,是一种经济的运输方法。

3. 配煤加工

在使用地区设置集中加工点,将各种煤及一些其他发热物质,按不同配方进行掺配加工,生产出各种不同发热量的燃料,称为配煤加工。配煤加工可以按需要发热量生产和供应燃料,防止热能浪费和“大材小用”,也防止发热量过小,不能满足使用要求。工业用煤经过配煤加工还可以起到便于计量控制、稳定生产过程的作用,具有很好的经济和技术价值。

煤炭消耗量非常大,进行煤炭流通加工潜力也很大,可以大大节约运输能源、降低运输费用,具有很好的技术和经济价值。

(四)水泥的流通加工

在需要长途运入水泥的地区,变运入成品水泥为运进熟料等半成品,即在该地区的流通加工厂(磨细工厂)磨细,并根据当地资源和需要的情况掺入混合材料及外加剂,制成不同品种及标号的水泥供应给当地用户,这是水泥流通加工的一种重要形式。在国外,采用这种物流形式已有一定的比重。

(五)食品的流通加工

食品的流通加工的类型很多。只要我们留意超市里的货柜就可以看出,那里摆放的各类洗净的蔬菜、水果、肉类、鸡翅、香肠、咸菜等都是流通加工的结果。这些商品的分类、清洗、贴商标和条形码、包装、装袋等是在摆进货柜之前就已进行了加工作业,这些流通加工都不是在产地,而是已经脱离了生产领域,进入了流通领域。

(六)分装加工

许多生鲜食品零售起点较低,而为了保证高效输送出厂,包装一般比较大,也有一些是采用集装运输方式运达销售地区。为了便于销售,在销售地区按所要求的零售起点进行新的包装,即大包装改小包装,散装改小包装,运输包装改销售包装,以满足消费者对不同包装规格的需求,从而达到促销的目的。

此外,半成品加工、快餐食品加工也成为流通加工的组成部分。这种加工形式节约了运输等物流成本,保护了商品质量,增加了商品的附加价值。如葡萄酒是液体,从产地批量地将原液运至消费地配制、装瓶、贴商标,包装后出售,既可以节约运费,又安全保险,以较低的成本卖出较高的价格,其附加值大幅度增加。

(七)机电产品的流通加工

多年以来,机电产品的储运比较困难,主要原因是不易进行包装,如进行防护包装,包装成本过大,并且运输装载困难,装载效率低,流通损失严重。但是这些货物有一个共同的特点,即装配比较简单,装配技术要求不高,主要功能已在生产中形成,装配后不需要进行复杂的检测及调试。所以,为了解决储运问题,降低储运费用,可以采用半成品大容量包装出厂、在消费地拆箱组装的方式。组装一般由流通部门在所设置的流通加工点进行,组装之后随即进行销售,近年来这种流通加工方式已在我国被广泛采用。

【任务实施】

1. 工具准备

半自动流水线、青岛啤酒 80 瓶(可用啤酒瓶替代)、酒瓶标签、促销盒子 40 个、大包装箱子 4 个、手推车 1 辆、周转箱若干、透明胶带若干、弹簧刀 1 个、塑封机 1 个。

2. 完成步骤

(1)教师介绍流通加工流程、要求和注意事项。

(2)将学生每 6 人分成 1 组,其中 1 人担任客服,2 人担任仓管员,3 人担任流通加工员(分货、装盒、封箱等岗位)。

(3)流通加工准备:小组成员在课前制作一份流通加工单。

(4)教师带领学生进入学校仓储实训室流通加工区,开动流水线,在自动设置下,让学生进行现场演练。

(5)操作流程如下:

①产生流通加工单。

a. 客服在仓储管理系统中生成流通加工单。

b. 客服发放流通加工单给作业人员。

②下架。

仓管员从设备暂存区中取出半自动堆高车,将其移动至源储位前,将储位上一托盘青岛啤酒下架,然后将货物暂存于流通加工区,准备拆箱。

③流通加工操作。

a. 第一个流通加工员将两瓶青岛啤酒从包装箱内取出,放到周转箱里。周转箱随着半自动流水线的移动,出现在第二个流通加工员面前。

b. 第二个流通加工员将周转箱里的两瓶啤酒放置于促销包装盒中,并将促销包装盒封口。

c. 第三个流通加工员将 10 盒促销包装盒放到大包装箱内,然后进行封箱打包。

④上架。

仓管员从设备暂存区取出半自动堆高车,叉取一个空托盘搬运至流通加工区。将打包完毕的4箱货物放在托盘上,利用叉车将托盘货物搬至上架货位进行上架。

⑤信息反馈。

流通加工操作完成后,仓管员要在补货单下方签字确认,标志着整个流通加工作业完成。仓管员将签字确认的流通加工单交给仓库主管,经仓库主管确认后再交由客服存档,以备后期作业的查询。

⑥设备归位。

将流通加工作业过程中使用过的设备归位,剩余货品暂放在补货缓冲区或者重新搬运到储存区上架。

(6)教师进行现场指导,纠正学生在操作过程中的失误。

3. 检查标准

检查标准	考评标准	分值	实际得分
流通加工操作	加工操作程序正确	30	
	加工操作时间符合要求	30	
	加工操作完成质量好	40	
合计		100	

任务五 包装作业

【任务目标】

使学生能根据商品特性选择与之相适应的包装材料,并能熟练地对货物进行包装。

【任务引入】

苏州JX储运有限公司2号仓库于2017年10月15日接到的苏州LH有限公司的订单中有一批美的智能电饭煲,每个电饭煲体积为28 cm×36 cm×30 cm,现这批电饭煲已完成了拣选和复核,后续的工作就是要选取合适的包装箱对这批货物进行包装。2号仓库主管小侯将这份工作委派给了仓管员小夏。请以小夏的名义,完成美的电饭锅的包装任务,请思考如何对该商品进行包装?

苏州JX储运有限公司订购的包装箱和专用包装袋尺寸见表5-13,公司针对家电类货品制定的包装方式选择参考标准见表5-14。

表 5－13　包装箱和包装袋尺寸一览表

<table>
<tr><th colspan="5">包装箱和包装袋尺寸一览表</th></tr>
<tr><th>包装材质</th><th>包装编号</th><th>包装规格/cm</th><th>适用范围</th><th>图片</th></tr>
<tr><td rowspan="5">长风专用纸箱(3 层 A 瓦)</td><td>CF－01</td><td>21×12×18</td><td rowspan="5">本地＋外地</td><td rowspan="5"></td></tr>
<tr><td>CF－02</td><td>32×28×20</td></tr>
<tr><td>CF－03</td><td>50×32×44</td></tr>
<tr><td>CF－04</td><td>55×4845</td></tr>
<tr><td>CF－05</td><td>42×31×10</td></tr>
<tr><td rowspan="2">长风专用购物袋(双面,低压聚乙烯)</td><td>CF－06</td><td>44×9×977 10 丝</td><td rowspan="2">本地</td><td rowspan="2"></td></tr>
<tr><td>CF－07</td><td>36×6×6×47 10 丝</td></tr>
</table>

表 5－14　包装方式选择参考标准

<table>
<tr><th colspan="10">包装方式选择参考标准</th></tr>
<tr><td>产品分类</td><td>大家电</td><td colspan="4">小家电、厨卫类、建材类</td><td colspan="4">户外类、新奇特类、汽配类、手机、相机和电脑类商品</td></tr>
<tr><td rowspan="2">产品举例描述</td><td rowspan="2">冰、洗、彩、空等商品</td><td rowspan="2">微波炉、饮水机和大型吸尘器</td><td colspan="3">其他商品</td><td rowspan="2">手机、相机、电脑等</td><td colspan="3">其他商品</td></tr>
<tr><td>符合市内运输</td><td>小件商品</td><td>全部</td><td>有原包装的商品，且符合市内运输</td><td>小件商品</td><td>全部</td></tr>
<tr><td>订单分类</td><td>本地订单和外地订单</td><td>本地订单</td><td>本地订单</td><td>本地订单</td><td>外地订单</td><td>本地订单</td><td>本地订单</td><td>本地订单</td><td>外地订单</td></tr>
<tr><td>包装方式</td><td>直接发货</td><td>直接发货</td><td>直接发货</td><td>专用包装袋二次包装</td><td>专用纸箱二次包装</td><td>专用纸箱二次包装</td><td>直接发货</td><td>专用包装袋二次包装</td><td>专用纸箱二次包装</td></tr>
</table>

【知识链接】

包装是指在运送过程中为保护产品、方便储运、促进销售等，按一定技术方法采用容器、材料及辅助物等将物品包封，并予以适当装潢和标记的总称。

包装是配货作业后非常重要的一项内容，是保护商品在流通过程中质量完好和数量完整的重要措施，是与商品实体不可分割的统一体。

一、包装分类

（一）按包装在销售中的作用分类

(1)商业包装。这种包装将随物品的流通直接与消费者见面，也叫商品包装或消费包装。其主要是根据零售业的需要，作为物品的一部分或为方便携带所需的包装。销售包装的设计主要是为了方便顾客、增强市场吸引力以及保护物品的安全。

(2)工业包装。工业包装是以运输、保管为主要目的的包装，也就是从物流需要出发的包装,亦称运输包装。工业包装的主要作用是具有保护功能、成组化功能、便利功能和效率功能。

(二)按包装使用的次数分类

(1)一次性包装。包装随商品的商业作用结束而消耗、损坏。

(2)重复使用包装。包装材料比较牢固,可以回收,并反复使用。

(三)按包装的使用性分类

(1)专用型包装。这种包装物只适用于一种货物,如标准油桶专用于成品油的包装。

(2)通用型包装。这种包装物能适用于多种货物的包装,如集装袋、标准箱等。

(四)按包装的耐压程度分类

(1)硬质包装。包装材料的质地坚硬,能承受较大的挤压,如木箱、铁箱。

(2)半硬质包装。包装材料能承受一定的挤压,如纸箱等。

(3)软质包装。包装材料是软质的,受压后会变形,如麻袋、布袋等。

(五)按包装的材料分类

(1)纸制品包装。经过处理,其具有韧性、抗压性、弹性和防潮性等特点,是目前使用越来越多的一种包装材料。

(2)纺织品包装。其常用于存放小颗粒、粉状的货物。

(3)木制品包装。其具有较强的抗挤压和抗冲击的能力,使用较广。

(4)金属制品包装。该包装强度大、密闭性好,适用于盛装液体货物或较贵重的货物。目前在运输中使用广泛的集装箱是一种符合国际标准的大型金属箱。

货物包装所使用的材料还有多种,这里不一一细列。

二、包装要求

根据货物包装"科学、经济、牢固、美观、适销"的原则,在进行货物包装时应满足以下要求。

(一)包装应符合货物性能的要求

由于各类货物的外形、内在性质不同,其要求采用不同的包装方式和包装材料。例如,对于腐蚀性强的货物应采用抗腐蚀能力强的包装材料;怕震动、易碎的货物应采用富有弹性的、内加松软衬垫的包装材料;而对于液体货物,需采用密闭、牢固的包装材料。

(二)包装应满足物流各个环节的要求

货物在流通过程中往往要经过多次的搬运、堆码和装卸,因此,货物的包装应适应这些环节的操作要求。例如,货物的包装应使装卸、搬运设备的效能得到充分的发挥;使库场和运输工具的容量得到充分的利用;并能满足装卸、搬运对货物包装强度的要求。

(三)包装应满足国际市场销售和消费的习惯

随着我国国际贸易额的不断增长,货物的出口量进一步增加,在这种情况下,货物的包装应符合国外经销商和消费者的习惯,如货物包装上的说明应采用进口国的文字,图案应能吸引当地的消费者等。

(四)包装应符合人们对物美价廉的要求

作为商品的货物包装,包装成本不能过高,因为人们追求的是既要包装美观,又要商品的价格便宜。因此,包装设计(包括包装材料的选用、图案设计等)已经成为一门重要的科学。

(五)包装应符合科技发展的要求

随着科技的发展,包装的材料、设计理念以及对货物包装加工的方法也在不断改进,谁采用新的技术,谁就将在货物包装上处于领先地位,从而在商品促销上占据优势。

三、包装储运图示标志(GB 191—2000)

GB 191—2000 规定了包装储运图示标志的名称、图形、尺寸、颜色及使用方法。

本标准适用于各种货物的运输包装。图示标志共 17 种,其名称和图形如表 5 – 15 所示。标志尺寸一般分为 4 种,见表 5 – 16。如遇特大或特小的运输包装件,标志的尺寸可以比表 5 – 16 的规定适当扩大或缩小。标志颜色应为黑色。

如果包装的颜色使得黑色标志显得不清晰,则应在印刷面上用适当的对比色,最好以白色作为图示标志的底色。应避免采用易于同危险品标志相混淆的颜色。除非另有规定,一般应避免采用红色、橙色或黄色。

可采用印刷、粘贴、拴挂、钉附及喷涂等方法打印标志。印刷时,外框线及标志名称都要印上,喷涂时,外框线及标志名称可以省略。

表 5 – 15 标志名称和图形

序号	标志名称	标志图形	含义	序号	标志名称	标志图形	含义
1	易碎物品		运输包装件内装易碎品,因此搬运时应小心轻放	6	禁用叉车		不能用升降叉车搬运的包装件
2	禁用手钩		搬运运输包装件时禁用手钩	7	由此夹起		表明装运货物时夹钳放置的位置
3	向上		表明运输包装件的正确位置是竖直向上	8	此处不能卡夹		表明装卸货物时此处不能用夹钳夹持
4	怕晒		表明运输包装件不能直接照晒	9	堆码重量极限		表明该运输包装件所能承受的最大重量极限
5	怕辐射		包装物品一旦受辐射便会完全变质或损坏	10	堆码层数极限	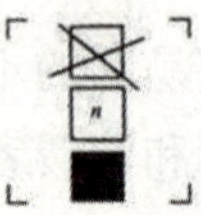	相同包装的最大堆码层数,n 表示层数极限

续表

序号	标志名称	标志图形	含义	序号	标志名称	标志图形	含义
11	怕雨		包装件怕雨淋	15	禁止堆码		该包装件不能堆码并且其上也不能放置其他负载
12	重心	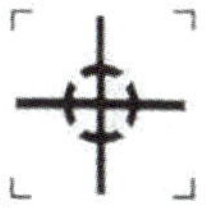	表明一个单元货物的重心	16	由此吊起		起吊货物时挂链条的位置
13	禁止翻滚		不能翻滚运输包装	17	温度极限		表明运输包装件应该保持的温度极限
14	此面禁用手推车		搬运货物时此面禁用手推车				

表 5－16　标志尺寸　mm

尺寸序号	长	宽	尺寸序号	长	宽
1	70	50	3	210	150
2	140	100	4	280	200

【任务实施】

1. 工具准备

封口机、包装设备、胶带纸、切割器、记号笔、纸箱、标识纸、电饭煲(可用其他模拟物品替代,比如抽纸、书本等)。

2. 完成步骤

(1)教师介绍包装材料选择要求、包装流程及注意事项。

(2)将学生每3人分成1组,1人选择包装材料、1人装箱、1人封箱。

(3)教师带领学生进入学校仓储实训室包装区,进行现场演练(角色扮演)。

(4)操作流程如下:

①选择包装材料。

根据该商品属性和客户订单的地理区位,确定出该批货物选取哪种包装材质;再根据商品尺寸,确定选择哪种规格的包装材料。

②密封纸箱底部。

把纸箱折好,再用专用胶带将底部粘贴牢固。

③装箱。

检查电饭煲原包装是否完好，将其放入箱内，并用填充物将周围空隙堵住，防止由于产品在箱内移动造成产品变形以及产品原包装箱的损坏。

电饭煲属于保修商品，还要在包装箱内放入销售清单、发票、保修单等。为保证票据安全送到顾客手中，销售清单、发票、保修单这三份单据需装入白色透明的小塑料袋。

④封箱。

将纸箱折叠好后用专用胶带进行整体封箱。顺着纸箱的折叠处横方向缠绕一圈，再竖方向缠绕一圈，各边用胶带封牢，在开口方向顺商品缠绕两周。

⑤粘贴面单。

本着包裹表面美观、大方的要求，从左到右，在距边缘5厘米的位置，粘贴物流面单。同时，应当把表面的四个角位置留出来，以备特殊货品的标识粘贴。

⑥粘贴标识。

"美的智能电饭煲"属于易碎品，不抗摔、不抗压，应将"易碎品，小心轻放"标示粘贴到包装箱的明显位置，保持和包裹单并排。

3. 检查标准

检查标准	考评标准	分值	实际得分
打包作业操作	打包操作程序正确	30	
	打包操作时间符合要求	30	
	打包操作完成质量好	40	
合计		100	

【拓展任务】

国内某著名造纸企业在本地设有加工厂，它的成品仓库外包给本地一家物流公司。要求物流公司为工厂出库纸张做好运输包装工作，以便提高运输效率。现要求以物流公司仓管员的名义，应用手动打包机对造纸企业的纸张进行打包操作。

任务实施(建议)：

(1)教师先介绍半自动打包机的保养维护方法、捆扎带质量鉴别方法、打包机常见故障排除方法。

(2)教师进行操作演示，以手动打包机为例，操作步骤如下：

①检查整套工具。手动塑胶带打包设备包括打包机、钳子、钢扣和塑胶包装带，使用前必须检查各项货物是否备齐，钢扣数量是否足够，打包机和钳子工作是否正常。

②包装带长度的确定。按照计划包装货物捆扎处的周长长度再加5 cm左右的溢余确定包装带长度，然后将包装带套入打包机固定端的筒状剪刀处，向上扳动剪刀扳手将包装带剪断。剪切时严禁将身体任何部分伸入筒状剪门。

③一端包装带的固定。在固定端向下按动定位扳手，将包装带通过固定块，向内伸出5 cm左右的长度后，放开定位扳手，固定包装带；然后将打包机按计划捆扎方向放置在包装货物上面，将包装带的另一端从计划包装货物的下方通过，绕上打包机的活动端。

④另一端包装带的固定。在活动端向下按动定位扳手，将包装带通过固定块，向内伸出，抽紧后放开定位扳手，固定包装带，使之可以与原先固定端伸出的 5 cm 包装带形成搭接。

⑤钢扣的安装。从包装带搭接开口处套入钢扣，使之同时包含固定端以及活动端伸出来的包装带，此时要求固定端包装带在下，活动端包装带在上。

⑥包装带的抽紧。上下摇动打包机摇柄，每摇动一次，摇柄下的三角定位块就向内行走一定距离并卡住轨道上的齿，从而不断收紧包装带，直到包装带勒入纸箱、纸箱出现轻微变形时为止，收回摇柄。但注意不要碰到摇柄下的三角定位块，否则会使活动端松动，纸箱的弹性会使已经抽紧的包装带松动。

⑦打钢扣。打开钳子手柄，让咬口完全含住钢扣，然后用力向内扳动手柄直到左右手柄内的两个定位块接触为止。最后检查钢扣的咬合情况。

(3)将学生每 5 人分为 1 组，进行操作训练。

(4)教师进行现场指导，纠正学生在操作过程中的失误。

任务六　出库复核与交接业务操作

【任务目标】

使学生熟练掌握出库交接程序，培养学生出库作业的实际动手能力。

【任务引入】

2017 年 10 月 25 日，苏州 JX 储运有限公司 2 号仓库出库理货员小夏完成了一批苏州 LH 有限公司订单的出库理货作业，接下来需要做好该批货物的出库复核与交接工作。2 号仓库主管小侯将这个交接任务委派给发货员小赵。下午 1:30，负责配送到苏州 LH 有限公司的 1 个门店(宁海超市)的司机王睿前来取货。请以小赵的名义，完成出库复核与交接工作。

需要交接的订单信息详见表 5－17，配送车辆及交接人员的信息见表 5－18，需要交接的出库通知单和出库交接清单详见表 5－19 和表 5－20。

表 5－17　订单信息表

运单号	订单号	收货人信息	货物信息	重量	是否到付
368220974003	20171025	收货人：李思贝　地址：太仓市沙溪镇白云路 211 号 联系电话：0512－36578824	饮料	269 kg	否

表 5－18　配送车辆及交接人员信息

车牌号	司机姓名	身份证号	司机电话	备注
苏 E03584	王睿	610482198311056356	13879135663	

表 5-19 出库通知单

出库通知单							
作业计划单号:							
仓库名称:2 号仓库				客户名称:宁海超市			
采购订单号:20171025			客户指令号:2017102503			日期:2017 年 10 月 25 日	
序号	货物编号	名称	单位	产品规格	申请数量	实发数量	备注
1	000050278	汇源果汁	箱	1×12	10		
2	000050279	果粒橙	箱	1×24	5		
3	000050280	特仑苏	箱	1×24	10		
4	000050281	小洋人妙恋	箱	1×12	6		
5	000050282	农夫山泉	箱	1×24	5		
仓管员(签字):					收货人(签字):		

表 5-20 出库交接清单

编号:

顺序号:

货物信息	饮料	发运日期	2017. 10. 25	发运方式	公路运输
收货单位:宁海超市 地址:太仓市沙溪镇白云路 211 号					
发货情况	名称规格	单位	数量	备注	
	汇源果汁 1×12	箱	10		
	果粒橙 1×24	箱	5		
	特仑苏 1×24	箱	10		
	小洋人妙恋 1×12	箱	6		
	农夫山泉 1×24	箱	5		
仓管员(签字):				提货人(签字):	

【知识链接】

货物出库过程中,一般要经过核对出库凭证、备货、出库交接等工作。核对出库凭证是指订单处理部门接收到客户订单后,对客户订货单的时间、证章和签名进行审核,审核通过后签出库单,仓库部门接到出库凭证后,再对其准确性、签名进行复核的过程。备货是指仓储部门在对出库凭证进行审核无误后,着手进行拣货、配货和包装等工作。上述两个环节工作已经在前面相关单元中作了介绍,本单元将重点介绍出库交接工作,这一工作包括复核查对、交接清点和货物销账等内容。

一、复核查对工作

货物备好后,为了避免备料过程中可能出现的差错,出库复核人员需按照出库凭证,如出库单、提货单(表 5-21、表 5-22),对出库货物进行再次核对。复核查对的具体内容如下：

（1）商品品名、规格是否相符。

（2）商品数量是否准确无误。

（3）出库商品应附的技术证件和各种凭证是否齐全。

（4）包装质量如何，是否牢固、安全，是否符合运物要求等。

（5）能否承受装载物的重量，能否保证在商品运输装卸中不被损坏、保障商品的完整。

（6）是否便于装卸搬运作业。

（7）对怕震、怕潮等商品，衬垫是否稳妥，密封是否严密。

（8）收货人、到站、箱号、危险品或防震防潮等标志是否正确、明显。

（9）每件包装是否有装箱单（表 5－23），装箱单上所列各项目是否和实物、凭证等相符合。

表 5－21　出库单

提货人名称：　　出货仓库：　　出库日期：　年　月　日

品名	规格	单位	计划数	实发数	单价	包装押金	小计金额
总计金额（人民币大写）							

审核：　　仓管员：　　提货人：

本单一式三联，第一联：仓库部门，第二联：财务部门，第三联：客户

表 5－22　提货单

提货单位：　　发货日期：　年　月　日

货号	品名	规格	牌号	单位	数量	说明
						销货 样品 检验 其他

财务审核：　　制单：

表 5－23　装箱单

毛重：　净重：　箱号：

发货凭证号	品名规格	单位	数量	备注

装箱日期：　年　月　日　　装箱人：

商品出库的复核查对形式应视具体情况而定，可以由保管员自行复核，也可以由保管员相互复核，还可以设专职出库商品复核员进行复核或由其他人员复核等。如经反复核对确实不符时，应立即调换，并将原错误物品上刷的标记除掉，退回原库房；复核结余物品数量或重量是否与保管账目、商品保管卡片结余数相符，发现不符应立即查明原因。

二、交接清点与销账

备料出库商品，经过复核查对无误之后，即可办理清点交接手续。如果是用户自提方式即付商品，向发货人当面点清，办理交接手续。如果是送货方式，则应办理内部交接手续，即由商品保管人员向运输人员点清交接，由接收方签章，以划清责任。

货物点交清楚后，仓库管理员应做好清理工作，及时将物品从仓库保管账上核销，取下垛牌，以保证仓库账账相符、账卡相符、账实相符；并将留存的出库凭证、其他单证、文件等存档。

【任务实施】

1. 工具准备

（1）纸箱 36 只，分别标明汇源果汁 10 只、果粒橙 5 只、特仑苏 10 只、小洋人妙恋 6 只、农夫山泉 5 只。

（2）标准托盘 2 个、小推车 1 辆、集装箱 1 个。

2. 完成步骤

（1）教师介绍出库交接的业务流程和注意事项。

（2）将学生每 4 人分成 1 组，1 人担任客服、1 人担任发货员、1 人担任司机、1 人担任理货员。

（3）出库交接准备：小组成员在课前制作出库单（一式两份）和提货单（一式两份）。

（4）教师带领学生进入学校仓储实训室出库备货区，进行现场演练（角色扮演）。

（5）操作流程如下：

①生成出库单。

a. 客服在仓储管理系统中生成出库单。

b. 客服发放出库单给发货员。

②司机身份及提货信息核对。

发货员仔细核对提货司机的身份证信息与提货单信息，确定提货人与提货信息准确无误。

③单据信息检查。

发货员对出库单以及备货区的货物进行核对。

④货物检查。

发货员与司机共同对包裹进行检查，检查物流面单上收货人信息是否清晰；根据面单上货物信息核实订单外包装是否合适；对于易碎和怕潮商品等，检查在外包装上是否贴有标识。

⑤单据交接。

出库指令签字交接。双方核查无误后，发货员在出库单上打对勾，并与司机进行交接，要求司机在出库单上签上车牌号码和身份证号码、姓名、电话等信息（一式两份）。若第三方配送，则发货员与司机各执一份发货明细；若自营配送，则两份发货明细均由司机连同货物配送至相应配送站，待配送站收货人员收货签字后，带回一份。

⑥监督装车。

单据交接完成后，发货员监督司机对货物进行装车处理，仓库理货员辅助司机装车。禁止野蛮装卸，一经发现，立刻进行处罚。

⑦现场整洁。

完成出库交接作业后，发货员和理货员将垃圾及时清理掉，保证现场整洁。

(6)教师进行现场指导，纠正学生在操作过程中的失误。

3. 检查标准

检查标准	考评标准	分值	实际得分
出库作业操作	出库前准备工作充分	20	
	认真审核出库单证	20	
	包装制作正确	20	
	交接清楚	20	
	作业流程正确	20	
合计		100	

任务七　车辆积载作业

【任务目标】

能够将不同客户的不同产品合理装上车辆，保证物品配送质量。

【任务引入】

2017 年 10 月 30 日下午 1 点，苏州 JX 储运有限公司 2 号仓库收到苏州 LH 有限公司的出库请求，要从该仓库提取存储的两种货品，具体数量、尺寸如表 5－24 所示。这批物品现已经完成出库理货作业，准备装车发运。2 号仓库主管小侯安排发货员小赵协助司机王睿共同完成装车任务。请以小赵的名义，以 20 ft 集装箱为标准，设计出这批货物的装车方案，即计算出每种货物的最大装箱量。(说明：20 ft 集装箱的内容积为 5.69 m×2.13 m×2.18 m，配货毛重一般为 17.5 吨，1 吨＝1 000 千克)。

表 5－24　箱装货物资料

品种	尺寸/cm	箱重/kg	数量/箱
海信全自动波轮迷你洗衣机	80×40×50	80	20
松下儿童迷你专用全自动小洗衣机	40×30×30	30	20

【知识链接】

一、配送运输的一般业务程序

配送运输是指配货、包装、复核作业完成之后，将客户需要的商品通过运输工具从供应点送至客户手中的活动。配送运输通常是一种短距离、小批量、高频率的运输形式。

如果单从运输的角度看，它是对干线运输的一种补充和完善，属于末端运输、支线运输。它以服务为目的，以尽可能满足用户需要为宗旨。配送运输的一般业务程序如下。

（一）划分基本配送区域

为使整个配送有一个可循的基本依据，应首先将客户所在地的具体位置做一系统统计，并将其在作业区域上进行整体划分，将每一客户囊括在不同的基本配送区域之中，作为下一步决策的基本参考。如按行政区域或依交通条件划分不同的配送区域，在这一区域划分的基础上再作弹性调整来安排配送。

（二）车辆配载

由于配送商品品种、特性各异，为提高配送效率，确保货物质量，在接到订单后，首先，必须将商品依特性进行分类，其次分别选取不同的配送方式和运输工具，如按冷冻食品、速食食品、散装商品、箱装商品等分类配载。最后，配送商品也有轻重缓急之分，必须按照先急后缓的原则，合理组织运输配送。

（三）暂定配送先后顺序

在考虑其他影响因素、作出确定的配送方案前，应先根据客户订单要求的送货时间将配送的先后作业次序作一概括的预定，为后面车辆积载做好准备工作。计划工作的目的是保证达到既定的目标，所以，预先确定基本配送顺序既可以有效地保证送货时间，又能尽可能地提高运作效率。

（四）车辆安排

车辆安排要解决的问题是安排什么类型、什么吨位的配送车辆进行最后的送货。一般企业拥有的车辆种类有限，车辆数量亦有限，当本公司车辆无法满足要求时，可使用外雇车辆。在保证配送运输质量的前提下，是组建自营车队，还是以外雇车辆为主，则需要视经营成本而定。

（五）选择配送线路

了解每辆车负责配送的具体客户后，如何以最快的速度完成对这些商品的配送，即如何选择配送距离短、配送时间短、配送成本低的线路，这需根据客户的具体位置、沿途的交通情况等作出优先选择和判断。除此之外，还必须考虑有些客户或其所在地的交通环境对送货时间、车型等方面的特殊要求，如有些客户不在中午或晚上收货，有些道路在高峰期实行特别的交通管制等。

（六）确定最终的配送顺序

做好车辆安排及选择最好的配送线路后确定客户的最终派送顺序。

（七）完成车辆积载

明确客户的配送顺序后，接下来就是如何将商品装车、以什么次序装车的问题，即车辆的积载问题。原则上，明确客户的配送顺序后，只需将商品依“后送先装”的顺序装车即可。但有时为了有效利用空间，可能还要根据商品的性质（怕震、怕压、怕淹、怕湿）、形状、体积及重量等作出弹性调整。此外，对于商品的装卸方法也必须依照商品的性质、形状、重量、体积等来做具体决定。

二、配送车辆积载技术

（一）配送积载的概念

仓储企业（或配送中心）的对象是众多的客户和各种不同的货物品种。为了降低配送运输的成本，配送需要充分利用运输配送的资源，对货物进行装车调配、优化处理，以提高车辆在容积和载货两方面的装载效率，进而提高车辆运能运力的利用率，降低配送运输成本，这就是积载。

（二）车辆积载的原则

原则上，客户的配送顺序安排好后，仓储企业（或配送中心）只要按货物“后送先装”的顺序装车即可。但有时为了有效地利用空间，还应根据货物的性质（怕震、怕压、怕撞、怕湿）、形状、体积及质量等作出某些调整。仓储企业（或配送中心）如果能根据这些因素选择恰当的装卸方法，并能合理地进行车辆积载工作，则可减少货物在配送运输中的货损、货差，既能保证货物完好和运输安全，又能使车辆的载重能力和容积得到充分利用，因此，在车辆配载时需要遵循以下原则：

（1）轻重搭配的原则。

车辆装货时，必须将重货置于底部，轻货置于上部，避免重货压坏轻货，并使货物重心下移，从而保证运输安全。

（2）大小搭配的原则。

货物包装的尺寸有大有小，为了充分利用车厢的内容积，可在同一层或上下层合理搭配不同尺寸的货物，以减少箱内的空隙。

（3）货物性质搭配原则。

拼装在一个车厢内的商品，其化学性质、物理属性不能互相抵触。如不能将散发臭味的货物与具有吸臭性的食品混装；不能将散发粉尘的货物与清洁货物混装。

（4）到达同一地点的适合配装的货物应尽可能一次积载。

（5）货与货之间、货与车辆之间应留有空隙并适当衬垫，防止货损。

（6）装货完毕，应在门端处采取适当的稳固措施，以防开门卸货时，货物倾倒造成货损。

（7）尽量做到“后送先装”。

（三）提高车辆装载效率的具体办法

（1）研究各类车厢的装载标准，根据不同货物和不同包装体积的要求，合理安排装载顺序，努力提高装载技术和操作水平，力求装足车辆核定吨位。

（2）根据客户所需要的货物品种和数量，调派适宜的车型承运，这就要求配送中心根据经营货物的特性，配备合适的车型结构。

（3）凡是可以拼装运输的，尽可能拼装运输，但要注意防止差错。

厢式货车有确定的车厢容积，车辆的载货容积为确定值。设车厢容积为 V，车辆载重量为

W。现要装载质量体积为R_a、R_b的两种货物，使得车辆的载重量和车厢容积均得到充分利用。

设：两种货物的配装重量为W_a、W_b。

$$W_a + W_b = W$$

$$W_a \times R_a + W_b \times R_b = V$$

$$W_a = \frac{V - W \times R_b}{R_a - R_b}$$

$$W_b = \frac{V - W \times R_a}{R_b - R_a}$$

例：某仓库某次需运送水泥和玻璃两种货物，水泥的质量体积为0.9立方米/吨，玻璃的质量体积为1.6立方米/吨，计划使用车辆的载重量为11吨，车厢容积为15立方米。试问如何装载使车辆的载重量能力和车厢容积都被充分利用。

设：水泥的装载量为W_a，玻璃的装载量为W_b。

其中：$V=15$立方米，$W=11$吨，$R_a=0.9$立方米/吨，$R_b=1.6$立方米/吨

$$W_a = \frac{V - W \times R_b}{R_a - R_b} = \frac{15 - 11 \times 1.6}{0.9 - 1.6} = 3.71(\text{吨})$$

$$W_b = \frac{V - W \times R_a}{R_b - R_a} = \frac{15 - 11 \times 0.9}{1.6 - 0.9} = 7.29(\text{吨})$$

该车装载3.71吨水泥，7.29吨玻璃时，车辆到达满载。

通过以上计算可以得出两种货物的搭配使车辆的载重能力和车厢容积都得到充分的利用。但是，其前提条件是车厢的容积系数介于所要配载货物的容重比之间。如所需要装载的货物的质量体积都大于或小于车厢容积系数，则只能是车厢容积不满或者不能满足载重量。当存在多种货物时，可以将货物比重与车辆容积系数相近的货物先配装，剩下两种最重和最轻的货物进行搭配配装。或者对需要保证数量的货物先足量配装，再对不定量配送的货物进行配装。

三、装车堆积

装车堆积是在具体装车时，为充分利用车厢载重量、容积而采用的方法。按照配送货物的性质和包装来确定堆积的行、列、层数及码放的规律。

（一）堆积的方式

堆积方式有行列式堆码方式和直立式堆码方式。

（二）堆积应注意的事项

（1）堆码方式要有规律、整齐。

（2）堆码高度不能太高。车辆堆装高度一是受限于道路高度；二是受限于道路运输法规规定。如大型货车的高度从地面起不得超过4米；载重量1 000千克以上的小型货车不得超过2.5米；载重量1 000千克以下的小型货车不得超过2米。

（3）商品在横向不得超出车厢宽度，前端不得超出车身，后端不得超出车厢的长度。即大货车不超过2米；载重量1 000千克以上的小型货车不得超过1米；载重量1 000千克以下的小型货车不得超过50厘米。

(4)堆码时应使重货在下,轻货在上;包装强度差的应放在包装强度好的上面。

(5)商品应大小搭配,以利于充分利用车厢的载容积及核定载重量。

(6)按顺序堆码,先卸车的货物后码放。

四、绑扎

绑扎是配送发车前的最后一个环节,也是非常重要的环节。其是在配送商品时按客户订单全部装车完毕后,为了保证商品在配送运输过程中的完好,以及为避免车辆到达各客户点卸货开箱时发生商品倾倒,而必须进行的一道工序。

(一)绑扎时的注意事项

绑扎时的注意事项:①绑扎端点要易于固定而且牢靠。②可根据具体情况选择绑扎形式。③应注意绑扎的松紧度,避免商品或其外包装损坏。

(二)绑扎的形式

绑扎的形式:①单件捆绑。②单元化、成组化捆绑。③分层捆绑。④分行捆绑。⑤分列捆绑。

(三)绑扎的方法

绑扎的方法:①平行绑扎。②垂直绑扎。③相互交错绑扎。

【任务实施】

1. 工具准备

集装箱1个(或模拟木制集装箱)、不同尺寸的物品20箱。

2. 完成步骤

(1)指导教师讲解车辆积载原则和方法。

(2)将学生每7人分成一组,每组选组长1人。

(3)讨论以20英尺集装箱为例计算最佳装配方案。

(4)以20英尺集装箱为例模拟进行装箱实战。

(5)教师进行现场指导,纠正学生在操作过程中的失误。

3. 检查标准

检查标准	考评标准	分值	实际得分
配载作业操作	装配方案科学	30	
	装箱操作程序正确	30	
	装箱操作完成质量	40	
合计		100	

任务八 车辆配送线路方案制定

【任务目标】

1. 能够进行直送式、分送式配送线路选择,保证配送质量。
2. 能够利用节约法进行配送线路选择。

【任务引入】

(1)直送式配送线路选择任务。

2017 年 11 月 1 日,苏州 JX 储运有限公司 2 号仓库接到了苏州 LH 有限公司第 7 门店的一份订单,要求于 11 月 2 日将这批订单货物送到门店。已知苏州 JX 储运有限公司到苏州 LH 有限公司各个门店的交通线路如图 5－15 所示。图中,V1 代表苏州 JX 储运有限公司所在地,V2～V7 代表苏州 LH 有限公司的第 2 门店～第 7 门店所在地,图中两点连线上的数字代表两点间的距离(单位为公里)。公司为扩大业务,采用专车送货上门服务。目前苏州 JX 储运有限公司已采用的配送路线不够合理,需要对配送线路进行优化。于是,2 号仓库主管小侯安排数学基础较好的张涛完成这项工作。请以张涛的名义,运用位势法找出图中 V1 到 V7 的最短路线,并计算出两地之间的里程。

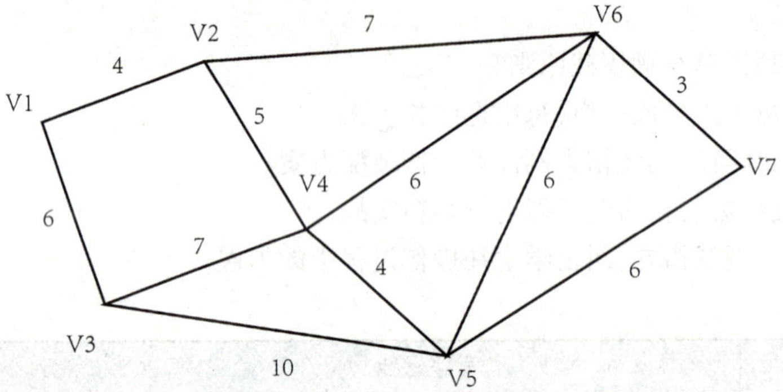

图 5－15 交通线路图

(2)分送式配送路线选择任务。

2017 年 11 月 3 日,苏州 JX 储运有限公司 2 号仓库 P_0要向 12 个客户 P_j(j＝1,2,…,12)配送货物。各个客户的需求量为 q_j,从配送中心到客户的距离为 d_{0j}(j＝1,2,…,12),各个客户之间的距离为 d_{ij},具体数值见表 5－25、表 5－26。目前,苏州 JX 储运有限公司有 4 t,5 t 和 6 t 三种车辆可供调配。为了节约配送成本,需要设计出最优配送方案。在 2 号仓主管小侯的委派下这个重任由张涛来承担。请以张涛的名义,运用节约法制定出苏州 JX 储运有限公司到 12 个客户的最优配送方案。

表 5-25　配送中心与 12 个客户关系参数表

P_j	1	2	3	4	5	6	7	8	9	10	11	12
q_j	1.2	1.7	1.5	1.4	1.7	1.4	1.2	1.9	1.8	1.6	1.7	1.1
d_{0j}	9	14	21	23	22	25	32	36	38	42	50	52

表 5-26　12 个客户之间距离表

P_1											
5	P_2										
12	7	P_3									
22	17	10	P_4								
21	16	21	19	P_5							
24	23	30	28	9	P_6						
31	26	27	25	10	7	P_7					
35	30	37	33	16	11	10	P_8				
37	36	43	41	22	13	16	6	P_9			
41	36	31	29	20	17	10	6	12	P_{10}		
49	44	37	31	28	25	18	14	12	8	P_{11}	
51	46	39	29	30	27	20	16	20	10	10	P_{12}

【知识链接】

一、线路优化设计的意义

配送运输由于配送方法的不同,其运输过程也不尽相同,影响配送运输的因素很多,如车流量的变化、道路状况、客户的分布状况和配送中心的选址、道路交通网、车辆定额载重量以及车辆运行限制等。配送线路设计就是整合影响配送运输的各种因素,适时适当地利用现有的运输工具和道路状况,及时、安全、方便、经济地将客户所需的商品准确地送达客户手中。在配送运输线路设计中,需根据不同客户群的特点和要求,选择不同的线路设计方法,最终达到节省时间、运距和降低配送运输成本的目的。

二、直送式配送运输

直送式配送运输是指由一个供应点对一个客户的专门送货。从物流优化的角度看,直送式客户的基本条件是其需求量接近或大于可用车辆的额定重量,需专门派一辆或多辆车一次或多次送货。因此,在直送情况下,货物的配送追求的是多装快跑,选择最短配送线路,以节约时间、费用,提高配送效率。即直送问题的物流优化,主要是寻找物流网络中的最短线路问题。

目前解决最短线路问题的方法有很多,现以位势法为例,介绍如何解决物流网络中的最短线路问题。

例:已知物流网络如图 5-16 所示,各结点分别表示为 A、B、C、D、E、F、G、H、I、J、K,各结点之间的距离如图 5-16 所示,试确定各结点间的最短线路。

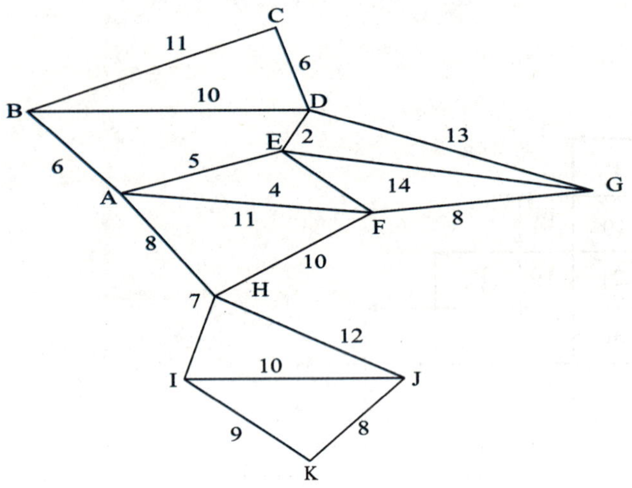

5-16 物流网络示意图

寻找最短线路的方法步骤如下:

第一步:选择货物供应点为初始结点,并取其位势值为 0。

第二步:考虑与 I 点直接相连的所有线路结点。设其初始结点的位势值为 V_i,则其终止结点 J 的位势值可按下式确定:

$$V_j = V_i + L_{ij}$$

式中,L_{ij}——I 点与 J 点之间的距离。

第三步:从所得到的所有位势值中选出最小者,此值即为从初始结点到该点的最短距离,将其标在该结点旁的方框内,并用箭头标出该连线 I→J,以此表示从 I 点到 J 点的最短线路走法。

第四步:重复以上步骤,直到物流网络中所有结点的位势值均达到最小。

最终,各结点的位势值表示从初始结点到该点的最短距离。带箭头的各条连线则组成了从初始结点到其余结点的最短线路。分别以各点为初始结点,重复上述步骤,即可得各结点之间的最短距离。

例:在物流网络图 5-16 中,试寻找从供应点 A 到客户 K 的最短线路。

解:根据以上步骤,计算如下:

(1)取 $V_A=0$;

(2)确定与 A 点直接相连的所有结点的位势值:

$$V_B = V_A + L_{AB} = 0 + 6 = 6$$

$$V_E = V_A + L_{AE} = 0 + 5 = 5$$

$$V_F = V_A + L_{AF} = 0 + 11 = 11$$

$$V_H = V_A + L_{AH} = 0 + 8 = 8$$

(3)从所得的所有位势值中选择最小值 $V_E=5$，并标注在对应结点 E 旁边的方框内，并用箭头标出连线 AE。即

$$\min\{V_B,V_E,V_F,V_H\}=\min\{6,5,11,8\}=V_E=5$$

(4)以 E 为初始结点，计算与之直接相连的 D、G、F 点的位势值(如果同一结点有多个位势值，则只保留最小者)。

$$V_D=V_E+L_{ED}=5+2=7$$

$$V_G=V_E+L_{EG}=5+14=19$$

$$V_F=V_E+L_{EF}=5+4=9$$

(5)从所得的所有剩余位势值中选出最小者 6，并标注在对应的结点 F 旁，同时用箭头标出连线 AB，即

$$\min\{V_B,V_H,V_D,V_G,V_F\}=\min\{6,8,7,19,9\}=6$$

(6)以 B 点为初始结点，与之直接相连的结点有 D、C，它们的位势值分别为 16 和 17。从所得的所有剩余位势值中取最小，即

$$\min\{8,7,19,9,17\}=V_D=7$$

将最小位势值 7 标注在与之相应的 D 旁边的方框内，并用箭头标出其连线 ED。如此继续计算，可得最优路线如图 5－17 所示，由供应点 A 到客户 K 的最短距离为 24。

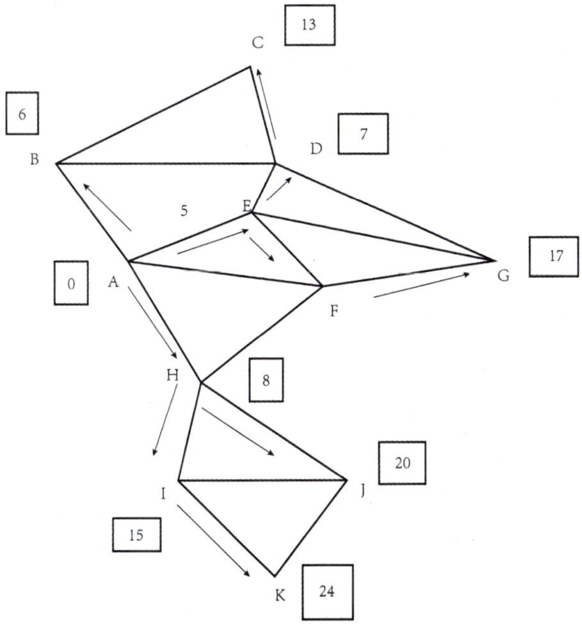

图 5－17　最优线路图

依照上述方法，将物流网络中的每一结点当作初始结点，并取其位势值为“零”，然后进行计算，可得所有结点之间的最短距离，如表 5－27 所示。

表 5－27 结点之间的距离

物流网结点	A	B	C	D	E	F	G	H	I	J	K
A	0	6	13	7	5	9	17	8	15	20	24
B	6	0	11	10	11	15	23	14	21	26	30
C	13	11	0	6	8	12	19	21	28	33	37
D	7	10	6	0	2	6	13	15	22	27	31
E	5	11	8	2	0	4	12	13	20	25	29
F	9	15	12	6	4	0	8	10	17	22	26
G	17	23	19	13	12	8	0	15	22	27	31
H	8	14	21	15	13	10	15	0	7	12	16
I	15	21	28	22	20	17	22	7	0	10	9
J	20	16	33	27	25	22	27	12	10	0	8
K	24	30	37	31	29	26	31	16	9	8	0

三、分送式配送运输

分送式配送是指由一个供应点对多个客户的共同送货。其基本条件是同一条线路上所有客户的需求量总和不大于一辆车的额定载重量，送货时，由这一辆车装载所有客户的货物，沿着一条精心挑选的最佳路线依次将货物送到各个客户手中，这样既保证按时按量将用户需要的货物及时送到，又节约了车辆，节省了费用，缓解了交通紧张的压力，并减少了运输对环境造成的污染。

分送式配送路线制定主要有两种方法：扫描法和节约法。本单元仅介绍节约法。

（一）节约法的基本规定

利用里程节约法确定配送路线的主要出发点是，根据配送方的运输能力及其到客户之间的距离和各客户之间的相对距离来制定使配送车辆总的周转量达到或接近最小的配送方案。

假设条件：

(1)配送的是同一种或相类似的货物。

(2)各用户的位置及需求量已知。

(3)配送方有足够的运输能力。

(4)设状态参数为 t_{ij}，t_{ij} 是这样定义的：

t_{ij} ＝{1，表示客户 I、J 在同一送货路线上；0，表示客户 I、J 不在同一送货线路上}

t_{0j} ＝{2，表示由送货点 P_0 向客户 J 单独派车送货}，且所有状态参数应满足下式：

$$\sum_{\substack{i=1\\j=1}} t_{ij} + \sum_{i=j+1}^{N} t_{ij} = (j=1,2,N)$$

式中，N——客户数。

利用节约法制定的配送方案除了使总的周转量最小外，还应满足下列条件：

(1)方案能满足所有客户的到货时间要求。

(2) 不使车辆超载。

(3) 每辆车每天的总运行时间及里程满足规定的要求。

(二) 节约法的基本思想

节约法的目标是使所有车辆行驶的总里程最短，并使所有站点提供服务的车辆数最少。

设 P_o 为配送中心，分别向用户 P_i 和 P_j 送货。P_o 到 P_i 和 P_j 的距离分别为 d_{oi} 和 d_{oj}，两个用户 P_i 和 P_j 之间的距离为 d_{ij}，送货方案只有两种，即配送中心 P_o 向用户 P_i、P_j 分别送货和配送中心 P_o 向用户 P_i、P_j 同时送货，如图 5－18 所示。比较两种配送方案：

方案 a 的配送路线为 $P_o \to P_i \to P_o \to P_j \to P_0$，配送距离为 $d_a = 2d_{oi} + 2d_{oj}$。

方案 b 的配送路线 $P_o \to P_i \to P_j \to P_o$，配送距离为 $d_b = d_{oi} + d_{oj} + d_{ij}$。

显然，d_a 不等于 d_b，我们用 S_{ij} 表示里程节约量，即方案 b 比方案 a 节约的配送里程：$S_{ij} = d_{oi} + d_{oj} - d_{ij}$。

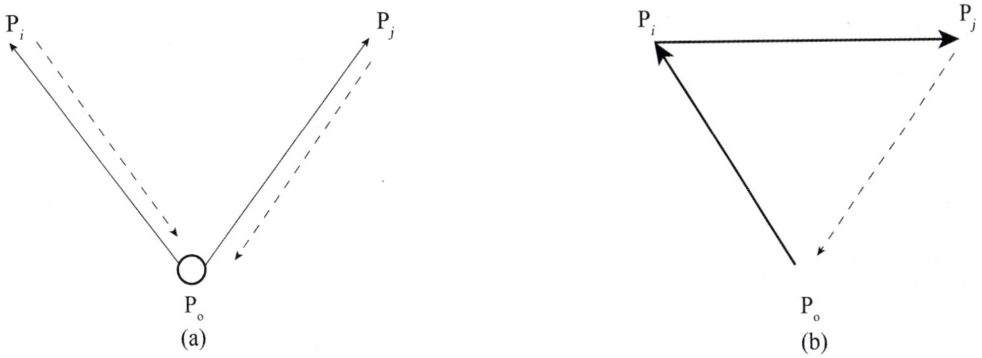

图 5－18　节约法基本思想示意图

(a) 方案 a；(b) 方案 b

如果是多站点配送（三个及以上），除了将两个单独的站点合并在一起外，还可以将某站点并入已经包含多个站点的线路上，同样可以达到节省配送费用、缩短线路里程的作用，缩短的里程同样可以计算出来。应该注意的是，每次合并都要计算所缩短的距离，节约距离最多的站点就应该纳入现有线路；如果由于某些约束条件（如线路过长、无法满足时间窗口的限制或车辆超载等），节约距离最多的站点不能并入该线路，则考虑节约距离次数多的站点，直至该线路不能加入新的站点为止。然后重复上述整个过程直至所有站点的路线设计完成。

下面具体说明节约法的求解过程。

例：某一配送中心 P 向 10 个客户配送货物，其配送网络如图 5－19 所示。图中括号内的数字表示客户的需求量，线路上的数字表示两节点之间的距离。配送中心有 2 t 和4 t 两种车辆可供使用，试用节约法设计最佳送货路线。

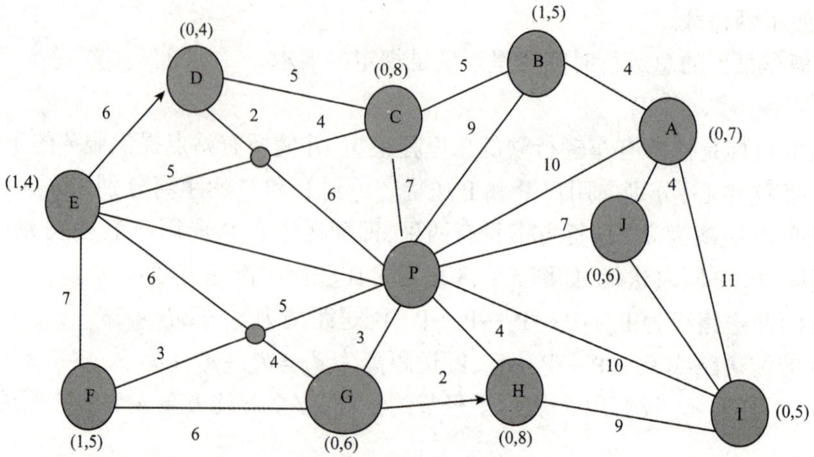

图 5－19　配送网络图

解：第一步：计算最短距离。根据配送网络中的已知条件，计算配送中心与客户及客户之间的最短距离，结果见表 5－28。

表 5－28　配送中心与客户及客户之间的最短距离

	P									
A	10	A								
B	9	4	B							
C	7	9	5	C						
D	8	14	10	5	D					
E	8	18	14	9	6	E				
F	8	18	17	15	13	7	F			
G	3	13	12	10	11	10	6	G		
H	4	14	13	11	12	12	8	2	H	
I	10	11	15	17	18	18	17	11	9	I
J	7	4	8	13	15	15	15	10	11	8	J

第二步：根据最短距离结果，计算各客户之间的节约里程，结果见表 5－29。

表 5－29　节约里程量表

P											
A	10	A									
B	9	(15)4	B								
C	7	(8)9	(11)5	C							
D	8	(4)14	(7)10	(11)5	D						
E	8	(0)18	(3)14	(6)9	(10)6	E					
F	8	(0)18	(0)17	(0)15	(3)13	(9)7	F				
G	3	(0)13	(0)12	(0)10	(0)11	(1)10	(5)6	G			
H	4	(0)14	(0)13	(0)11	(0)12	(0)12	(4)8	(5)2	H		
I	10	(9)11	(4)15	(0)17	(0)18	(0)18	(1)17	(2)11	(5)9	I	
J	7	(13)4	(8)8	(1)13	(0)15	(0)15	(0)15	(0)10	(0)11	(9)8	J

第三步：将节约里程按从大到小的顺序进行排列，如表 5－30 所示。

表 5－30　节约里程排序表

序号	连接点	节约里程	序号	连接点	节约里程
1	A——B	15	13	F——G	5
2	A——J	13	14	G——H	5
3	B——C	11	15	H——I	5
4	C——D	10	16	A——D	4
5	D——E	10	17	B——I	4
6	A——I	9	18	F——H	4
7	E——F	9	19	B——E	3
8	I——J	9	20	D——F	3
9	A——C	8	21	G——I	2
10	B——J	8	22	C——J	1
11	B——D	7	23	E——G	1
12	C——E	6	24	F——I	1

第四步：确定配送线路。从排序表中，按节约里程大小顺序，组成线路图。

1. 初始方案

如图 5－20 所示，从配送中心 P 分别向各个客户进行配送，共有 10 条配送路线，总行程为 148 km，需要 2 吨货车 10 辆（每个客户的货量均小于 2 吨）。

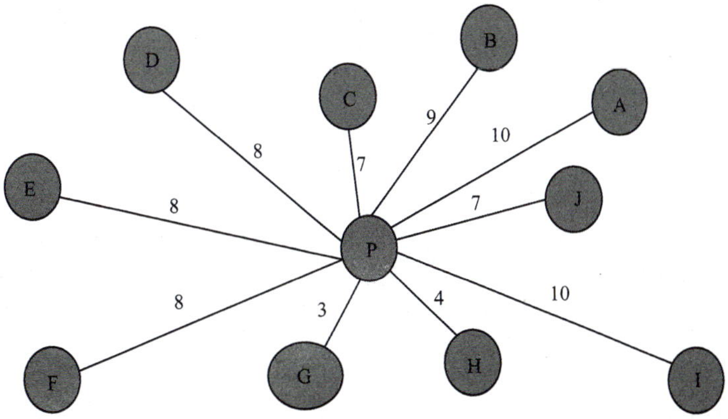

图 5－20　初始方案路线图

2. 修正方案 1

按节约里程由大到小的顺序，连接 A—B，A—J，B—C，同时取消 P—A，P—B 路线，形成 P—J—A—B—C—P 配送路线 1，如图 5－21 所示。

配送线路 1 装载货物质量为 3.6 吨，运行距离为 27 km，需要 4 吨车 1 辆。这时，共有配送线路 10 条，配送总行程为 109 km，需要 2 吨车 6 辆，4 吨货车 1 辆。

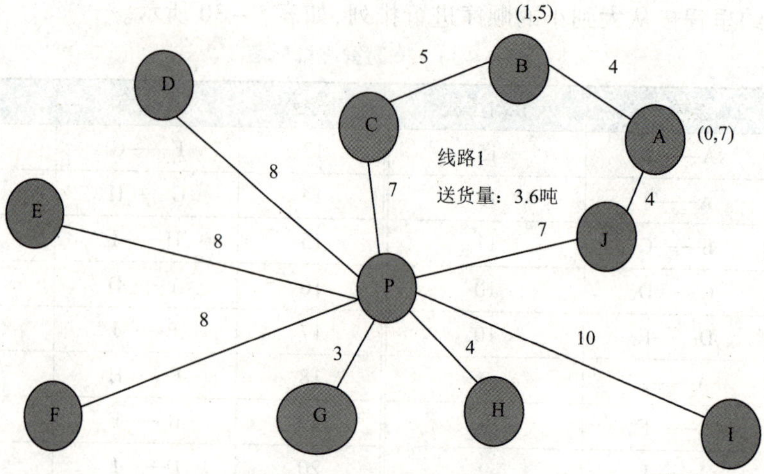

图 5－21　修正方案 1 路线图

3. 修正方案 2

按节约里程由大到小的顺序，应该是 C—D、D—E，C—D 和 D—E 都有可能并入线路 1 中，但考虑到单车载重量及线路均衡问题（如规定每次运行距离为 30 km 以内），配送线路 1 不再增加配送客户，为此连接 D—E，形成 P—D—E—P 配送路线 2，如图 5－22 所示。

配送线路 2 载重量为 1.8 吨，运输距离 22 km，需要 2 吨货车 1 辆。此时，共有配送线路 6 条，总行程为 99km，需要 2 吨车 3 辆，4 吨车 2 辆。

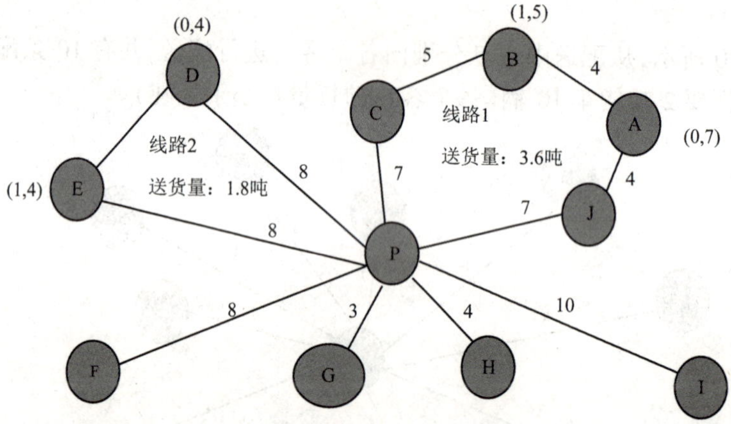

图 5－22　修正方案 2 路线图

4. 修正方案 3

接下来节约里程顺序是 A—I 和 E—F，由于此时 A 已属于线路 1，且该线路不再扩充客户，故不连接 A—I；连接 E—F 并入配送线路 2 中，并取消 P—D、P—E 线路，形成 P—D—E—F—P 配送线路 2，如图 5－23 所示。

配送线路 2 装载量为 3.3 吨，运行距离为 29 km，需要 4 吨货车 1 辆。此时，配送总线路共 5 条，总运行距离为 90km，需要 2 吨货车 3 辆，4 吨货车 2 辆。

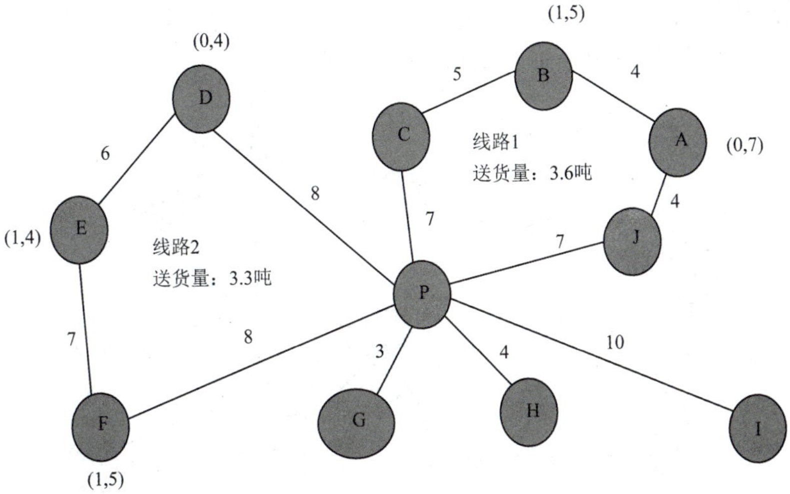

图 5－23　修正方案 3 路线图

5. 修正方案 4

按节约里程由大到小的顺序排接下来，应该是 I—J、A—C、B—D 和 C—E，但这些连接已包含在线路 1 和线路 2 中，故不能组合成新的线路。接下来是 F—G，可组合在配送线路 2 中，形成 P—D—E—F—G—P 满车的配送线路 2，如图 5－24 所示。

配送线路 2 装载量为 3.9 吨，运行距离为 30 km，需要 4 吨货车 1 辆。此时，共有 4 条线路，总行程为 85 km，需要 2 吨货车 2 辆，4 吨货车 2 辆。

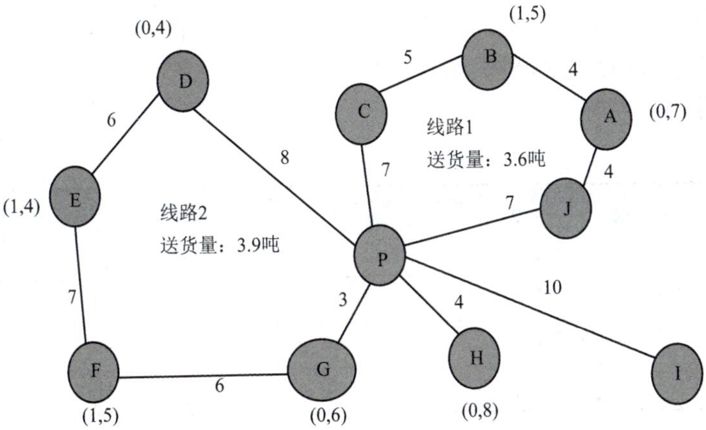

图 5－24　修正方案 4 路线图

6. 最终方案

接下来剩下的是 G—H，由于受载重量的限制，不将 H 点并入到线路 2 中，而是连接 H 和 I，组成新的配送线路 3，得到最终方案，如图 5－25 所示。

配送线路 3 的装载量为 1.3 吨，运行距离为 23 km。此时，共存在 3 条配送线路，总的配送距离为 80 km，需要的配送车辆为 2 吨车 1 辆，4 吨车 2 辆。

3 条配送线路分别为：

第一条配送线路 1：P—C—B—A—J—P，使用 1 辆 4 吨货车。

第二条配送线路 2:P—D—E—F—G—P,使用 1 辆 4 吨货车。

第三条配送线路 3:P—H—I—P,使用 1 辆 2 吨货车。

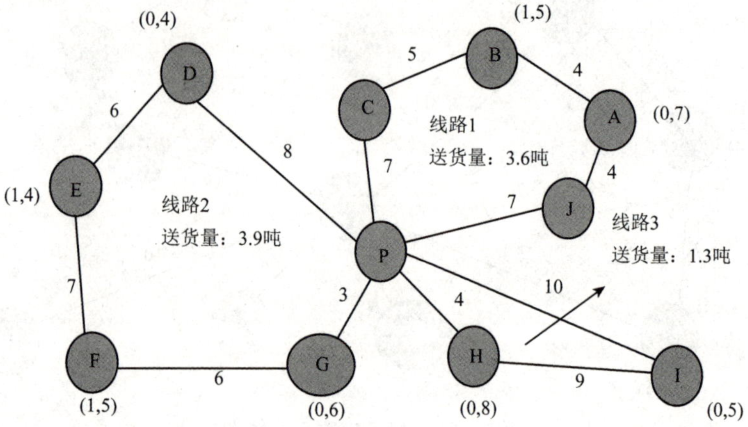

图 5－25 最终方案路线图

【任务实施】

1. 直送式配送线路选择任务的实施步骤

(1)教师指导学生掌握直送式配送线路选择方法——位势法。

(2)学生运用位势法进行最短线路方案的制定。

(3)教师讲评。

2. 分送式配送线路选择任务的实施步骤

(1)教师指导学生掌握分送式配送线路选择方法——节约法。

(2)学生运用节约法进行最优配送方案的制定。

(3)教师讲评。

3. 检查标准

检查标准	考评标准	分值	实际得分
线路选择方案制定	完成速度	20	
	具体计算过程	40	
	计算准确性	40	
合计		100	

项目六

仓储管理信息技术

【能力目标】

1. 具有熟练操作仓储和配送管理信息系统的能力。
2. 具有运用条形码软件制作各类商品条形码的能力。
3. 具有运用仓储配送管理系统进行计算机辅助拣货的能力。

【知识目标】

1. 熟练掌握仓储管理与配送管理信息系统的功能与结构。
2. 了解条形码技术、RFID 技术的基本原理及应用。
3. 熟悉电子标签辅助拣货系统的设备组成和种类。

【案例导入】

为了更好地满足大客户的需求，提高企业运营效率，降低运营成本，苏州 JX 储运有限公司在原有信息化的基础上，耗巨资购买了 LOGIS 仓储管理信息系统、条形码打印软件和电子标签辅助拣货系统。为了使信息系统顺利应用，公司将 2017 年 11 月定为“信息化系统学习月”，组织仓储部所有员工参加培训。“学习月”具体培训安排为第一、第二周培训 LOGIS 仓储管理信息系统，第三周培训条形码打印软件，第四周培训电子标签辅助拣货系统。培训一个月之后，所有软件系统全面上线，苏州 JX 储运有限公司进入全面信息化运作。张涛在学校里学习过仓储管理信息系统的操作，有较好的软件操作基础，所以，2 号仓库主管小侯就委派张涛担任 2 号仓库信息化学习小组组长，带领大家使用各类信息系统。小侯还要求张涛一个月后回答以下三个问题：

（1）本公司仓储管理信息系统包括哪些功能模块？业务流程是怎样的？

（2）本公司使用了哪些种类的条形码？如何制作和识读条形码？

（3）如何运用电子标签辅助拣货系统进行拣货？播种式拣货系统与摘果式拣货系统的区别是什么？

【案例思考】

为了提高学生仓储与配送管理信息系统的操作能力、条形码技术和电子拣货系统的应用能力，需要学生了解信息系统各模块的功能、特征和相互关系，在此基础上对各模块系统进行角色操作训练。由于仓储配送管理系统需要配合条形码技术、射频技术才能实现物流、商流和信息流的同步运作，为此，本项目围绕此案例对应设计了三个任务，其中第三个任务又设置了两个分任务。

（1）仓储与配送管理信息系统操作。

（2）条形码打印软件、设备使用。

（3）电子标签辅助拣货系统操作。

①摘果式拣货系统操作。

②播种式拣货系统操作。

任务一　仓储与配送管理信息系统操作

【任务目标】

1. 熟悉仓储与配送管理信息系统软件操作。
2. 能与硬件结合进行业务流程操作。

【任务引入】

经过了一个月的信息化培训，时间进入 12 月，张涛开始带领苏州 JX 储运有限公司 2 号仓库员工利用仓库管理信息系统完成一系列货物的入库、盘点和出库等基本操作。请以张涛的名义，和大家一起利用 LOGIS 仓储管理信息系统完成仓库基本业务操作任务，具体包括三个子任务：

（1）子任务 A——入库作业操作，入库通知单具体见表 6－1。

表 6－1　入库通知单

仓库名称：2 号仓库　　　　2017 年 12 月 10 日

批次	12002						
采购订单号	20171210003						
客户指令号	20171210001				订单来源	E－mail	
客户名称	苏州 LH 有限公司				质量	正品	
入库方式	送货				入库类型	正常	
序号	货品编号	名称	单位	包装规格（mm）	申请数量	实收数量	备注
1	9787799912714	咖啡机	箱	600×400×220	20		

（2）子任务 B——出库作业操作，货物出库信息具体见表 6－2。

表 6－2　货物出库信息

仓库名称：2 号仓库　　　　2017 年 12 月 11 日

采购订单号	201712110005						
客户指令号	201712110007				订单来源	E－mail	
客户名称	苏州 LH 有限公司				质量	正品	
出库方式	自提				出库类型	正常	
序号	货品编号	名称	单位	包装规格（mm）	申请数量	实收数量	备注
1	9787885273156	电炸锅	箱	480×320×200	28		

（3）子任务 C——盘点作业操作。12 月底，苏州 JX 储运有限公司进行一次大型盘点作业，进行盘点期间，仓库暂停出入库业务。2017 年 12 月 31 日，2 号仓库主管小侯发送一个盘点指令，要求仓库开始对托盘货架区的小家电类进行盘点，盘点的基本类型是按区域盘，并对库存差异进行盈亏调整。

【知识链接】

在现代物流企业中广泛采用的信息技术主要包括：计算机和网络通信，数据库及数据管理系统，以及以条码扫描技术、射频技术为代表的自动识别技术，电子数据交换（EDI），地理信息系统（GIS），全球定位系统（GPS）等。信息技术在物流系统中的应用，降低了物流成本，提高了物流系统的运作速度、效率和效益，提升了物流系统的服务质量及服务水平，成为提高物流系统生产率和竞争能力的主要来源。

一、仓储管理系统

仓储管理系统（Warehouse Management System，WMS）是现代仓储企业进行货物管理和处理的业务操作系统，是用来管理仓库内部的人员、库存、工作时间、定单和设备的软件实施工具（Software Execution Tool）。这里所称的“仓储”包括生产和供应领域中各种类型的储存仓库和配送中心。

WMS 在 20 世纪 70 年代中期问世，发展迅速。现今的 WMS 既可以实现本地一个仓库的精细化管理，也可实现制造企业、物流企业、连锁业在全国范围内异地多个仓库的管理；它可以对货物存储和出货等进行动态安排，可以对仓储作业流程的全过程进行电子化操作；可以与客服中心建立数据接口使客户通过互联网实现远程货物管理，可以与企业的 ERP 系统实现无缝连接；可应用于各种行业的单体仓库精细化管理；可应用于制造企业、物流企业、流通业及其他特殊行业的全国范围内异地仓库的管理。

WMS 按照常规和用户自行确定的优先原则来优化仓库的空间利用和全部仓储作业。对上，它通过电子数据交换等电子媒介，与企业的计算机主机联网，由主机下达收货和订单的原始数据；对下，它通过无线网络、手持终端、条码系统和射频数据通信等信息技术与仓库的员工联系。上下相互作用，传达指令，反馈信息，更新数据库，并生成所需的条码标签和单据文件。

（一）WMS 的功能模块

一个完整的仓储管理系统应包括如下功能模块：仓储业务受理模块、入库作业管理模块、库存管理模块、出库作业管理模块、盘点模块、报表统计模块、信息查询模块、人员管理模块、财务结算模块。整个仓储管理系统功能结构如图 6－1 所示。

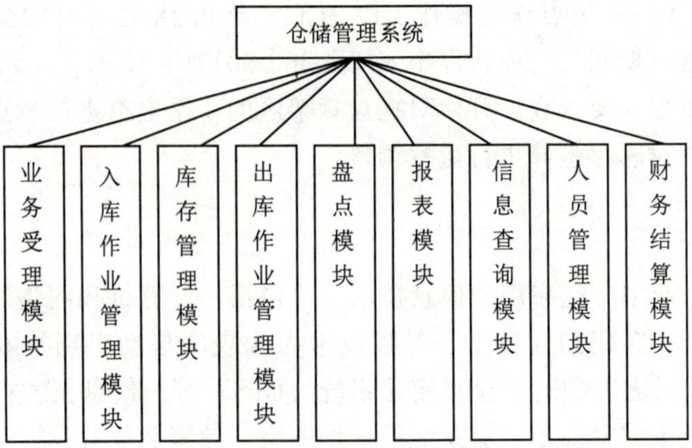

图 6-1　仓储管理系统功能模块

1. 业务受理模块

仓储管理人员根据仓储业务申请，进行仓储业务的受理操作，为入库管理做准备。仓储业务受理模块登记客户对货物储存业务的相关信息，以便管理人员做出合理的仓储管理方案。模块包含的信息有客户信息、货物名称、存货性质、存货重量、存货体积、入库日期、出库日期等。

2. 入库作业管理模块

根据业务受理清单列出入库信息，经过审核确认后，根据客户要求或货物性质选择仓库，并根据仓位占用信息进行仓位的分配，同时修改仓库信息，从而完成实际入库操作，同时生成入库货物明细通知。入库管理可以对入库货物明细通知进行维护管理和打印，维护的同时对仓库信息进行相应的修改，如图 6-2 所示。

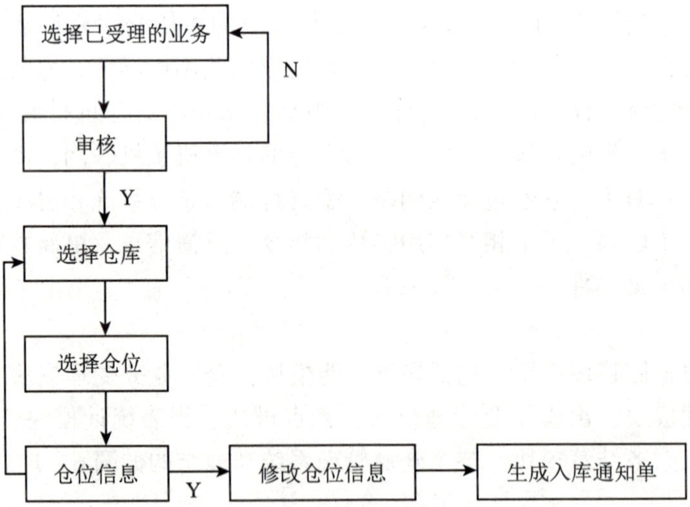

图 6-2　入库作业管理

3. 库存管理模块

库存管理模块负责各种物料的收发存管理，实时处理入库作业管理系统、出库作业管理系统提供的数据，随时更新库存信息以反映库存的动态变化。该功能模块包括收发存管理、库存状况分析、ABC 分类管理和呆滞物料管理等子模块。收发存管理提供某段时间内库存物流的信息状况，随机显示和打印当前的库存量等信息；库存状况分析提供库存中现有量、计划收到量、已分配量、可用量等库存信息；ABC 分类管理对库存的货物进行分类管理；呆滞物料管理提供库存积压货物的品种、数量及积压金额，便于采取措施进行处理。

4. 出库作业管理模块

仓库管理员根据客户的实际需求和实际库存情况，提前做好出库准备。一旦确定出库后，以最快的速度生成出库货物明细通知单，同时修改仓库信息和配送业务信息或运输业务信息，完成出库作业，并对出库申请进行审核，以保证出库货物的正确无误。出库管理可以对出库货物明细通知单进行维护管理和打印，在维护的同时对仓库信息或配送业务信息或运输业务信息进行相应的修改，如图 6－3 所示。

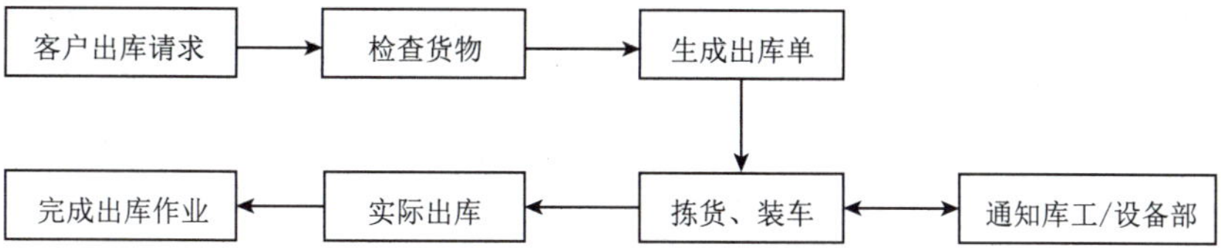

图 6－3　出库作业管理

5. 其他功能模块

盘点模块。该模块显示品名规格、品牌、批号、前期库存、本期入库、本期退库、本期退货、现库存等信息。

报表统计模块。此模块实现了对入库和出库数据的统计，包括对仓位汇总、费用汇总和库存汇总等的统计功能，并可打印输出查询结果。

信息查询模块。该模块可以查询所有物品信息，包括曾经存放过的和现在存放在仓库中的物品信息。为了查询数据的方便，本模块支持按物品名称、物品编码、生产厂商名称、生产厂商代码查询，进行数据动态实时更新。

人员管理模块。此模块主要包括对职工代号、姓名、职位、联系电话、身份证号码和住址等基本信息的录入、修改与删除。

财务结算模块。通过该模块进行财务方面的统计、结算，包含运费计算、收款、付款、预付款、代收款等信息。本模块可以管理及查询流水账、成本费用、应收应付账款等。

（二）WMS 与仓储作业环节的结合

一个 WMS 的基本软件包支持仓储作业中的全部功能，从进货站台直到发货站台。

收货：货到站台，收货员将到货数据由射频终端传到 WMS，WMS 随即生成相应的条码标签，粘贴（或喷印）在收货托盘（或货箱），经扫描，这批货物即被确认收到，由 WMS 指挥进库储存。

储存：WMS 按最佳的储存方式，选择空货位，通过叉车上的射频终端，通知叉车司机，并指引最佳途径抵达空货位，扫描货位条码，以核实正确无误。货物就位后，再扫描货物条码，WMS 即确认货物已储存在这一货位，可供以后订单发货。

订单处理：订单到达仓库，WMS 按预定规则分组，区分先后，合理安排。例如：交由 UPS 公司快运的，要下午 2：00 前发货；需由公路长途运输的，要 5：00 前发货；

而有些货物则需特别护送，等等。WMS 按各类需要安排如何最佳、及时地交付订单中的货物。

拣选：WMS 确定最佳的拣选方案，安排订单拣选任务。拣选人由射频终端指引到货位，显示拣选数量。经扫描货物和货位的条码，WMS 确认拣选正确后，货物的库存量也同时减除。

发货：WMS 制作包装清单和发货单，交付发运。称重设备和其他发货系统也能同时与 WMS 联合工作。

站台直调：货到收货站台，如已有订单需要这批货，WMS 会指令叉车司机直送发货站台，不再入库。

除此之外，WMS 还能提供更多的附加支持，包括库存补充、循环盘存、班组工作实时监管等。更先进的 WMS 还能连接自动导向车（AGV）、输送带、回转货架和高架自动储存系统（AS/RS）等，而最近的新趋势则是与企业的其他管理系统相结合，例如：运输管理系统（TMS）、订单管理系统（OMS）和企业资源规划调度系统（ERP）等，使之融入企业的整体管理系统之内。

WMS 软件和进销存管理软件的最大区别在于：进销存软件的目标是针对特定对象（如仓库）的商品、单据流动，是对于仓库作业结果的记录、核对和管理，对报表、结果分析，比如记录商品出入库的时间、经手人等；而 WMS 软件则除了对仓库作业的结果进行记录、核对、管理之外，其最大的功能是对仓库作业过程的指导和规范，保证作业的准确性，增加仓库的效率、管理透明度、真实度，以降低成本。比如通过无线终端指导操作员给某订单发货，当操作员提出发货请求时，终端提示操作员应到哪个具体的仓库货位取出指定数量的那几种商品，扫描货架和商品条码核对是否正确，然后送到接货区，录入运输单位信息，完成出货任务。重要的是包括出货时间、操作员、货物种类、数量、产品序列号、承运单位等信息在货物装车的同时已经通过无线方式传输到计算机信息中心的数据库。

二、配送中心信息系统

物流配送中心是物流活动中的一个节点，是供应商和销售商之间联系的纽带，其主要目的是降低物流运输成本，具有减少产销差距的中介功能，可减少销售机会的损失。为了实现这些目标，配送中心主要依赖配送中心信息系统的建立。配送中心信息系统是包括配送中心业务过程的各个领域的信息系统，有订单处理、出入库作业运输、仓储作业、拣选作业、运输配送等业务。该系统主要包括业务管理系统（采购处理系统、订单处理系统、仓库管理系统、运输配送管理系统）、业务支持与决策系统（客户关系管理系统、财务管理系统、绩效评价系统等）。其结构如图 6－4 所示。

（一）采购处理系统

系统支持由采购订单生成采购入库通知单，登记采购物料的规格、数量、入库仓库、支付方式等信息，同时对采购发票价格、运输费、税款等货款办理结算。系统包括采购申请、采购订单、采购退货、采购付款结算、采购发票、采购成本分析、采购费用分析、采购价格管理、采购分析报表等子系统。

（二）订单处理系统

当接到客户订单后，配送中心就开始接受订货的工作。自动报价子系统需要输入的数据包括客户名称、询问商品、商品详细规格、商品等级、商品条形码等，然后系统根据这些数据调用产品明细数据库、客户交易此商品的历史数据库等，结合配送中心库存费用来计算销售价格。然后由报价单制作子系统打印报价单送予客户。报价单经客户签回后即可成为正式订单。

当已配送的商品发生退货时，可进入退货数据处理子系统，修改原始数据并作标记。

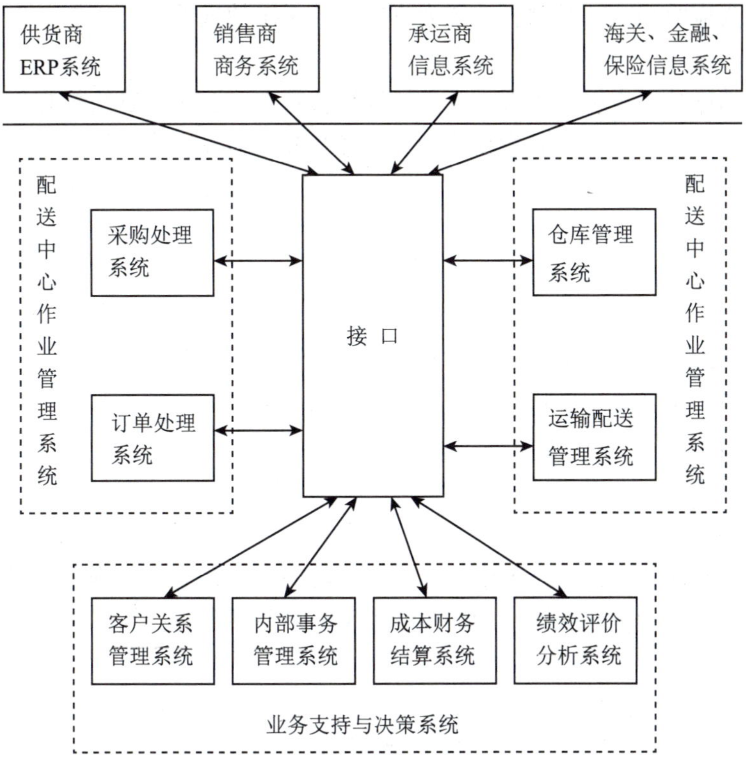

图6－4　配送中心信息系统

（三）仓库管理系统

该系统需要其他子系统通过接口进行交流才能真正发挥其作用，其功能在前节已作具体介绍。

（四）运输配送管理系统

根据每一个批次要出货商品所需配送车辆的种类及数量，合理制订派车计划。首先，由管理人员调用订单数据库，将当日预定出货订单汇总，查询车辆装卸能力数据库、车辆调用数据库、客户数据库、地理信息系统（GIS），将客户按其配送地址分区或不分区，求得最短配送路径、最短配送时间或最低配送成本等最佳配送方案。然后，统计该区出货商品的体积与重量，合理分配配送车辆的种类及派车数量，其间考虑车辆积载方式及配载方式，制定出车批次、装车及配送调度，并打印配送批次规划报告、批次配送调度报表等。运输配送管理系统还可选用配送途中传输及控制功能来跟踪重点商品的动向，如利用GPS技术进行车辆配送状况跟踪。

（五）客户关系管理系统

该系统主要包括供货商和客户的相关信息以及交易信息等。

（六）成本财务结算系统

其主要是连接其他各个子系统获取相关的资料，输出相应的应收款账单，作为配送中心的收付款凭证，输出各种财务报表以供制定营运政策和营运管理参考。如当商品配送出库后，订购数据即转入应收账款数据库，财务会计管理人员于结账日调用此系统，将应收账款按客户进行分类统计，并打印催款单及发票。收到账款后可由会计人员确认登记，填写相关凭证作为应收账款的销项，并转为收支会计系统的进项。

（七）绩效评价分析系统

其主要包括商品销售绩效管理、业务处理绩效管理、仓库保管绩效管理、配送效率管理、设施设备管理、客户服务满意度管理、财务绩效管理等模块。

【任务实施】

1. 子任务A——入库作业操作任务的实施

（1）工具准备。

①计算机局域网（无线局域网）、LOGIS仓储管理信息系统。

②托盘1个、手动液压搬运车1辆、手持终端1个。

③空纸箱20只，标注为咖啡机。

（2）完成步骤。

①教师组织学生到学院软件实训室，一人配备一台电脑。

②教师介绍仓储管理信息系统中入库模块的功能和其在业务流程中的地位及作用、采用的相关技术（如软、硬件技术）、使用的设备（如手持终端、数据采集器）和涉及的知识。

③组织学生进入学院的仓储实训中心，每3人分为1组（1名信息员、1名仓管员、1名送货员），应用仓储管理信息系统进行入库操作。

a. 入库订单处理。

信息员输入账号和密码登录仓储管理信息系统综合平台，进入【订单管理系统】；选择左侧工具栏中【订单录入】，进入订单录入界面；单击左侧的【入库订单】进入入库订单管理界面；单击【新增】按钮，新增一个入库订单，根据实训任务中入库通知单的信息，录入订单内容。订单的具体信息可以划分为订单信息、订单入库信息、订单货品信息三类，根据入库通知单对这三项内容进行维护；上述三项信息全部填写完成后，单击【保存订单】即可。

b. 生成作业计划。

信息员将入库订单保存完毕后，返回到订单列表中，勾选刚才新增的订单，单击【生成作业计划】，系统将弹出入库订单界面，核对订单无误后，单击【确认生成】，打印出库单，并将出库单移交检验员。

c. 入库交接。

仓管员与送货员进行货物验收、交接工作。验收无问题，实收咖啡机20箱。仓管员根据实际验收情况填写入库单实收数量并签字，然后仓管员主动与送货员交接，要求送货员在入库单签字确认。

d. 入库理货。

仓管员从设备暂存区取出手动液压搬运车，拉取空托盘至入库理货区。根据咖啡机的包装箱规格（600 mm×400 mm×220 mm）进行托盘堆码作业。

e. 利用手持终端进行组托作业。

仓管员使用给定的用户名和密码登录手持终端系统，并选择指定的库房，进入其应用操作主功能界面；单击【入库作业】进入入库作业主界面；然后单击【入库理货】；单击【理货】，进入理货界面；利用手持终端采集货品条码信息和托盘标签信息，信息采集成功后，按手持终端上的回车键以确定该信息；确定后手持终端系统会提示货品的存储区域。

f. 入库搬运。

仓管员在手持终端系统入库作业主功能界面单击【入库搬运】，进入搬运操作界面；搬运操作界面上自动提示需搬运的货品名称、货品数量及目标地点等信息，单击【确认搬运】。

g. 入库上架。

仓管员在手持终端入库作业主功能界面找到【入库上架】，单击进入入库上架界面；根据储位信息，扫描储位标签后，进行上架作业，上架操作完成后，单击【确认上架】，即可完成上架操作。

h. 入库理货完成。

仓管员在手持终端入库作业主功能界面找到【入库理货】，单击进入，然后单击【完成】，到此完成手持终端系统的理货、上架处理操作；对已经作业完成的入库订单，信息员在仓储管理系统平台的【订单管理】系统中，对该订单进行追踪查询，输入订单编号，单击【确定】，就可以查看到刚刚处理完成的入库订单的执行状态为“完成”。

④教师进行现场指导，纠正学生在操作过程中的失误。

（3）检查标准。

检查标准	考评标准	分值	实际得分
仓储与配送管理信息系统入库操作	软硬件结合操作流程正确	50	
	软硬件结合操作完成质量好	50	
合计		100	

2. 子任务B——出库作业操作任务的实施

（1）工具准备。

①计算机局域网（无线局域网）、LOGIS仓储管理信息系统。

②托盘1个、手动液压搬运车1辆、手持终端1个。

③空纸箱28只，标注为电炸锅。

（2）完成步骤。

①教师组织学生到学院软件实训室，一人配备一台电脑。

②教师介绍仓储管理信息系统中出库模块的功能和其在业务流程中的地位及作用。

③组织学生进入学院的仓储实训中心，每3人分为1组（1名信息员、1名仓管员、1名提货员），应用仓储管理信息系统进行出库操作。

a. 新增出库订单。

信息员根据客户的出库通知单，录入出库订单。在仓储管理信息系统综合平台中，进入【订单管理】系统。选择左侧任务栏中的【订单录入】，新增一个“出库订单”，根据实训任务给出的出库通知单，填写出库订单；保存订单后返回到出库订单列表，勾选订单【生成作业计划】，打印出库单，并将出库单移交仓管员。

b. 出库理货。

仓管员输入与综合平台相同的用户名和密码登录手持终端系统，并选择指定的库房，进入其应用操作主功能界面；单击【出库作业】，进入出库作业功能界面；单击【出库理货】，进入待理货作业任务栏中；单击【开始】按钮，启动出库理货作业；单击开始后，系统将【开始】按钮变成【完成】，表明该业务已经启动。

c. 读取下架信息。

仓管员将手持终端返回出库作业界面，单击【下架作业】，进入下架界面；在界面下方会显示待下架的货物名称、下架数量、存放储位和托盘标签信息。

d. 下架操作。

仓管员从设备暂存区将叉车取出。叉车停至待下架托盘货物的货架前；利用手持终端采集托盘标签信息，信息采集成功后，手持终端系统将自动显示默认拣货数量；确认下架数量，核对无误后，单击【确认下架】。

e. 读取搬运信息。

仓管员将手持终端返回到出库作业界面，单击【搬运作业】，进入搬运操作界面；界面下方会自动提示需要进行搬运作业的货品名称、托盘信息。利用手持终端采集托盘标签信息，信息采集成功后，手持终端系统自动提示待搬运的货品名称、货品数量及目标地点等信息；仓管员从设备暂存区取出手动液压搬运车，拉取已下架的托盘货物到出库理货区；完成搬运后在手持终端搬运界面单击【确认搬运】。

f. 出库理货确认。

仓管员拣取货物完成后登录手持终端出库作业界面，单击【出库理货】，单击【理货】，进入出库理货清点界面；单击界面上待理货的托盘标签号，此时手持终端系统自动显示默认理货数量；仓管员清点托盘上的货品数量，核对出库理货的数量，确认理货数量正确无误后，单击【保存结果】，操作界面下方会提示已理货操作完成的信息；单击【返回】，回到出库理货界面，单击【完成】，完成出库理货作业。

g. 出库交接处理。

提货员根据提货单核查货物，核查时仓管员在一旁监察。提货员主要核对的内容：货物名称、数量是否正确，检查外包装是否完好或者是否倒置。经核查，出库货物与提货单及出库单数量一致，均为正品；货物核查完毕后，仓管员根据实际出库情况填写出库单实发数量并签字，然后主动与提货员交接，要求提货员在出库单相应位置签字确认。同时，仓管员按照提货员的要求在提货单相应位置签字确认。

④教师进行现场指导，纠正学生在操作过程中的失误。

（3）检查标准。

检查标准	考评标准	分值	实际得分
仓储与配送管理信息系统出库操作	软硬件结合操作流程正确	50	
	软硬件结合操作完成质量好	50	
合计		100	

3. 子任务C——盘点作业操作任务的实施

（1）工具准备。

①计算机局域网（无线局域网）、LOGIS仓储管理信息系统。

②托盘1个、手动液压搬运车1辆、手持终端1个。

（2）完成步骤。

①教师组织学生到学院软件实训室，一人配备一台电脑。

②教师介绍仓储管理信息系统中盘点模块的功能和其在业务流程中的地位及作用。

③教师组织学生进入学院的仓储实训中心，每3人分为1组（1名信息员、1名盘点员、1名仓库主管），应用仓储管理信息系统进行盘点操作。

a. 库存冻结。

信息员进入到综合业务平台的【仓储管理】系统中，在左侧任务栏中，选择【库存冻结】作业，进入作业列表界面；单击【新增】按钮新增一个库存冻结的作业任务，在库存冻结界面中，填选冻结类型、客户码、库房、货物编码等信息；库存冻结作业单填写完毕后，单击下方的【提交】按钮；勾选填写完毕的冻结作业单，单击【执行冻结】按钮，完成库存冻结操作。经过库存冻结操作后，被冻结货品不可以进行出入库操作，以便后续盘点作业的清点和核对。

b. 盘点任务。

进入【仓储管理系统】中，选择左侧任务栏中的【盘点管理】，单击【盘点任务】，进入盘点作业列表中，单击【新增】按钮，新增一个盘点任务，填写盘点的库房、储位、负责人等信息。根据实训案例要求，选择盘点类型为按区域盘，盘点方式默认为盲盘。订单填写无误后，单击下方的【提交】按钮；勾选该盘点作业单，单击【提交处理】按钮，完成新增盘点任务操作。

c. 实物盘点。

盘点员输入指定的用户名和密码登录手持终端；单击【盘点作业】，进入盘点作业界面；扫描储位标签，再扫描储位上的货品条码信息，系统会自动显示该货品的名称、规格等信息；盘点员清点货品数量，将库存数量填写到手持终端【实际数量】中，该货品盘点完毕后单击【保存】。在作业界面中，会显示该盘点作业的任务量，每当完成一个储位的货品盘点后，盘点作业量也会相应减少一个；返回到盘点作业界面，重复上述盘点操作，进行其他货位的盘点；待该盘点任务全部盘点完成后，手持终端系统会提示无待盘点的货品。

d. 盘点作业反馈。

信息员进入【仓储管理】系统，在左侧任务栏中，选择进入【盘点作业】，进入盘点作业列表，单击作业列表下方的【反馈】按钮，进入盘点作业单界面；根据手持终端盘点的实盘结果，将实盘的正品、次品数量信息，录入【实际正品量】与【实际次品量】列表中；实盘数据反馈完毕后，单击【反馈完成】按钮。

e. 盘点差异调整。

仓库主管进入【仓储管理】——【盘点管理】——【盘点调整】，单击【调整审核】进入审核界面。在审核界面中，调整类型选择为“正次”，然后单击【调整确认】按钮，完成盘点差异调整。

仓管员登录手持终端，待仓库主管盘点差异调整处理后，进入盘点作业列表中，单击【完成】，结束盘点操作。

f. 库存解冻。

进入【仓储管理系统】——【库存冻结】——【库存解冻】，勾选客户的记录，然后单击【解冻】按钮，完成库存解冻操作。

④教师进行现场指导，纠正学生在操作过程中的失误。

（3）检查标准。

检查标准	考评标准	分值	实际得分
仓储与配送管理信息系统盘点操作	软硬件结合操作流程正确	50	
	软硬件结合操作完成质量好	50	
合计		100	

任务二　条形码打印软件、设备使用

【任务目标】

1. 能分辨一维、二维条形码。
2. 会进行条形码编制，并能运用软件制作打印条形码。

【任务引入】

苏州 JX 储运有限公司自引入信息化系统之后，开始通过计算机的指令完成货物的出入仓位，通过条形码的应用，仓管员对所有货物信息都了如指掌。2017 年 11 月 15 日，客户苏州 LH 有限公司要求苏州 JX 储运有限公司 2 号仓库为新入库的一批成品货物制作条形码标签和物流条码标签，并打印、粘贴条码标签。该批货物产品的种类和数量如表 6－3 所示，2 号仓库中储运单元的主要参数如表 6－4 所示。请以张涛的名义，和大家一起完成本次任务，具体任务如下：

（1）设计货物条码标签。
（2）条形码打印机安装。
（3）条形码打印。
（4）条形码粘贴。

表 6－3 该批货物品种数量信息表

品名	数量/个	长/m	宽/m	高/m	重量/kg
产品 A	130	23	13	5	2
产品 B	223	25	16	5	3
产品 C	167	34	11	9	5

表 6－4 储运单元主要参数表

参数	数量/个	长/m	宽/m	高/m	载重量/kg
托盘	230	110	100	16	100
周转箱	260	60	40	28	20

【知识链接】

一、条形码技术

（一）条形码的概念

条形码是由一组规则排列的条、空以及对应的字符组成的信息符号，“条”是指对光线反射率较低的部分，“空”是指对光线反射率较高的部分，这些条和空组成的数据表达一定的信息，并能够用特定的设备识读。当一束光射过条码时，由于条和空的反射率不同，反射光的强度也不同，利用扫描装置接收它并输出电流波，用译码器译出，可转换成计算机可读的数据。由于光传播的速度极快，所以可以准确无误地识别条形码上的信息。

条形码技术是实现快速、准确、可靠收集数据的有效手段，是物流行业自动化管理的最基本的技术支持。与其他技术相比，条形码技术具有输入速度快、可靠性高、采集信息量大、灵活实用、操作简单及设备成本低的优点。其缺点是数据无法更改，且需要配备专门的条形码阅读扫描仪。一个完整的条形码的组成次序依次为（图 6－5）：

图 6－5 条形码的组成

首静区：左侧空白区，提示条形码阅读器准备扫描。

起始符：条形码符号的第一位字符，标志一个条形码的开始。

数据符：条形码的核心，是所要传递的主要信息。

（中间分割符，主要用于 EAN 码）。

校验符：校验阅读是否有效，是对此前数据符的算术运算的结果。当阅读器的运算结果与校验符相同时，则判定此次阅读有效，否则不予输入。

终止符：条形码符号的最后一位字符，标志一个条形码的结束。

尾静区：右侧空白区，与首静区作用相同。

（二）条形码的码制

码制是指条形码条和空的排列规则。根据不同的条码编码方式，条码可分为一维条码的码制和二维条码的码制。

传统一维条码的码制有：Code39 条形码（标准 39 码）、Codebar 码（库德巴码）、Code25 条形码（标准 25 码）、ITF25 条码（交叉 25 码）、Matrix25条码（矩阵 25 码）、UPC－A 条形码、UPC－E 条形码、EAN－13 条形码（EAN－13 国际商品条码）、EAN－8 条形码（EAN－8 国际商品条码）、中国邮政条形码（矩阵 25 码的一种变体）、Code－B 条形码、MSI 条形码、Code11 条形码、Code93 条形码、ISBN 条形码（书刊用条码）、ISSN（杂志用条码）条形码、Code128 条形码（Code128 条形码包括 EAN128 码）Code39EMS（EMS 专用的 39 码）。

一维条码技术近年来发展十分迅速，被广泛应用于各个领域。但是其所携带的信息量有限，如商品上的条码仅能容纳 13 位（EAN－13 码）阿拉伯数字，更多的信息只能依赖商品数据库的支持，离开了预先建立的数据库，这种条码就没有意义了，因此在一定程度上也限制了条码的应用范围。基于这个原因，在 20 世纪 90 年代发明了二维条码。二维条码能够在横向和竖向两个方位上同时表达信息，从而提高了条码的信息密度，并且能够表达汉字和存储图像。除包含信息量大之外，二维条码还具有纠错功能，当条码因穿孔、污损等引起局部损坏时，照样可以得到正确识读。

二维条码的码制有 PDF417 码、Code 49 码、Code 16K 码、Data Matrix 码、Maxicode 码等（图 6－6），主要分为堆积或层排式和棋盘或矩阵式两大类。

(a) (b) (c)

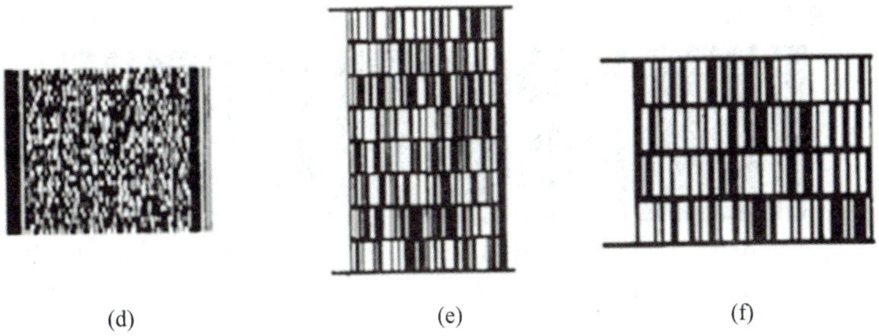

图 6-6 二维码图谱

(a) Good one; (b) Data Matrix; (c) Maxicode; (d) 四一七条码; (e) 49 码; (f) 16K 码

(三) 常用条码种类

目前，EAN 码是世界上广为使用的商品条码，已成为电子数据交换（EDI）的基础；UPC 码主要为美国和加拿大使用；在各类条码应用系统中，Code39 码因其可采用数字与字母共同组成的方式而在各行业内部管理中被广泛使用；在血库、图书馆和照相馆的业务中，库德巴码（Codebar）也被广泛使用。

1. 通用商品条形码

EAN 商品条形码亦称通用商品条形码，由国际物品编码协会制定，通用于世界各地，是目前国际上使用最广泛的一种商品条形码。我国目前在国内推行使用的也是这种商品条形码。EAN 商品条形码分为 EAN-13（标准版）和 EAN-8（缩短版）两种。

EAN-13 码由 13 位数字组成，EAN-13 码由国家代码（3 位）、制造厂商代码（4 或 5 位）、产品代码（5 或 4 位）和校验码（1 位）组成。中国大陆可用的国家代码是 690—695，中国香港特别行政区为 489，中国澳门特别行政区为 958，中国台湾地区为 471。

2. 储运条形码

储运条形码（ITF-14 码）是用在商品装卸、仓储、运输等配送过程中的识别符号，通常印在包装外箱上，用来识别商品种类及数量。由矩形保护框、左侧空白区、条码字符和右侧空白区组成，如图 6-7 所示。

图 6-7 ITF-14 码

3. 贸易单元条形码（EAN-128 码）

贸易单元条形码是在物流配送过程中，将商品的生产日期、有效日期、运输包装序号、重量、体积、尺寸、发出与送达地址等重要信息加以条码化，以便将这些重要信息快速扫描输入计算机系统。

UCC/EAN-128 条码由左侧空白区、起始符号、数据字符、校验符、终止符、右侧空白区及供人识别字符组成，如图 6-8 所示。

图 6-8 EAN-128 码

（四）条形码识读装备

1. 条形码识读原理

条形码扫描器识别条形码时，根据不同颜色的物体，其反射的可见光的波长不同，白色物体能反射各种波长的可见光。黑色物体则吸收各种波长的可见光。条形码识读过程如图 6-9所示，当条形码扫描器光源发出的光经透镜 1 照射到黑白相间的条形码上时，反射光经透镜 2 照射到条码扫描器的光电转换器上，于是光电转换器接收到与白条和黑条相应的强弱不同的反射光信号，并转换成相应的电信号输出到条码扫描器的放大整形电路。白条、黑条的宽度不同，相应的电信号持续时间长短也不同。但是，由光电转换器输出的与条形码的条和空相应的电信号一般仅为 10 mV 左右，不能直接使用，因而先要将光电转换器输出的电信号送放大器放大。放大后的电信号仍然是一个模拟电信号，为了避免由条形码中的疵点和污点导致错误信号，在放大电路后需加一整形电路，把模拟信号转换成数字电信号，以便计算机系统能准确判读。整形电路的脉冲数字信号经译码器译成数字、字符信息。这些信息通过接口电路输送给计算机系统进行数据处理与管理，便完成了条形码识读的全过程。

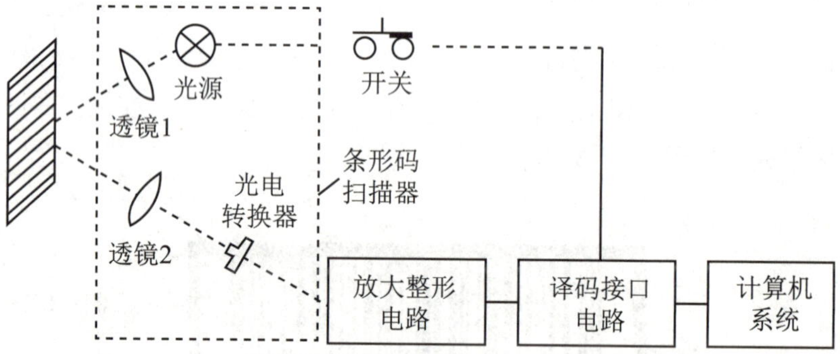

图 6-9 条形码识读过程

2. 条码扫描设备

条码扫描设备是用来读取条码信息的设备。它使用一个光学装置将条码的条空信息转换成电平信息，再由专用译码器翻译成相应的数据信息。条码扫描设备一般不需要驱动程序，接上后可直接使用。条码扫描设备从原理上可分为光笔、CCD 和激光三类，从形式上分有手持式和固定式两种。

条码扫描器种类很多，常见的有以下几类。

（1）手持式条码扫描器（图 6-10）。手持式扫描器外形与超市收款员使用的条码扫描器相似。手持式条码扫描器绝大多数采用 CIS 技术，光学分辨率为 200 dpi，有黑白、灰度、彩色多种类型。也有个别高档产品采用 CCD 作为感光器件，可实现位真彩色，扫描效果较好。

（2）小滚筒式条码扫描器。这是手持式条码扫描器和平台式条码扫描器的中间产品。这种产品绝大多数采用 CIS 技术，光学分辨率为 300 dpi，有彩色和灰度两种，彩色型号一般为 24 位彩色。极少数小滚筒式条码扫描器采用 CCD 技术，扫描效果明显优于采用 CIS 技术的产品。小滚筒式的设计是将条码扫描器的镜头固定，而移动要扫描的物件通过镜头来扫描，运作时就像打印机一样，要扫描的物件必须穿过机器再送出，因此，被扫描的物体不可以太厚。这种条码扫描器最大的好处就是体积很小，但是由于使用起来有多种局限，例如只能扫描薄薄的纸张，其使用范围小于条码扫描器。

（3）平台式条码扫描器（图 6－11）。其又称平板式条码扫描器、台式条码扫描器，目前在市面上大部分的条码扫描器都属于平台式条码扫描器。这类条码扫描器光学分辨率在 300 dpi～8 000 dpi 之间，色彩位数从 24 位到 48 位，扫描幅面一般为 A4 或者 A3。与使用复印机一样，只要把条码扫描器的上盖打开，书本、报纸、杂志、照片底片都可以放上去扫描，非常方便，而且扫描出的效果也是所有常见条码扫描器中最好的。

图 6－10　手持式条码扫描器

图 6－11　平台式条码扫描器

二、射频识别技术

（一）射频识别技术概念与分类

射频识别技术（Radio Frequency Identification，RFID）常被称为感应式电子晶片、感应卡、非接触卡、电子标签、电子条码等。RFID 射频识别是一种非接触式的自动识别技术，它通过射频信号自动识别目标对象并获取相关数据，识别工作无须人工干预，可工作于各种恶劣环境。RFID 技术可识别高速运动的物体，并可同时识别多个标签，操作快捷方便。

短距离射频产品不怕油渍、灰尘污染等恶劣的环境，可在这样的环境中替代条码，例如用在工厂的流水线上跟踪物体。长距射频产品多用于交通上，识别距离可达几十米，如自动收费或识别车辆身份等。

（二）组成部分

标签（Tag，即射频卡）：由耦合元件及芯片组成，每个标签具有唯一的电子编码，附着在物体上标识目标对象，标签含有内置天线，用于和射频天线进行通信。

阅读器（Reader）：读取（有时还可以写入）标签信息的设备，可设计为手持式或固定式。

天线（Antenna）：在标签和阅读器之间传递射频信号。

（三）基本工作原理

RFID 技术的基本工作原理并不复杂，其工作示意图如图 6－12 所示。阅读器通过发射天线发送一定频率的射频信号，当射频卡进入发射天线工作区域时产生感应电流，射频卡获得能量被激活；射频卡将自身编码等信息通过卡内置发送天线发送出去；系统接收天线接收到从射频卡发送来的载波信号，经天线调节器传送到阅读器，阅读器对接收的信号进行解调和解码然后送到后台主系统进行相关处理；主系统根据逻辑运算判断该卡的合法性，针对不同的设定做出相应的处理和控制，发出指令信号控制执行机构动作。

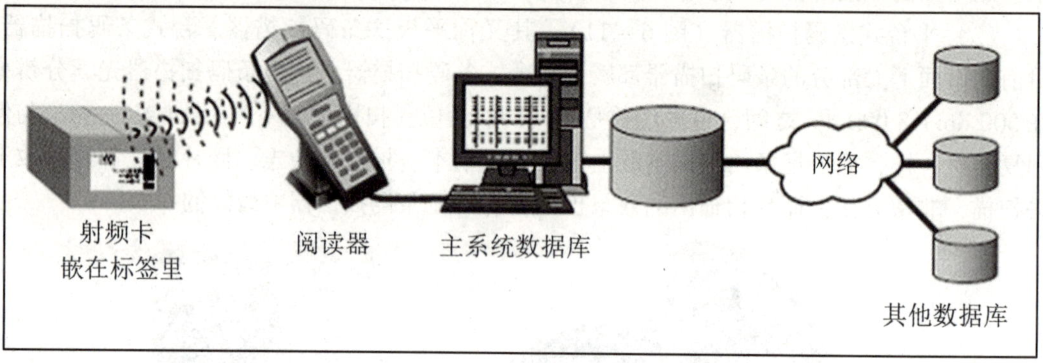

图 6－12 RFID 工作简图

（四）RFID 系统的技术优势及其在物流领域的应用

1. RFID 系统的技术优势

与条码技术相比，RFID 的优势主要有以下几点：

（1）识读速度。

条码扫描器一次只能读取一个条码符号，而 RFID 系统可识别高速运动的物体，可同时识别多个射频标签信息，操作快捷方便。

（2）体积小，易封装。

RFID 在读取上不受尺寸大小与形状的限制，为了适应不同产品的管理需要，射频标签趋向于小型化和多样化，以应用于不同产品。其外形也多种多样，有卡形、环形、纽扣形、柱形等，它的超薄和多种大小不一的外形，使之能封装在纸张、塑料制品上，使用起来非常方便。

（3）抗污染能力和耐久性能好。

传统条形码的载体是纸张，因此容易受到污染，但 RFID 对水、油和化学药品等物质具有很强的抵抗性。此外，由于条形码是附于塑料袋或外包装纸箱上的，所以特别容易受到折损，而 RFID 卷标是将数据存储在芯片中，因此可以免受污损。射频标签在使用过程中是非接触式的，其使用寿命可达 10 年以上，读写次数可达 10 万次之多。

（4）可重复使用。

现今的条形码印刷上去之后就无法更改，射频标签存储的是电子数据，可以重复地新增、修改、删除 RFID 卷标内储存的数据，可反复改写，可回收后重复使用。

（5）穿透性和无屏障阅读。

在被覆盖的情况下，RFID 能够穿透纸张、木材和塑料等非金属或非透明的材质，并能够进行穿透性通信。而条形码扫描机必须在近距离且没有物体阻挡的情况下，才可以辨读条形码。

(6) 数据容量大。

一维条形码的容量是 50 字节，二维条形码最大可储存 2 000 ~ 3 000 字节，RFID 最大的容量则有数百万字节。随着记忆载体的发展，数据容量也有不断扩大的趋势。

2. RFID 技术在物流领域的应用

RFID 技术在节省大量人力的同时可极大地提高工作效率，所以对物流和供应链管理有巨大的吸引力，应用十分广泛。

(1) 在仓储管理中的应用。

将 RFID 系统用于智能仓库货物管理，能有效地解决与货物流动有关的信息管理，不仅能增加处理货物的速度，还可监视货物的一切信息。

(2) 在交通运输领域中的应用。

高速公路自动收费系统是射频识别技术最成功的应用之一。RFID 技术应用在高速公路自动收费上，能够充分体现它非接触识别的优势——让车辆高速通过收费站的同时自动完成收费，利用射频识别技术的不停车高速公路自动收费系统是未来的发展方向。

(3) 火车和货运集装箱的识别。

火车是按既定路线运行的，通过铁路沿线设定的读写器读到的数据，能够得到火车的实时信息及车厢内物品的信息。

(五) RFID 存在的问题

RFID 作为一种新兴的识别技术具有诸多优点，任何新产品不可避免地都会存在一定的问题，RFID 在应用中亟待解决的问题如下。

1. 成本因素

RFID 在单体低价物品上的使用会导致成本陡增。如果在牙膏、刀片、口香糖之类的小物件上使用，很有可能超过物品本身的价值。此外，不仅仅是 RFID 条码本身，零售商们还需要为应用而采购大量的配置设备，如软件、网络、计算机等，这将是很大的一笔费用。因此，从成本方面考虑，零售商只有等到价格降到可以接受的程度才会使用此技术。

2. 数据安全

RFID 在供应链中的应用增加了供应链的透明度，提高了供应链的管理水平和效率，供应链中合作伙伴关系增强，对共享数据的实用性和安全性的要求也越来越强烈，通过互联网共享数据满足了企业对数据实时性的要求。但是这种数据共享的模式也给 RFID 数据的安全带来了新的隐患：标签信息的非法读取和改动、对标签的非法跟踪、有效身份的冒充和欺骗。

3. 技术标准

业界公认，当前制约 RFID 发展的最大障碍是技术标准。RFID 行业标准涉及频段划分、编码规则等问题，目前尚未形成统一的全球化标准，市场呈现多种标准并存的局面，全球现有 117 个针对数据交换的 RFID 协议标准。从全球范围来看，美国已经在 RFID 标准建立、软硬件技术开发、应用等方面走在世界前列。欧洲RFID标准追随美国主导的EPC-global标准，在封闭系统应用方面与美国基本处于同一阶段。日本提出了UID标准。在中国，RFID使用频率没有完全开放，产业整体发展相对谨慎，没有制定完善的标准。

4．环境污染

作为一种电子产品，RFID标签的大量使用必然会有副作用。我国企业应该支持制定关于标签对人体与环境的不良影响的中国补充标准，支持新的具有核心知识产权的“绿色”RFID标签的研究与开发。

三、便携式数据终端（PDT）

近年来，便携式数据终端（PDT）的应用越来越多。PDT可把采集到的有用数据存储起来或传送至一个管理信息系统。把它与适当的扫描器相连，可有效地用于多种自动识别应用中。PDT一般包括一个扫描器、一个体积小但功能很强并带有储存器的计算机、一个显示器和供人工输入的键盘。在只读储存器中装有常驻内存的操作系统，用于控制数据的采集和传送。

PDT一般都有可编程的、容许编入的一些应用软件。PDT储存器中的数据可随时提供无线数据采集技术传送到计算机。操作时，先扫描位置标签，就可以将货架号码、产品数量输入PDT，再通过无线数据采集技术把这些数据传送到计算机管理系统，可以得到客户产品清单、发票、发运标签、该地所存产品代码和数量等信息。

【任务实施】

1．工具准备

条形码打印软件、条形码打印机。

2．完成步骤

（1）教师介绍条形码类型、结构、安装、维护及条形码软件的使用。

（2）教师组织学生进入学院的仓储实训中心进行编码操作，每2人分为1组，其中1名为信息员、1名为仓管员。

（3）利用条码制作软件分别制作三种产品的商品条码标签、三种产品的托盘条码标签 。

①前缀码：690~693。

②厂商识别代码：学号后七位。

③项目代码：自编。

（4）安装条形码打印机碳带。

①打开打印机顶盖，露出纸卷仓，如图6-13所示。

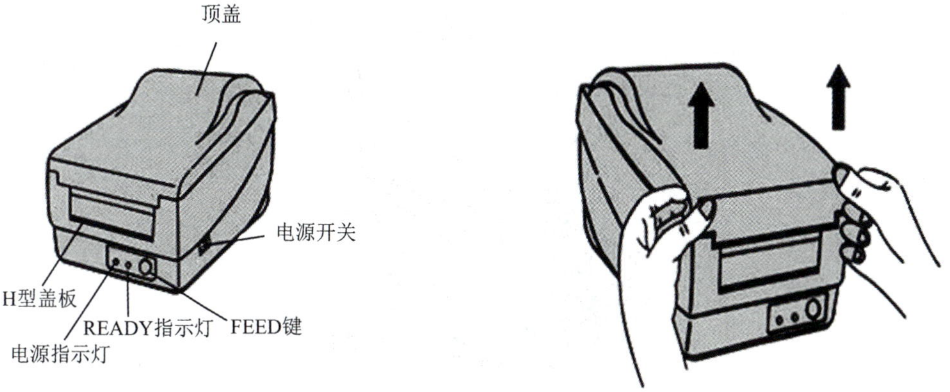

图 6－13　将空卷芯卡入碳带回收端

②按下打印机两侧的闭锁卡条，松开打印头模组，如图 6－14 所示。

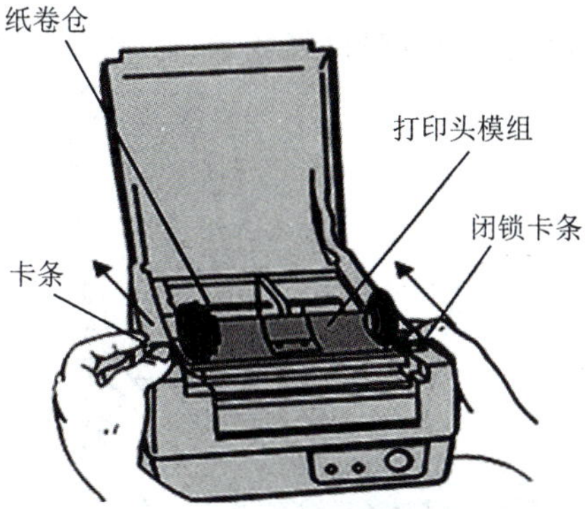

图 6－14　转动打印头模组的滚轮

③翻转打印头模组，露出碳带供应端，如图 6－15 所示。

图 6－15　翻转打印头模组

④打开碳带卷，把碳带卷和空卷芯拆开。

⑤将碳带的一端少量地卷到空卷芯上。

⑥将碳带卷卡入碳带供应端（首先把碳带左端卡入供应端，然后再压入右端），如图 6－16 所示。

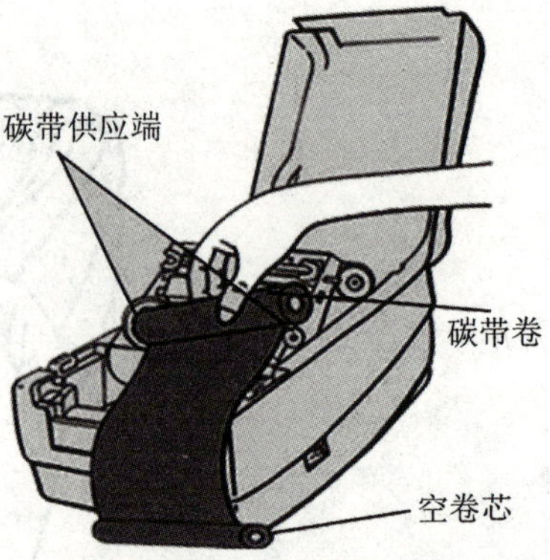

图 6－16 将碳带卷卡入碳带供应端

⑦翻下打印头模组，然后将空卷芯卡入碳带回收端（先把碳带左端卡入供应端，然后再压入右端）。

⑧转动打印头模组的滚轮以确定碳带已经绷紧，如图 6－17 所示。

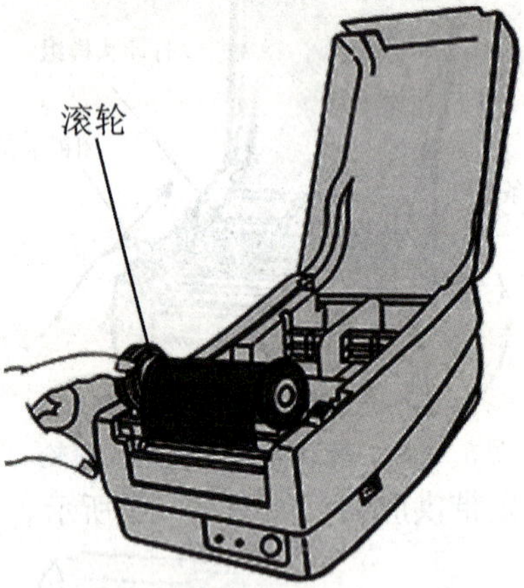

图 6－17 转动打印头模组的滚轮

⑨按紧打印头模组直到听到“咔”的一声，如图 6－18 所示。

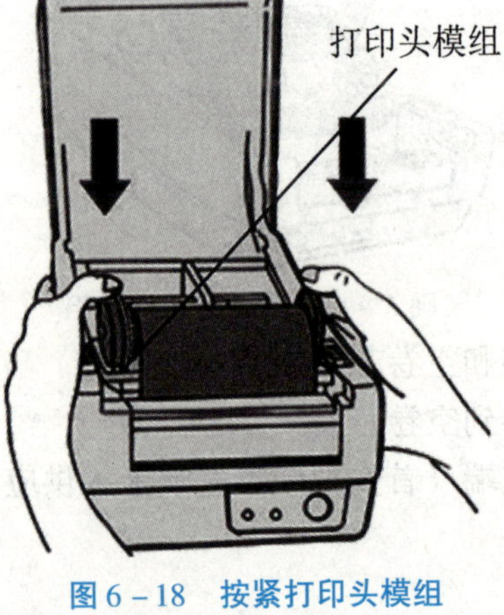

图 6－18 按紧打印头模组

（5）条形码打印。完成条形码制作和打印机安装之后，各小组需要将自己制作的条形码打印出来。

①放置标签纸：按照条码打印机说明书的要求正确放置标签纸。（如果条码打印机是第一次使用，还需要经过校纸的步骤）。

②条码打印机通电：打开条码打印机电源开关。

③编辑条码：单击编码软件的【条码】按钮就可以输入条码数据，还可以设置条码类型。

④打印条码：单击编码软件的【打印】按钮，打印机会自动完成条码打印输出操作。

（6）条形码粘贴。

条形码打印出来后，需要进行条形码粘贴工作，条码粘贴的一般操作流程如下：

①选取标签：对照货物和编码方案的商品标识代码选取相应编号的条码，核对条码标签上的信息。

②核对货物：粘贴标签之前，再次通过编码方案的商品标识代码核对货物与条码标签是否一致。

③粘贴标签：将标签的一端撕下，粘贴在货物规定的粘贴位置。

④在粘贴条码标签时，按照货物通常摆放位置，从便于观察、易于粘贴、便于保管的原则出发，一般按照下面的顺序选择位置粘贴标签：

a. 能够正面粘贴的，首先选择在正面右上角处粘贴。

b. 正面无处粘贴的，可选择在顶部粘贴，顶部粘贴到前端位置。

c. 正面和顶部都无法粘贴的，可选择在侧部右上角粘贴。

d. 上述位置均无处粘贴的，可粘贴在背面右上角处。

（7）教师进行现场指导，纠正学生在操作过程中的失误。

3. 检查标准

检查标准	考评标准	分值	实际得分
条形码打印软件、设备使用	条形码制作打印操作程序正确	30	
	条形码制作打印操作完成质量好	30	
	制作的条形码正确	40	
合计		100	

任务三　电子标签辅助拣货系统操作

【任务目标】

1. 熟悉电子标签辅助拣货系统的设备组成和种类。
2. 能熟练使用电子标签辅助拣货系统，并进行摘取式拣货和播种式拣货操作。

【任务引入】

1. 子任务 A——CAP 摘取式拣货系统操作

2017 年 11 月 21 日，苏州 JX 储运有限公司收到苏州 LH 有限公司的两个门店分别发来的出库通知单，如表 6－5 和表 6－6 所示。现请以张涛的名义，和大家一起根据该客户需求生成出库订单，启动电子标签拣选系统，并实施拣选作业。

表 6－5　出库通知单（门店一）

仓库名称：2 号仓库　　　　　　　　　　　　　　　　　　　　2017 年 11 月 21 日

采购订单号	20171121010						
客户指令号	20171121012				订单来源	E－mail	
客户名称	苏州 LH 有限公司门店一				质量	正品	
出库方式	自提				出库类型	正常	
序号	货品编号	名称	单位	包装规格/箱	申请数量	实发数量	备注
1	6926026535261	金力波瓶啤 640 mL	瓶	1×12	3		
2	6926026535311	兰得利蓝特爽啤酒 640 mL	瓶	1×12	4		
3	6925303773038	水森活纯净水 800 mL	桶	1×12	3		
4	6928537100045	可口可乐 600 mL	瓶	1×12	2		
5	6925623107845	来一桶酸菜牛肉火锅面 137 g	碗	1×12	7		
合计					19		

制单人：张涛　　　　　　　　　提货人：李宇宏　　　　　　　　　仓管员：

表 6－6 入库通知单（门店二）

仓库名称：2 号仓库　　2017 年 11 月 21 日

采购订单号	20171121011						
客户指令号	20171121013				订单来源	E－mail	
客户名称	苏州 LH 有限公司门店二				质量	正品	
出库方式	自提				出库类型	正常	
序号	货品编号	名称	单位	包装规格/箱	申请数量	实发数量	备注
1	6926026535261	水森活纯净水 800 mL	瓶	1×12	7		
2	6926026535311	可口可乐 600 mL	瓶	1×12	5		
3	6925303773038	来一桶酸菜牛肉火锅面 137 g	碗	1×12	4		
4	6928537100045	龙口粉丝香辣排骨 63 g	碗	1×12	2		
5	6925623107845	双船卷纸 500 g	卷	1×10	1		
6	6922343185145	农心大碗面 117 g	碗	1×12	8		
合计					27		

制单人：张涛　　提货人：李宇宏　　仓管员：

2.子任务 B——CAP 播种式拣货系统操作

2017 年 11 月 23 日，苏州 JX 储运有限公司收到苏州 LH 有限公司的两个门店分别发来的出库通知单，如表 6－7 和表 6－8 所示。现请以张涛的名义，和大家一起根据该客户需求生成出库订单，启动电子标签拣选系统，并实施拣选作业。

表 6－7 出库通知单（门店一）

仓库名称：2 号仓库　　2017 年 11 月 21 日

采购订单号	20171121012						
客户指令号	20171121014				订单来源	E－mail	
客户名称	苏州 LH 有限公司门店一				质量	正品	
出库方式	自提				出库类型	正常	
序号	货品编号	名称	单位	包装规格/箱	申请数量	实发数量	备注
1	6928537100045	龙口粉丝香辣排骨 63 g	碗	1×12	5		

续表

采购订单号	20171121012						
客户指令号	20171121014				订单来源	E - mail	
客户名称	苏州 LH 有限公司门店一				质量	正品	
出库方式	自提				出库类型	正常	
序号	货品编号	名称	单位	包装规格/箱	申请数量	实发数量	备注
2	6925303773038	水森活纯净水 800 mL	桶	1 × 12	2		
3	6928537100045	可口可乐 600 mL	瓶	1 × 12	3		
4	6925623107845	来一桶酸菜牛肉火锅面 137 g	碗	1 × 12	4		
合计					14		

制单人：张涛　　　　提货人：李宇宏　　　　仓管员：

表 6 - 8　出库通知单（门店二）

仓库名称：2 号仓库　　　　2017 年 11 月 21 日

采购订单号	20171121013						
客户指令号	20171121015				订单来源	E - mail	
客户名称	苏州 LH 有限公司门店二				质量	正品	
出库方式	自提				出库类型	正常	
序号	货品编号	名称	单位	包装规格/箱	申请数量	实发数量	备注
1	6926026535261	水森活纯净水 800 mL	瓶	1 × 12	5		
2	6926026535311	可口可乐 600 mL	瓶	1 × 12	5		
3	6925303773038	来一桶酸菜牛肉火锅面 137 g	碗	1 × 12	6		
4	6928537100045	龙口粉丝香辣排骨 63 g	碗	1 × 12	3		
合计					1		

制单人：张涛　　　　提货人：李宇宏　　　　仓管员：

【知识链接】

一、电子标签辅助拣货系统

电子标签辅助拣货系统（Pick to Light System）是一组安装在货架储位上的电子设备，通过计算机与软件的控制，由灯号与数字显示作为辅助工具，引领拣货人员正确、快速、轻松地完成拣货工作。电子标签辅助拣货系统不仅能弹性地控制拣货流程，并对现场的拣货状况进行实时的监控，而且能降低拣货错误率，加快拣货速度，节省部分的人力资源。电子标签辅助拣货系统作为一种先进的作业手段，与仓储管理系统（WMS）或其他物流管理系统配合使用效率更高。采用电子标签辅助拣货系统具有如下优越性：

（1）加快拣货速度，可以缩短30%～50%的时间。

（2）控制拣货流程，拣货正确率约为99.98%。

（3）免除表单作业，实现无纸化作业，提高工作效率50%以上。

（4）容易实现作业标准化，缩短上线人员培训时间。

（5）提高管理水平，即现场信息透明，协助管理人员快速反应，业绩提高40%左右。

二、电子标签辅助拣货系统的组成

电子标签辅助拣货系统由主机系统、中继器、电子标签、供电系统等组成。

主机系统安装有电子标签驱动软件，负责与上位对接系统对接，接收指令并反馈系统执行结果。

中继器是主机系统与电子标签的联系桥梁，通过中继器把主机有限的接口资源扩展，一般一个中继器可以接255个电子标签。

电子标签安装在货位上，接收主机拣货数量等指令信息，并显示在LED上，作业人员按显示数量拣选，完成后按确认键，把执行结果反馈给主机系统。其硬件结构如图6-19所示。

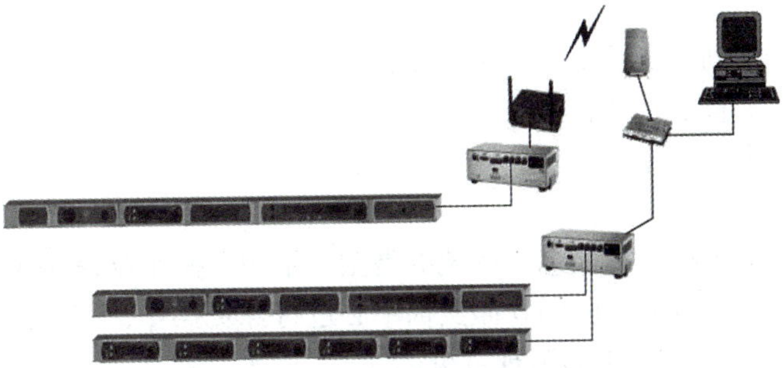

图6-19　电子标签辅助拣货系统的硬件结构

三、电子标签辅助拣货系统的种类

（一）电子标签摘取式拣货

电子标签摘取式拣货主要应用于采取订单拣货的场合，依照灯号和数字的显示，能快速、简单地引导拣货人员找到正确的储位。原则上，一个电子标签对应一个储位品项。此外，该灯号除了能引导拣货人员到达正确的位置外，还可以显示拣货的确切数目，当拣货完成后，按下确认键进行确认（图6-20）。

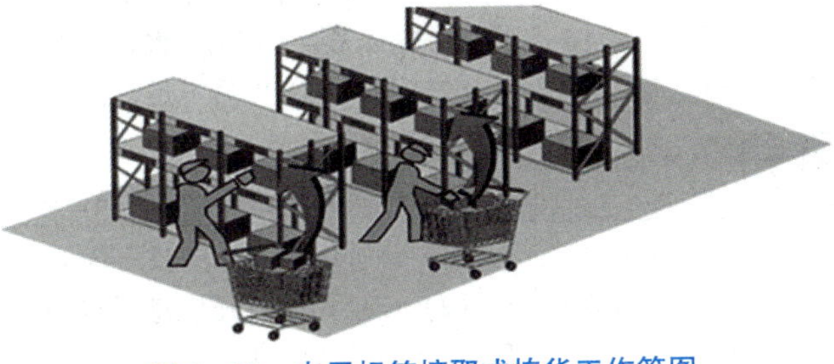

图6-20　电子标签摘取式拣货工作简图

（二）电子标签播种式拣货

电子标签播种式拣货通常应用于处理批次拣货的场合，它的功用正好和摘取式相反。一个电子标签对应一个门店或者一张订单，当订单的商品被批次汇总到储存区时，就用播种式系统。拣货人员将批次汇总后的商品，经扫描仪读取商品信息，相应的电子标签会显示数量，拣货人员拿取相同数量的商品并分配到标签对应的储位上，然后熄灭标签，完成拣货（图 6－21）。

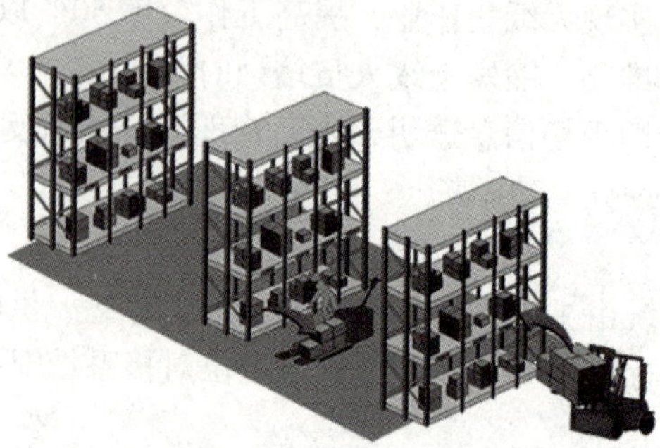

图 6－21　电子标签播种式拣货工作简图

【任务实施】

1. 工具准备

（1）电子标签辅助拣货系统、手持终端 2 个。

（2）若干货品、食品、洗化用品。

（3）周转箱 3 个、手推车 2 辆、笼车 2 辆。

2. 完成步骤

（1）教师介绍电子标签辅助拣货系统的类型、结构、操作流程和注意事项。

（2）教师组织学生进入学院的仓储实训中心进行拣货操作，每 3 人分为 1 组，其中 1 名为信息员、1 名为拣货员、1 名为理货员。

（3）按以下流程进行摘取式拣货操作，如图 6－22 所示。

流程图	工作步骤	工作说明
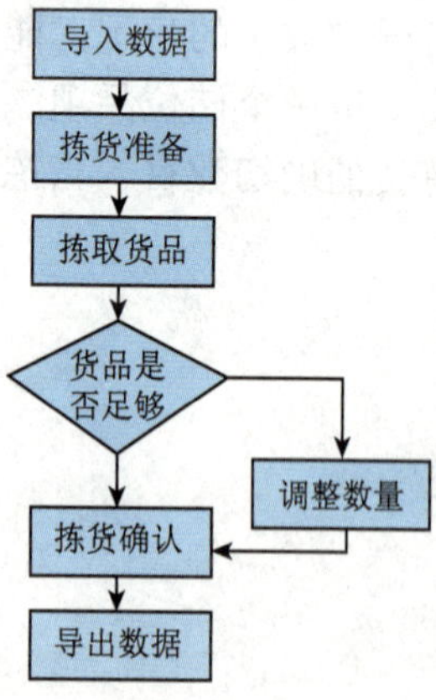	1. 导入数据	信息人员将拣货数据导入拣货系统，并打印门店对照表交给拣货组长
	2. 作业准备	（1）拣货人员准备好拣货工具； （2）根据拣货系统里门店的顺序在拣货工具上标明门店代码
	3. 拣取货品	（1）拣货人员根据拣货亮灯标签指示拣取对应数量的货品，拣货完毕，按确认键； （2）当储位上货品不足时，通过电子标签上的下键调整拣货数量； （3）拣货完毕，将门店货品搬到复核区等待复核
	4. 导出数据	（1）当所有的门店都拣货完毕后，拣货人员通知信息人员； （2）信息人员断开信息系统与拣货系统硬件的连接，导出实际分货的数据

图 6－22　电子标签摘取式拣选流程

（4）按以下流程进行播种式拣货操作，如图6－23所示。

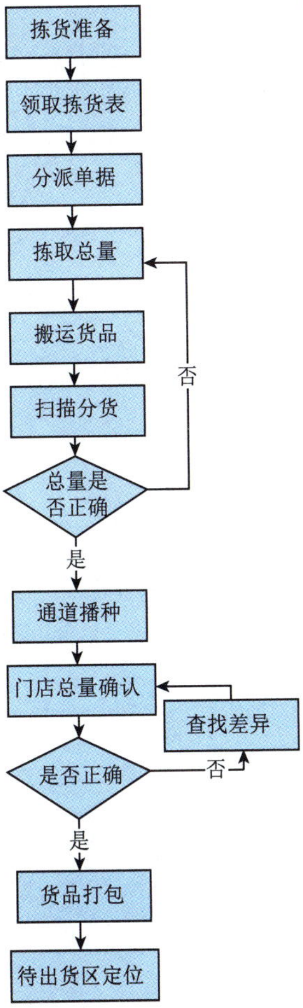

流程图	工作步骤	工作说明
	1. 信息处理	（1）信息人员做拣货处理，并打印拣货总表、门店对照表； （2）信息人员将拣货总表和门店对照表交给组长
	2. 作业准备	（1）组长根据当日要货门店数安排播种人数； （2）拣货人员、播种人员分别准备好拣货工具和播种工具
	3. 拣取总量	（1）拣货人员根据系统打印的拣货总表到储位上拣取货品； （2）拣货人员按照拣货表拣取货品，并将拣出的货品按顺序排放在播种区指定位置
	4. 播种分货	（1）开始对一种货品播种前，首先要用扫描枪扫描该货品的条码，通道内的电子标签将显示各门店该货品的要货数量，同时各通道前端的电子标签将显示该通道需要播种的总量； （2）总量确认人员清点货品总量，并按各通道总量将货品分配给各通道单元格居中播种人员； （3）播种人员根据各个电子标签的指示将对应数量的货品放入笼车内，然后按确认键，该电子标签绿灯熄灭；如果存在拣货差异，即实拣数量少于应拣数量，则可以按电子标签的上下键来调整数量； （4）重复第3步直到该品项播种完毕，一旦播种完毕，通道前端的蜂鸣器开始鸣叫，按下确认键，鸣叫将停止； （5）扫描另一种品项，开始该品项的播种分货，重复第1～4步； （6）当所有的货品都分拣完毕后，通道内的电子标签将显示各门店的要货总量，同时各通道前端的电子标签将显示该通道播种过的货品总量；分货人员要根据电子标签的指示核对总量，无误后，按确认键
	5. 货品合流	播种完毕后，分货人员根据拣货系统中门店对应表将每家门店的笼车推到对应的待出货位
	6. 导出数据	（1）当所有的货品都播种完毕后，播种人员通知信息人员； （2）信息人员断开信息系统与拣货系统硬件的连接，导出实际播种分货的数据

图6－23　电子标签播种式拣选流程

（5）教师进行现场指导，纠正学生在操作过程中的失误。

3. 检查标准

检查标准	考评标准	分值	实际得分
使用电子标签辅助拣货系统进行摘取式拣货和播种式拣货操作	电子标签辅助拣货系统操作信息无误	30	
	摘取式电子标签拣货分工合理、流程熟练	30	
	播种式电子标签拣货流程熟练、数量正确	40	
合计		100	

项目七

仓储成本管理与绩效评估

【能力目标】

1. 具有计算仓储与配送成本和绩效各项指标的能力。
2. 具有运用成本控制策略制定仓储配送成本预算方案的能力。
3. 具有依据仓储企业特点制定绩效考核表的能力。

【知识目标】

1. 重点掌握仓储与配送成本的概念和构成项目。
2. 了解仓储与配送成本的控制方法和策略。
3. 掌握仓储生产和配送绩效评估的指标含义和作用。
4. 掌握仓储企业作业人员绩效评估的内容和标准。

【案例导入】

随着苏州 JX 储运有限公司规模的日益扩大，客户对仓储需求量不断扩大，苏州 JX 储运有限公司计划在本地建立一个第三方仓库以满足仓储需求。公司总经理要求仓储部王经理以公司发展战略为指导对新建仓库的仓储成本预算方案进行制定，并在此基础上制定仓储部门考核方案，以供董事会决策使用。由于这项工作非常复杂和繁重，需要从各个仓库抽调人手组成一个项目小组，张涛也被抽到这个项目组中。王经理在动员会上宣布，该计划需要三个月完成，其中前两个月需要完成仓储成本预算方案的制定，第三个月需要完成仓储部门绩效考核方案的制定。王经理还在动员会上进一步要求项目组成员三个月后回答以下两个问题：

（1）新的仓库建好后，仓储与配送成本的构成有哪些？仓储与配送成本的控制方法和策略有哪些？

（2）新的仓库建好后，对仓储部门如何进行绩效评估？

【案例思考】

为了提高学生仓储配送成本管理和绩效评估能力，需要学生了解仓储企业的构成和绩效考核指标内容，且具有分析仓储成本结构的能力和应用合理指标进行绩效考核的能力。为此，本项目围绕此案例对应设计了两个任务。

（1）仓储与配送成本预算方案制定。

（2）仓储企业绩效考核表制定。

任务一 仓储与配送成本预算方案制定

【任务目标】

使学生能进行仓储成本的分析和计算，提出控制成本的措施。

【任务引入】

张涛和项目组成员在动员会着手进行第一项任务的实施，即需要在第二个月底前完成新仓库的仓储与配送成本预算方案的制定。请以张涛所在项目组的名义，完成此项任务。

【知识链接】

现代仓储与配送是物流业的重要构成部分。而长期以来物流成本被认为是经济领域的“黑暗大陆”，同时又被认为是企业的第三利润源。由于长期以来人们普遍对物流活动重视程度不够，大部分物流成本得不到揭示，使得物流方面的浪费现象严重，直接影响经济效益。因此，研究仓储企业的成本管理，既有必要，又有难度。

一、仓储与配送成本构成

成本是一项综合性指标，为了保证目标成本的顺利实现，必须依靠各级管理人员和全体职工共同努力在相关的工作环节中加以控制。为此，了解仓储与配送成本的构成以及掌握仓储与配送成本控制的策略是对仓储与配送成本进行有效管理的重要方面。

（一）仓储成本构成

仓储成本是指仓储企业在储存物品过程中，装卸搬运、存储保管、流通加工、收发物品等各项环节和建造、购置仓库等设施设备所消耗的人力、物力、财力及风险成本的总和。仓储成本是衡量仓储企业经营管理水平和管理质量高低的重要标志。

不同仓储企业的服务范围和运作模式不同，其内容和组成部分也各不相同，控制仓储成本的方法也多种多样。这里将仓储企业成本分为两大部分：一是仓储成本，二是与仓储活动有关的成本——库存持有成本。

仓储成本与各类仓储作业带来的成本有关，与库存水平无关；库存持有成本与库存水平有关，与仓储作业无关。本单元仅研究仓储成本，库存成本见项目四任务四内容。

仓储成本的内容通常包括仓储过程中的物品损耗，如包装材料消耗、固定资产磨损、修理费等；仓库人员的工资、奖金及补贴；运输储存、装卸搬运的费用支出；物品在保管过程中的合理损耗，以及在组织仓储活动中发生的其他费用如办公费等。具体来说，仓储成本的构成如下。

1. 固定资产折旧

固定资产折旧主要包括库房、堆场等基础设施建设的折旧、仓储设施设备的折旧。企业根据自己的业务特点和策略，可以选择适宜的折旧方法。一般的仓储企业采用平均年限法折旧。有的设备可采用工作量法折旧。固定资产的折旧年限不完全相同，一般为5～20年。

2. 工资和福利费

工资和福利费是指仓储企业内各类人员的工资、奖金和各种补贴，以及由企业缴纳的住房公积金、医疗保险、退休基金等。

3. 能源费、水、耗损材料费

能源费、水、耗损材料费包括动力、电力、燃料、流通加工耗材等，仓库用水，装卸搬运使用的工具、索具，绑扎、衬垫、苫盖材料的消耗等。

4. 设备维修费、大型设备修理费

设备维修费、大型设备修理费是指通过大型设备修理基金每年从经营收入中提取，提取额度一般为设备投资额的3%～5%，专项用于设备大修的费用。

5. 管理费用

管理费用是指仓储企业为组织和管理仓储生产经营所发生的费用，包括行政办公费用、公司经费、工会经费、职工教育经费、劳动保险费、待业保险费、咨询费、审计费、排污费、绿化费、土地使用费、业务招待费、坏账损失、存货盘亏、毁损和报废（减盘盈）以及其他管理费用等。

6. 财务费用

财务费用是指仓储企业为筹集资金而发生的各项费用，包括仓储企业作业经营期间发生的利息支出、汇兑净损失、调剂外汇手续费、金融机构手续费以及筹资发生的其他财务费用等。

7. 销售费用

销售费用是指企业宣传、业务广告、仓储促销、交易费用等经营活动的费用支出。

8. 保险费用

保险费用是仓储企业对于意外事故或者自然灾害造成仓储物品损害所要承担的赔偿责任进行保险所支付的费用。一般来说，如果事先没有协议，仓储物品的财产险，由存货人承担；仓储保管人仅承担责任险投保。

9. 外协费

外协费是指仓储企业在提供仓储服务时由其他企业提供外部服务所支付的费用，包括业务外包，如配送业务外包。

10. 税费

税费是指由仓储企业承担的税费。

（二）配送成本构成

配送是集货、分拣、配载、包装、组配及加工等一系列活动的集合。通过配送，物流活动才得以最终实现。但完成配送活动是需要付出代价的，即配送成本。配送成本是配送过程中所支付的费用总和。

配送的主体活动是分拣、加工、配货、配载及配送运输。根据配送流程及配送环节，配送成本实际上是由分拣费用、配装费用、流通加工费用和配送运输费用等构成的。具体如下。

1. 分拣费用

（1）分拣人工费用：从事分拣工作的作业人员及有关人员工资、奖金、补贴等费用的总和。

（2）分拣设备费用：分拣机械设备的折旧费用及修理费用。

2. 配装费用

（1）配装材料费用。常见的配装材料有木材、纸、自然纤维和合成纤维、塑料等，这些包装材料功能不同，成本相差很大。

（2）配装辅助费用。除上述费用以外，还有一些辅助性费用，如包装标记、标志的印刷、拴挂物等的费用支出。

（3）配装人工费。其是指从事包装工作的工人及有关人员的工资、奖金、补贴等费用总和。

3. 流通加工费用

（1）流通加工设备费用。流通加工设备因流通加工形式不同而不同。购置这些设备所支出的费用，以流通加工费用的形式转移到被加工产品中去。

（2）流通加工材料费用。在流通加工过程中，投入到加工过程中的一些材料消耗所需要的费用即流通加工材料费用。

（3）流通加工劳务费用。其是指在流通加工过程中从事加工活动的管理人员、工人及有关人员工资、奖金等费用的总和。

4. 配送运输费用

（1）车辆费用。车辆费用是指从事配送运输生产而发生的各项费用。具体包括驾驶员及助手等的工资及福利费、燃料、轮胎、修理费、折旧费、养路费、车船使用税等项目。

（2）营运间接费用。其是指营运过程中发生的不能直接计入各成本计算对象的站、队经费，包括站、队人员的工资及福利费、办公费、水电费、折旧费等，但不包括管理费用。

实际应用中，应该根据配送的具体流程归集成本，不同的配送模式，其成本构成差异较大；相同的配送模式下，由于配送物品的性质不同，其成本构成差异也很大。

二、仓储与配送成本控制

（一）仓储成本控制策略

了解企业仓储成本的构成，对于各个企业来讲，最重要的是如何在企业管理中降低仓储的成本。降低仓储成本要在保证物流总成本最低和不降低企业的总体服务质量和目标水平的前提下进行。常见的措施如下。

1. 集中储存

集中储存可以减少仓库面积，降低仓储保管费用；通过使用专用运输集装工具，可以降低运输成本，实现企业的低成本运营，有利于提高企业和产品的市场竞争力。

2. 采用“先进先出”方式，减少仓储物的保管风险

“先进先出”是储存管理的准则之一，它能保证每个被储物资的储存期不至过长，减少仓储物的保管风险。有效的先进先出方式有：

（1）重力式货架系统。重力式货架的每一个货格就是一个有坡度的存货滑道，从一端存入物品，货物能自动地向出库端移动，有效地保证“先进先出”。

（2）“双仓法”储存。给每种被储物都准备两个仓位或货位，轮换进行存取，规定必须在一个货位出清后才可补充，保证实现“先进先出”。

（3）计算机存取系统。在存货时向计算机输入时间记录，编入一个简单的按时间顺序输出的程序，取货时计算机就能按时间给予指示，以保证“先进先出”。

3. 加大存储密度，提高仓容利用率

加大存储密度，提高仓容利用率能减少储存设施的投资，提高单位存储面积的利用率，降低成本、减少土地占用。具体做法有：

（1）采取高垛法，增加储存的高度。

（2）缩小库内通道宽度以增加储存有效面积。

（3）减少库内通道数量以增加有效储存面积。

4. 采用科学的存储定位系统，提高仓储作业效率

存储定位是指被储存物位置的确定。如果定位系统有效，能大大节约寻找、存放、取出的时间，节约物化劳动及活劳动的消耗。行之有效的方式有：

（1）“四号定位”方式。

（2）电子计算机定位系统。

5. 采用有效的监测清点方式，提高仓储作业的准确程度

对储存物资数量和质量的监测有利于掌握仓储的基本情况，也有利于科学控制库存。监测清点的有效方式有：

（1）“五五化”堆码。

（2）光电识别系统。

6. 加速周转，提高单位仓容产出

储存现代化的重要课题是将静态储存变为动态储存，周转速度加快，会带来一系列的好处：资金周转快、资本效益高、货损货差小、仓库吞吐能力增加、成本下降等。具体做法诸如采用单元集装存储，建立快速分拣系统等，都有利于实现快进快出，大进大出。

7. 采取多种经营，盘活资产

仓储设施和设备投入巨大，只有在设备被充分利用的情况下才能获得收益，如果不能投入使用或者只是低效率使用，只会造成成本的加大。仓储企业应及时决策，采取出租、借用、出售等多种经营方式盘活这些资产，提高资产设备的利用率。

8. 加强劳动管理

工资是仓储成本的重要组成部分，劳动力的合理使用是控制人员工资的基本原则。我国是具有劳动力优势的国家，工资较为低廉，较多使用劳动力是合理的选择。但是对劳动进行有效管理，避免人浮于事、出工不出力或效率低下也是成本管理的重要方面。

（二）配送成本控制策略

配送是流通、加工、整理、拣选、分配、配货、装配、运送等一系列活动的集合。配送活动是供应链整体优化的过程，它给整个供应系统带来了效益，提高了客户服务水平。但就具体仓库而言，配送活动可能增加到达客户的物流成本。那么，如何在一定的客户服务水平上使配送成本最小？具体控制方式如下。

1. 混合配送

混合配送作业是指配送业务一部分由企业自身完成，一部分外包给第三方。即采用混合

作业，合理安排企业自身完成的配送和外包给第三方完成的配送作业，能使配送成本最低。

2. 差异化配送

差异化配送作业是指按产品的特点、销售水平设置不同的配送作业，即设置不同的库存、不同的配送方式以及不同的储存地点。如果采用同样的配送作业则会增加不必要的配送成本。

3. 共同配送

共同配送，也称集中协作配送，是一种战略运作层次上的共享。它是几个企业联合，集小量为大量，共同利用同一配送设施的配送方式。共同配送不仅可减少企业的配送费用，使配送能力得到互补，而且有利于缓和城市交通拥挤，提高配送车辆的利用率。

4. 延迟策略

传统的配送作业安排中，大多数的库存是按照对未来市场需求的预测量设置的，这样就存在预测风险，当预测量与实际需求量不符时，就会出现库存过多或过少的情况，从而增加配送成本。延迟策略是对产品的外观、形状及其生产、组装、配送应尽可能推迟到接到顾客订单后再确定。一旦接到订单就要快速反应，因此采用延迟策略的一个基本前提是信息传递要非常快。

5. 标准化配送

标准化配送作业就是尽量减少因品种多变而导致的附加配送成本，尽可能多地配送标准零部件、模块化产品。

【任务实施】

1. 完成步骤

(1) 教师介绍仓储成本分析的内容和注意要点。

(2) 将学生每5~6人分为一组，上网查资料并进行讨论。

(3) 学生以小组形式制定仓储成本预算表，并完成预算方案。

(4) 在各组推荐的基础上，选定若干名学生在全班进行交流。

2. 检查标准

检查标准	考评标准	分值	实际得分
仓储成本预算方案制定	提交的网址（2~3个）和参考文献（5篇）适用性强	20	
	预算表指标设计正确、合理	30	
	预算方案数据确定正确、合理	50	
合计		100	

任务二　仓储企业绩效考核表制定

【任务目标】

使学生能进行仓储绩效考核指标的设计和方案制定。

【任务引入】

张涛和项目组成员在完成了第一项任务后，着手进入第二项任务的实施，即需要在第三个月完成新仓库的仓储部门绩效考核表制定。请以张涛所在项目组的名义，完成此项任务。

【知识链接】

一、仓储管理绩效考核意义

仓储担负着货主企业生产经营所需的各种货物的收发、储存、保管保养、控制、监督和保证及时供应货主企业生产和销售经营需要等多种职能，这些活动对于货主企业是否能够按计划完成生产经营目标、控制仓储成本和物流总成本至关重要。因此，有必要建立系统科学的仓储生产绩效考核指标体系。

仓储生产绩效考核指标是仓储生产管理成果的集中体现，是衡量仓储管理水平高低的尺度，仓储企业利用指标考核仓储工作的意义有以下两个方面。

（一）对内加强管理、降低仓储成本

仓储部和物流企业可以利用仓储生产绩效考核指标对内考核仓库各个环节的计划执行情况，纠正运作过程中出现的偏差。具体表现如下：

1. 有利于提高仓储管理水平

仓储生产绩效考核指标体系中的每一项指标都反映某部分工作或全部工作的一个侧面。通过对指标的分析，能发现工作中存在的问题，从而为计划的制订、修改以及仓储生产过程的控制提供依据。

2. 有利于落实岗位责任制

仓储的各项指标是实行经济核算的依据。因此，仓储的绩效考核有利于落实岗位经济责任制，实行按劳取酬和各种奖励的评定。

3. 有利于仓库设施设备的现代化改造

一定数量和水平的设施和设备是保证仓储生产活动高效进行的必要条件，通过对比作业量系数、设备利用等指标，可以及时发现仓库作业流程的薄弱环节，以便仓储部有计划、有步骤地进行技术改造和设备更新。

4. 有利于提高仓储经济效益

经济效益是衡量仓储部工作的重要标志，通过指标考核与分析，可以对仓库的各项活动进行全面的检查、比较、分析，确定合理的仓储作业定额指标，制订优化的仓储作业方

案，从而以合理的劳动消耗获得理想的经济效益。

（二）对外进行市场开发、接受客户评估

仓储部和物流企业还可以充分利用仓储生产绩效考核指标对外进行市场开发和客户关系维护，给货主企业提供相对应的质量评估指标和参考数据。具体表现如下。

1. 有利于说服客户、扩大市场占有率

货主企业在仓储市场中寻找供应商时，在同等价格的基础上，服务水平通常是最重要的因素，如果仓储部能提供令客户信服的服务指标体系和数据，就会在竞争中获得有利地位。

2. 有利于稳定客户关系

在我国目前的物流市场中，以供应链方式确定下来的供需关系并不太多，供需双方的合作通常以 1 年为限，到期客户将对物流供应商进行评估，以决定今后是否继续合作，这时如果客户评估指标反映良好，则将使仓库继续拥有这一合作伙伴。

二、仓储管理绩效考核指标体系

仓库生产绩效考核指标体系是反映仓库生产成果及仓库经营状况的各项指标的总和。指标的种类由于仓库在供应链中所处的位置或仓库的经营性质不同而有繁有简。有的企业或部门把指标分为六大类。

（一）反映仓储作业效率的指标

1. 物品吞吐量

物品吞吐量也叫物品周转量，即一定时期内入库和出库的仓储物品总量，通常以吨数表示。物品吞吐量指标常以年吞吐量计算。吞吐量是衡量仓库生产规模及其在物流业中所起作用的主要数量指标，也是进行仓库设计规划的主要依据。其计算公式为：

$$\text{吞吐量} = \text{一定时期内进库总量} + \text{同期出库总量} + \text{物品直拨量}$$

2. 平均收发货时间

平均收发货时间是指仓库收发每笔物品（即每张出入货单据上的物品）平均所用的时间，收发时间总和一般按天计算。它既能反映仓储服务质量，同时又能反映仓库的劳动效率。其计算公式为：

$$\text{平均收发时间} = \text{收发时间总和} \div \text{收发货总笔数}$$

3. 物品及时验收率

物品及时验收率表明仓库按照规定的时限执行验收物品的情况。其计算公式为：

$$\text{物品及时验收率} = \text{一定时期内及时验收笔数} \div \text{同期收货总笔数}$$

4. 全员劳动生产率

全员劳动生产率是一定时期内，仓库全体员工平均每人完成的出入库商品的数量，一般以年为单位。其计算公式为：

$$\text{全员劳动生产率} = \text{仓库全年吞吐量} \div \text{年平均员工人数}$$

5. 库存物品的周转率

库存物品的周转率又称库存物品的周转速度，是反映仓储工作水平的重要效率指标。在物品的总需求量一定的情况下，降低仓库的物品储备量，可以加快物品周转速度。但是，一味地减少库存，就有可能影响物品的供应。因此，仓库的物品储备量应建立在保证

供应需求的前提下，尽量地降低库存量，从而加快物品的周转速度，提高资金和仓储的效率。

物品的周转速度可以用周转次数和周转天数两个指标来反映。物品周转次数越多越好，周转天数越少越好。其计算公式分别为：

物品周转天数 = 全年物品平均储存量 × 360 ÷ 全年消耗物品总量

物品周转次数 = 全年物品消耗总量 ÷ 全年物品平均储存量

6. 仓库作业效率

仓库作业效率用平均每人每天完成的出入库物品量来表示。出入库量是指吞吐量减去直拨量。其计算公式为：

仓库作业效率 = 全年物品出入库总量 ÷ 仓库全体员工年制度工作日数

（二）反映仓储作业效益的指标

1. 工资利润率

其是指一定时期内仓库利润总额与同期工资总额的比率。工资利润率反映了仓库所得与所费的比例，反映了仓库的经济效益。其计算公式为：

工资利润率 = 利润总额 ÷ 同期工资总额

2. 成本利润率

其是指一定时期内仓储企业利润和同期仓储成本支出的比率。它反映成本支出的获利程度，成本利润率越高，说明仓库收入大于支出，经济效益就越高。其计算公式为：

成本利润率 = 利润总额 ÷ 同期仓储成本总额

3. 资金利润率

其是指一定时期内仓库利润与同期全部资金占用的比率。它是反映仓库资金利用效果的指标。其计算公式为：

资金利润率 = 利润总额 ÷ 固定资产平均占用额 + 流动资产平均占用额

4. 利润总额

利润总额是利润核算的主要指标，它表明利润的实现情况，是企业经济效益的综合指标。其计算公式为：

利润总额 = 仓库营业收入 − 储存成本和费用 − 税金 + 其他业务利润 ± 营业外收支净额

或

利润总额 = 报告期仓库总收入额 − 同期仓库总支出额

5. 收入利润率

收入利润率是指仓库利润总额与仓库营业收入总额的比率。其计算公式为：

收入利润率 = 利润总额 ÷ 仓库营业收入总额

6. 每吨物品保管利润

该指标是指报告期实现的利润总额与同期物品储存总量（t）的比率。其计算公式为：

每吨物品保管利润 = 报告期利润总额 ÷ 报告期物品储存总量（t）

这里的报告期物品储存总量一般可以用报告期间出库的物品总量来衡量。

（三）反映仓储作业设施设备利用程度的指标

1. 库容周转率

库容周转率即仓库在一定时期内完成的出库量与库容量的比率，常以库容周转次数表示。核算的作用在于从总量上掌握仓储管理水平，衡量仓库的能力，能够反映仓库的作业规模，也能够反映仓库的利用情况。出库量、库容量一般用吨来表示，单位符号是 t。其计算公式为：

库容周转率 = 出库量（t）÷ 库容量（t）

2. 单位面积储存量

单位面积储存量反映了仓库的平面利用效率。一方面它与仓库规划有关，另一方面也与物品的储位规划和堆放方式有关。其计算公式为：

单位面积储存量 = 日平均储存量 ÷ 仓库或货仓使用面积

3. 仓容利用率

仓容利用率是指一定时期内，存储物品的实际空间占用与整个仓库的实际可用空间的比率，实际上反映了仓库的立体空间的利用效率。仓容利用率越高，说明实际用于储存物品所占仓库面积越小，空间利用率越好，表明仓储成本越低。其计算公式为：

仓容利用率 = 存储物品的实际占用的空间 ÷ 整个仓库的实际可用的空间

4. 设备利用率

设备利用率是指在一定时期内，设备实际使用台时数与制度台时数的比率，表明仓储设备的利用和节约的程度。其计算公式为：

设备利用率 = 设备实际使用台时数 ÷ 制度台时数

（四）反映仓储作业消耗的指标

1. 材料、燃料和动力消耗指标

这类指标有很多种，由于各仓储企业所用设备不同，因此也没有统一标准，各企业考核大多与企业同期比较。这类指标有机械设备耗油量、苫垫物料年消耗量、苫垫物料重复使用率、月摊销额等。

2. 平均储存费用

平均储存费用是指保管每吨货物旬、月、季、年平均所需要的费用开支。物品在保管过程中消耗的一定数量的活劳动和物化劳动，其货币形式就是各项仓储费用。平均存货费用是仓库经济核算的主要经济指标之一。它可以综合地反映仓库的经济成果、劳动生产率、技术设备利用率、材料和燃料节约情况以及管理水平等。其计算公式为：

平均存货费用 = 储存费用总额 ÷ 同期平均储存量

（五）反映仓储作业质量的指标

1. 货损货差率

货损货差率是在一定时期内，仓库由于作业技术和保管措施等原因而发生的实际差错笔数与同期入库、出库总笔数的比率。其计算公式为：

货损货差率 = 收发货累计差错次数 ÷ 收发货累计总次数

2. 设备完好率

在一定时期内，仓库设备处于完好状态，并能随时投入使用的台数与仓库所拥有的设

备台数的比率。它反映了仓库设备所处的状态。其计算公式为：

设备完好率 = 完好设备台时数 ÷ 设备总台时数

完好设备台时数是指设备处于良好状态的累计台时数，其中不包括正在修理或待修理设备的台时数。

3. 保管损耗率

保管损耗率是指在仓库保管期中的物品损耗总量或总额与账面库存总量或总额的比率。其也可以按每一笔物品来计算，即某物品自然减量的数量占原来入库的数量的比率。物品保管损耗或损失是指因保管不善而造成的商品霉变、残损、变质、丢失、超定额损耗等所导致的损失。其计算公式为：

物品损耗率 = 物品损耗额 ÷ 物品保管总额

或

物品损耗率 = 物品损耗量 ÷ 同期物品库存总量

4. 账物差异率

账物差异率是指在物品盘点时，仓库物品保管账面上的物品储存数量与相应库存实有数量的相互符合程度。一般在对仓储物品进行盘点时，要求逐笔与保管账面数字相核对。其计算公式为：

账物差异率 = 账物相符件数（重量）÷ 账面储存总件（重量）

5. 收发货差错率

收发货差错率是以收发货所发生差错的累计单数占收发货累计总单数的比率来计算的，它反映了收发货作业的准确度。它是仓储管理的重要质量指标，是用于保证仓储服务质量的指标。其计算公式为：

收发货差错率 = 账货差错件数（重量）÷ 期内储存总件数

（六）物品储存的安全性指标

物品储存的安全性指标用来反映仓库作业的安全程度，它主要可以用发生的各种事故的大小和次数来表示，主要有人身伤亡事故、仓库失火、爆炸、被盗事故、机械损坏事故几类。这类指标一般不需计算，只是根据实际出现事故的损失大小来划分等级。

以上六大类指标构成仓储管理比较完整的绩效指标体系，从不同方面反映了仓储部门经营管理、工作质量及经济效益的水平。

三、配送管理绩效考核指标体系

对配送进行绩效评估是配送管理的重要组成部分，也是改进配送服务的必要手段。及时、准确的绩效评估对配送工作总结经验、继续发展起着非常重要的作用。

（一）配送服务质量的评估及评分标准

（1）配送前的评估指标。

①组织结构的完整性，即是否有客户服务部。

②可联系性，即客户是否能随时联系到配送部门。

（2）配送中的评估指标见表 7－1。

（3）配送后的评估指标见表 7－2。

表 7－1 配送服务中的评估指标

序号	指标名称	指标定义	达标客户数	指标计算结果	指标加权值	备注
1	集货延误率	未按照合同约定时间到达指定集货地点				
2	配送延误率	未按照合同约定时间到达指定配送地点				
3	货物破损率	在集货、城间配送、市内配送及仓库管理中总的货物破损率				
4	在途货物破损率	在集货、城间配送、市内配送中总的破损率，以票数计				
5	货物差错率	在发货过程中，发错、少发及送错的货物占总货物的比率				
6	货物丢失率	在配送过程中货物丢失的比率				
7	签收率	城间配送、市内配送单据签收的比率				
8	签收单返回率	城间配送、市内配送签收单的返回比率				
9	信息准确率	各个部门为指标能够准确地反映客观事实，要求信息准确、完整				
10	城间配送稳定性	根据误延率、货损率、货差率等指标汇总，考评某一条线路在一定时间内的稳定性				

表 7－2 配送服务后的评估指标

序号	指标名称	指标定义	达标客户数	指标计算结果	指标加权值	备注
1	通知及时率	到货信息、货损信息、延误信息、及时通知客户率				
2	投诉预警率	在物流各环节，发生问题前给客户满意答复比率				
3	客户满意度	客户及收货方对配送公司整体满意的比率				
4	索赔赔偿率	客户得到索赔的比率				

（二）配送质量的评估指标

制订配送绩效指标的依据主要是商品配送的原则，商品配送的原则是及时性、准确性、安全性、经济性。对于配送活动的绩效量化指标可以归纳如下：

（1）商品配送量。

以实物件为计量单位：

$$商品配送量（吨）=［商品件数 \times 每件商品的毛重（公斤）］\div 1\ 000$$

以金额为计量单位：

商品配送量（吨）=配送商品的总金额÷该类商品每吨的平均金额

(2) 运费损失。

按照配送收入计算：

损失率=经济损失之和÷配送业务收入

按照商品价值计算：

损失率=经济损失之和÷发送抵达商品的总价值

(3) 配送费用水平。

配送费用水平=配送费用总额÷商品纯销售总额

(4) 配送费用效益。

配送费用效益=经营盈利额÷配送费用支出额

(5) 货损货差率。

货损货差率=货损货差票数÷办理商品发送抵达总票数

(6) 配送质量评估指标。

准时配送率=报告期内准时运送次数÷报告期内配送总次数

车船满载率=车船实际装载量÷车船实际装载能力

（三）车辆绩效评估指标

车辆绩效评估指标见表7-3。

表7-3　车辆绩效评估指标

序号	指标名称	指标定义	指标计算结果	备注
1	车辆周转率			
2	车辆实际行驶里程率			
3	车辆装载比率			
4	车辆耗油率			
5	月油效率			
6	轮胎耗用率			
7	人员贡献率			
8	平均车次收入			
9	车辆平均每公里收入			

四、仓储部门操作人员绩效考核表

在对仓储各操作人员作业工作进行考核时，有些指标无法定量地计算出来，这时可以采用定性的方法，通过考核表的形式对作业效果进行评价。下面给出一些操作岗位人员作业环节考核表作为参考，分别见表7-4～表7-9。

表 7－4　入库验收人员工作考核表

绩效考核人员名单			
被考核人员			
考核地点		考核时间	
考核项目	考核内容	分值	实际得分
验收前准备工作	熟悉入库物资，文件单证准备齐全	15	
	仓库库场的安排恰当	10	
	货位准备和安排合理、恰当	10	
	验收工具和苫垫材料准备齐全、到位	10	
验收工作	单据填写正确、规范	15	
	验收前准备充分，与各部门配合好	10	
	验收内容全面	15	
	对发生的问题处理恰当、到位	15	
合计		100	

表 7－5　入库操作人员工作考核表

绩效考核人员名单			
被考核人员			
考核地点		考核时间	
考核项目	考核内容	分值	实际得分
入库作业	凭证审核认真	15	
	登账规范、正确	10	
	立卡标识填写、码放正确	10	
	建档内容全面、整洁，编号有序，装订完好	10	
	签单准确、无误	10	
堆码作业	能根据不同的物资选择合适的堆码方式	15	
	能说出每种堆码方式的优缺点及适用范围	15	
	正确堆码	15	
合计		100	

表 7－6　仓库保管人员工作考核表

绩效考核人员名单			
被考核人员			
考核地点		考核时间	
考核项目	考核内容	分值	实际得分
温湿度管理	正确读出干球和湿球的温度	10	
	正确读出相对湿度，查出绝对湿度	10	
	正确填写温湿度记录表	10	
物资防锈、除锈处理	选择合适的气相纸，正确包装物资	10	
	正确用手工除锈	10	
	正确涂防锈材料	10	
	正确用防锈材料包装物资	10	
物资防霉、除霉处理	正确涂刷防霉剂	5	
	正确喷洒防霉剂	5	
	正确放置防霉剂	5	
	找出库内长霉物资	5	
	正确晾晒	5	
	正确除去霉迹	5	
合计		100	

表 7－7　仓库安全员防火防盗考核表

绩效考核人员名单			
被考核人员			
考核地点		考核时间	
考核项目	考核内容	分值	实际得分
防火工作	能及时查出仓库内的消防隐患，并提出整改措施	20	
	正确检查仓库的消防设施是否齐全有效	15	
	能够根据检查情况对仓库的消防工作提出整改意见	10	
防盗工作	能及时发现仓库防盗隐患，并提出整改措施	20	
	正确填写门卫放行登记表	15	
	正确填写仓库巡查表	10	
	正确填写交接班表	10	
合计		100	

表 7-8 仓库理货人员盘点工作考核表

绩效考核人员名单			
被考核人员			
考核地点		考核时间	
考核项目	考核内容	分值	实际得分
盘点业务	盘点前期准备工作充分	5	
	填写盘点卡认真、准确、清晰	10	
	填写盘点记录表认真、准确、熟练	10	
	采用正确的方式修改填写错误的盘点表	10	
	复核、填写复盘数据认真、准确	10	
	采用正确的复核确认方式处理初盘复盘有差异的盘点数据	10	
	盘点作业流程完整，没有遗漏	5	
盘点后处理业务	账目核对严谨、认真、准确	10	
	编制盈亏报表及时、认真、正确、熟练	10	
	盈亏原因分析合理、全面	10	
	采用正确的方式处理盘点盈亏数据	5	
	对在盘点中发现的物资差额、错误、变质、损耗和呆滞等结果，能提出合理的处理意见及纠正、预防措施	5	
合计		100	

表 7 - 9　出库操作人员工作考核表

绩效考核人员名单			
被考核人员			
考核地点		考核时间	
考核项目	考核内容	分值	实际得分
出库前准备工作	选择好发货的货区、货位	10	
	安排好出库货物的堆放场地	10	
	认真检查出库货物	10	
	妥善安排人力和机械设备	10	
	准备好包装材料	10	
盘点后处理业务	认真核对出库凭证	5	
	准备备货或理货	10	
	认真复核和正确登账	10	
	包装、置唛正确	10	
	交接手续清晰	5	
	异常情况处理恰当	10	
合计		100	

以上各项考核表满分为 100 分，60 ~ 70 分为及格，71 ~ 80 分为中等，81 ~ 90 分为良好，91 分以上为优秀。

【任务实施】

1. 完成步骤

（1）教师介绍仓储公司的作业内容和绩效考核的标准。

（2）将学生每 5 ~ 6 人分为一组，上网查资料并进行讨论。

（3）学生以小组形式制定仓储绩效考核表，包括仓储部门的绩效考核表和仓储部门的员工绩效考核表。

（4）在各组推荐的基础上，选定若干名学生在全班进行交流。

2. 检查标准

检查标准	考评标准	分值	实际得分
仓储企业 绩效考核表制定	提交的网址（2 ~ 3 个）和参考文献（5 篇）适用性强	30	
	岗位作业绩效考核表指标设计正确、合理	40	
	指标数据标准确定合理	30	
合计		100	

参考文献

[1] 舒文，向成庆，孔燕，等. 物流仓储与配送管理 [M]. 西安：西安交通大学出版社，2013.

[2] 谢翠梅. 仓储与配送管理实务 [M]. 北京：北京交通大学出版社，2013.

[3] 李陶然. 仓储与配送管理实务 [M]. 北京：北京大学出版社，2014.

[4] 孙家庆，杨永志. 仓储与配送管理 [M]. 北京：中国人民大学出版社，2016.

[5] 季敏，浦玲玲，杨双林，等. 仓储与配送管理实务 [M]. 北京：清华大学出版社，2018.

[6] 梁旭，刘徐方，赵艳立，等. 物流仓储与配送管理 [M]. 北京：清华大学出版社，2017.

[7] 孙宏英，张洪革. 仓储与配送管理 [M]. 大连：东北财经大学出版社有限责任公司，2017.

[8] 张扬，国云星. 仓储与配送管理实务 [M]. 北京：中国人民大学出版社，2018.

[9] 秦英，包红霞. 仓储配送管理 [M]. 北京：北京师范大学出版社，2017.

[10] 杨鹏. 仓储与配送管理 [M]. 北京：经济科学出版社，2018.

[11] 陈建梅. 中小企业物流与仓储实战全书 [M]. 北京：化学工业出版社，2018.

[12] 陆大明. 中国物流仓储装备产业发展研究报告（2016－2017）[M]. 北京：机械工业出版社，2018.

[13] 中国标准出版社. 物流仓储技术标准汇编 [M]. 北京：中国标准出版社，2017.

[14] 王登清. 仓储与配送管理实务 [M]. 北京：北京大学出版社，2009.

[15] 谭刚，姚振美. 仓储与配送管理 [M]. 北京：中央广播电视大学出版社，2009.

[16] 曹霁霞，黄志宁. 物流成本管理与控制 [M]. 大连：大连理工大学出版社，2009.

[17] 胡国良. 仓储与配送管理实务 [M]. 北京：清华大学出版社，2008.

[18] 薛威. 物流仓储管理实务 [M]. 北京：高等教育出版社，2008.

[19] 钱芝网. 仓储管理实务情景实训 [M]. 北京：电子工业出版社，2008.

[20] 蒋萌. 物流作业技能实训 [M]. 南京：东南大学出版社，2008.